Gustav Heinemann

Christ und Politiker

Gustav Heinemann

Christ und Politiker

Herausgegeben von
Jörg Thierfelder und Matthias Riemenschneider

Mit einem Geleitwort von
Präses Manfred Kock,
Vorsitzender des Rates der EKD

Die Deutsche Bibliothek - CIP-Einheitsaufnahme

Gustav Heinemann - Christ und Politiker /hrsg. von Jörg Thierfelder und Matthias Riemenschneider. Mit einem Geleitw. von Manfred Kock. - Karlsruhe : Hans-Thoma-Verl., 1999
(Edition Zeitzeugen)
ISBN 3-87297-139-5

Titelfoto: J.H. Darchinger
Gestaltung: Bernhard Kutscherauer
Herstellung: HVA, Grafische Betriebe, Heidelberg

Inhaltsverzeichnis

Im Dienst der Kirche
Geleitwort von Präses Manfred Kock 8

Vorwort der Herausgeber 14

Politik ist die Kunst, Dinge möglich zu machen
von Matthias Schreiber 16

Reden Gustav Heinemanns (Auszüge) 24

LEBENSSTATIONEN

1. Sohn eines Aufsteigers
Gustav Heinemanns Kindheit und Werdegang bis 1933
von Hermann Vinke 52

2. „Wir leben von Gott, nicht von den Menschen"
Gustav Heinemann in der Bekennenden Kirche
des Dritten Reiches
von Matthias Riemenschneider 74

3. Zwischen Protestantismus und Politik
Gustav Heinemanns Weg im Nachkriegsdeutschland
1945 bis 1957
von Ulrich Bayer 118

4. Christus und die Menschenwürde
Eckpfeiler der politischen Ethik des Justizministers und Bundespräsidenten Gustav Heinemann
von Wolfgang Vögele 150

5. An der Seite ihres Mannes
Hilda Heinemann
von Ursula Salentin 170

ERINNERUNGEN UND BEGEGNUNGEN

1. Plädoyer für den demokratischen Rechtsstaat
von Diether Posser 182

2. Parteiwechsel statt Überzeugungswechsel
von Erhard Eppler 196

3. Leidenschaft für das Grundgesetz
Interview mit Helmut Simon 208

4. Ein Christ in politischer Verantwortung
von Jürgen Schmude 226

5. Gustav Heinemann als Altbundespräsident
von Martin Lotz 234

6. Stimmen zum Tode von Gustav Heinemann 240

Zeittafel 246

Personenverzeichnis 248

Fotonachweis 249

Die Autoren 250

Ausgewählte Bibliographie 253

Im Dienst der Kirche

Geleitwort von Präses Manfred Kock

Der 100. Geburtstag von Dr. Dr. Gustav Heinemann gibt Anlaß, die enge Beziehung dieses engagierten Christen zu seiner Kirche zu beschreiben. Gustav Heinemann war unserer Evangelischen Kirche im Rheinland besonders eng verbunden. Er gehört zu den Männern ihrer ersten Stunde. Er war mitbeteiligt an der Gründung der Bekennenden Kirche im Rheinland und am Entstehen der selbständigen Rheinischen Landeskirche nach dem 2. Weltkrieg. Wir haben im Rheinland ihm und seinem Engagement sehr viel zu verdanken.

Sicher haben auch die rheinische Kirche und ihre Traditionen den Christen und Menschen Heinemann mitgeprägt. Hier gab es eine nicht zu unterschätzende Wechselwirkung. Die Begegnung und Zusammenarbeit mit Männern wie den Essener Pfarrern Friedrich Graeber, Wilhelm Busch, Heinrich Held und vielen anderen, die in den kirchlichen Traditionen des Rheinlandes wurzelten, gleichsam „rheinisches Urgestein" waren, sind nicht ohne Einfluß auf Gustav Heinemann geblieben. Auch in Krisenzeiten seines Lebens fand er in seiner rheinischen Kirche geistliche Heimat und nicht nur ideelle Unterstützung.

„Christenstand ohne Dienst ist wie ein Baum ohne Frucht", hat Gustav Heinemann einmal geschrieben. Das war für ihn kein frommer Spruch. An diesem Wort orientierte er sein Leben, diese Einsicht prägte sein Christsein.

Als ihm 1936 angeboten wurde, in den Vorstand des Kohlensyndikats einzutreten, was ohne Zweifel einen beruflichen Aufstieg bedeutet hätte, knüpfte er seine Zusage an die Bedingung, auch in diesem Amt uneingeschränkt für die Bekennende Kirche tätig sein zu können. Als ihm dies nicht zugestanden wurde, verzichtete er lieber auf die berufliche Karriere, die sich ihm bot. Auf den Vorschlag, bei Antritt dieses Amtes dann doch wenigstens sein Engagement für die Bekennende Kirche geheimzuhalten bzw. insgeheim zu vollziehen, ließ er sich nicht ein. Nach seinem Verständnis gehörte zum Christsein auch das öffentliche Bekenntnis. Daher erklärt sich sicher auch, daß so manche seiner Reden, die er als Bundespräsident zu besonderen Anlässen hielt, einen klaren Bezug zum christlichen Glauben und zur Heiligen Schrift aufwiesen. Sein Bekenntnis zum evangelischen Glauben war unaufdringlich, aber eindeutig. Auch als er sich aus leitenden Ämtern der Bekennenden Kirche zurückzog, war das keine Abkehr von ihr oder von seiner kirchlichen Tätigkeit. Er arbeitete weiter in der Bekennenden Kirche des Rheinlandes und im Presbyterium seiner Heimatgemeinde, der Kirchengemeinde Essen-Altstadt, mit. Er behielt den Vorsitz im CVJM Essen und im Vorstand des Vereins „Jugendhaus", dem „Weigle-Haus", einem Hort evangelischer Jugendarbeit in Essen. Er hielt weiterhin auf vielen Gemeindeversammlungen und vor anderen kirchlichen Kreisen Vorträge und Bibelarbeiten und gab auch seine Predigttätigkeit nicht auf.

Gustav Heinemann war ein engagierter Laie, der sich neben seinem beruflichen und politischen Engagement ganz in den Dienst seiner Kirche stellte. Als er 1972 als Bundespräsident zum offiziellen Staatsbesuch in der Schweiz war, besuchte er selbstverständlich auch das Ökumenische Zentrum in Genf. In der Ansprache, die er vor den Mitarbeiterinnen und Mitarbeitern dieses Zentrums hielt, legte er Wert auf die Feststellung, daß sein Besuch nicht allein im Zusammenhang mit dem Staatsbesuch in der Schweiz stünde, auch wenn dies der unmittelbare Anlaß für den Aufenthalt in Genf wäre. „Gerade Ihnen gegenüber", so sagte er, „bedarf es keines besonderen Hinweises, daß ich heute nicht nur als deutscher Bundespräsident zu Ihnen gekommen bin, sondern als Laienbruder, der rund 40 Jahre in kirchlicher Arbeit gestanden und sich auch um Ökumene bemüht hat."

Wenn Heinemann sich der Versammlung als „Laienbruder" vorstellte, dann war das keine Anleihe aus dem klösterlichen Bereich. Es sprachen daraus zum einen das Selbstbewußtsein eines rheinischen Presbyters und zum anderen seine Erfahrungen im Kirchenkampf. Damals war die Anrede „Bruder" nicht nur den Pastoren untereinander vorbehalten. Im Widerstehen gegen nationalsozialistische Ideologie und Willkür und deutsch-christliche Irrlehre verstand man sich im

Geiste Jesu Christi als Bruderschaft. Gerade in dieser Zeit hat Gustav Heinemann zusammen mit den anderen Mitstreitern der Bekennenden Kirche in Essen und im Rheinland etwas von dem „Wunder der Bruderschaft" erlebt, wie es Joachim Beckmann, der Nachfolger Heinrich Helds im Präsesamt der rheinischen Kirche, einmal ausdrückte.

In den „rund 40 Jahren in kirchlicher Arbeit", von denen Heinemann in seinem Vortrag vor dem Ökumenischen Zentrum sprach, gehörte er kontinuierlich von 1933 bis 1965 Leitungsgremien innerhalb der Evangelischen Kirche im Rheinland auf gemeindlicher, kreissynodaler und landeskirchlicher Ebene an. Der Kirchenkampf in Essen, im Rheinland und weit darüber hinaus ist ohne Gustav Heinemann kaum denkbar. Im Keller seiner Wohnung wurden beispielsweise die berühmten „Grünen Blätter", die Rundbriefe der Bekennenden Kirche, vervielfältigt. Er intervenierte und setzte sich für die Pfarrer ein, die wegen ihrer unerschrockenen Worte in Predigt, Ansprachen oder bei anderen Gelegenheiten von den offiziellen kirchlichen Behörden beurlaubt wurden und/oder mit staatlichen Stellen in Konflikt gerieten. Er brachte seine fachliche Kompetenz, seine mit einem gesunden Pragmatismus verbundene Nüchternheit, seine scharfsinnigen Analysen, seine ethischen Perspektiven und seine realistische Einschätzung der Kirche in die bruderrätlichen Gremien ein. Er arbeitete bei den rheinischen Synoden und in der Kirchenleitung der rheinischen Kirche maßgeblich mit, als aus einer beschädigten rheinischen Kirchenprovinz der Evangelischen Kirche Preußens eine eigenständige Landeskirche geschaffen werden mußte. Er engagierte sich dafür, daß – wie er es selbst formulierte – „das schwere Werk des Übergangs aus einer vom Nationalsozialismus zerstörten Kirche zu einer wieder geordneten Kirche, aus einer staatsgebundenen Kirche zu einer staatsfreien Kirche und von einer zentral aus Berlin gesteuerten Provinzialkirche zu einer selbstständigen Landeskirche" [1] getan wurde. Nach seiner Vorstellung baut sich die Kirche – ganz und gar „rheinisch" gedacht – von der Gemeinde her auf, in der nach seinen Worten jeder Christ „zu Hause" bleiben müsse, „um nicht von der Quelle abgeschnitten zu werden". Ebenso gehörte es zu seinem Verständnis von Kirche, daß Pastoren und Laien in ihr gleichberechtigt zusammenarbeiten. Für dieses Kirchenverständnis, das in der rheinisch-westfälischen Tradition einer presbyterial-synodal verfaßten Kirche steht, hat er geworben, gekämpft und gestritten. Er hat entscheidend dabei mitgewirkt, als nach dem Kriege aus dieser Tradition heraus die presbyterial-synodale Ordnung der rheinischen Kirche erneuert und wieder aufgebaut werden mußte.

Sein kirchliches Engagement kommt sehr gut in einem Brief zum Ausdruck, den Pfarrer Heinrich Held, Essener Superintendent seit 1945 und erster rheinischer Präses von 1948 bis 1957, unmittelbar nach dem Ende des Krieges schrieb. Dr. Heinemann hat, so heißt es da, „von 1933 bis zur Gegenwart im Nachrichtendienst der Bekennenden Kirche gearbeitet, stand jederzeit für Rechtsfragen bei Konflikten mit staatlichen, polizeilichen oder parteiamtlichen Stellen zur Verfügung und war an der Finanzierung der Ausgaben der Bekennenden Kirche für Pfarrbesoldung und dergleichen durch Aufbringung privater Mittel beteiligt. In Vorträgen vor Essener Gemeinden hat Herr Dr. Heinemann für die jeweiligen Ziele des Kampfes der Bekennenden Kirche gegen die Maßnahmen des nationalsozialistischen Staates aufklärend und werbend gewirkt. Seine Wohnung stand ständig zur Abhaltung verbotener Zusammenkünfte sowie zur Anfertigung und Aufbewahrung verbotener Schriften und zur Verbergung von Personen gegen einen Zugriff seitens staatlicher Stellen zur Verfügung. Herr Dr. Heinemann hat der Bekennenden Kirche durch all dieses unter Einsatz seiner persönlichen Existenz wesentliche Dienste geleistet."

Auch wenn dieser Brief, aus besonderem Anlaß geschrieben, sich auf die Zeit zwischen 1933 und 1945 mit ihren unvergleichlichen Besonderheiten bezieht, so charakterisiert er, in der Beschreibung des umfassenden Einsatzes Heinemanns für seine Kirche, seine Person und sein besonderes Engagement doch in trefflichster Weise auch im Blick auf seine spätere kirchliche Arbeit innerhalb der rheinischen Kirche und für die Evangelische Kirche in Deutschland.

Gustav Heinemann wurde 1945 von der Kirchenversammlung in Treysa, die die „Vorläufige Ordnung der Evangelischen Kirche in Deutschland" beschloß, in den aus zwölf Mitgliedern bestehenden

„Rat der Evangelischen Kirche in Deutschland“ berufen, dem er bis 1967 angehörte. Er war Präsident der verfassunggebenden Kirchenversammlung 1948 in Eisenach, auf welcher die Gründung der EKD vorbereitet wurde, und von 1949–1955 Präses der Synode der EKD. Er gehört also auch hier zu den Männern der ersten Stunde und hat am Neuaufbau der Evangelischen Kirche in Deutschland mit seinen Gaben entscheidend mitgewirkt. Darum verdankt auch die EKD dem Dienst und Einsatz des ehemaligen Präses ihrer Synode und dem ehemaligen Mitglied ihres Rates sehr viel.

Daß Heinemann 1955 als Präses der EKD-Synode abgewählt wurde, hat ihn empfindlich getroffen. Ihn schmerzte nicht die Abwahl selbst. Einer solchen Tatsache konnte er souverän begegnen. Er hat in seinem Leben bewiesen, daß er nicht an Sesseln klebte. Was ihn empfindlich getroffen hat, war die Begründung seiner Abwahl mit seiner politischen Tätigkeit. Er konnte darauf verweisen, daß er schon bei seinen ersten Wahlen 1948 und 1949 zum Präsidenten bzw. Präses der Synode politisch tätig gewesen war, ja, daß ihm wohl gerade aufgrund seiner neben seinem kirchlichen Engagement ausgeübten politischen Tätigkeit das Amt des Synodalpräses angetragen worden war. Gustav Heinemann wußte seinen Dienst in der Kirche und seine Tätigkeit in politischen Ämtern sehr wohl auseinanderzuhalten und hat sie nie in unerlaubter Weise vermischt, auch wenn gilt, daß der „Kirchenmann und der Politiker Heinemann eine und nicht zwei Personen sind“. Es ist hier nicht der Ort, die Gründe und Hintergründe der Abwahl vom Amt des Präses der EKD-Synode unter Einbeziehung der damaligen politischen Situation zu analysieren. Aber ob die seinerzeit für seine Abwahl genannten bzw. bestimmenden Gründe der damaligen Synode der EKD zum Ruhme gereichten, darf wenigstens angefragt werden.

In einem Aufsatz von Diether Koch heißt es über Gustav Heinemann: „So harrt Heinemann in Kirche und Staat noch der Entdeckung. Sie kann schwerlich in einer Modewelle erfolgen. Vielmehr werden es, wie bisher, einzelne sein, die ihm etwas abgewinnen, ob sie sich nun auf politischem Felde von ihm zum Denken und Tun anregen und ermutigen lassen oder ob sie auch seine Erfahrungen als

Christ aufnehmen und sich, mit ihm, auf das biblische Fundament stellen lassen, um von daher zu glauben, zu denken und zu handeln."[2]

So wünsche ich auch diesem Buch, daß es viele Menschen einlädt, sich mit dem Christen Gustav Heinemann zu beschäftigen, ihn zu entdecken und sich von seinem Leben ermutigen zu lassen zum Einsatz für die Menschen in der Kirche und auf dem politischen Feld. An Gustav Heinemann ist zu erkennen, wie der Glaube an Jesus Christus, den gekreuzigten, auferweckten und wiederkommenden Herrn, einen Menschen souverän machen kann, jenseits aller ideologischen Verblendungen die Herausforderungen der Zeit nüchtern anzunehmen und das „Not"-wendige zu tun.

Bei der Abschlußversammlung des Kirchentages 1950 in Essen schloß Gustav Heinemann seine Rede mit dem Satz, der in der Folgezeit von unzähligen Menschen immer wiederholt worden ist: „Eure Herren gehen, unser Herr kommt." Dieser Satz zeigt das Fundament, auf dem sein Leben gegründet war, und kennzeichnet das Vertrauen, das sein Leben trug.

---

[1] Zitiert aus der Dankesrede des Synodalen Heinemann „zu Ehren der Männer, die in die neue Kirchenleitung gewählt worden sind und schon 3 ½ Jahre diesen Dienst getan haben", Protokoll der Synode der Evangelischen Kirche der Rheinprovinz 1948.

[2] Diether Koch, Gustav W. Heinemann, S. 242; in: Martin Greschat (Hg.), Gestalten der Kirchengeschichte VI, Die neueste Zeit, Stuttgart u.a. 1986, S. 225–243

Vorwort der Herausgeber

Am 23. Juli 1999 wäre Gustav Walter Heinemann 100 Jahre alt geworden: ein glaubwürdiger Christ, ein aufrechter Demokrat, ein unabhängiger Politiker.

Das vorliegende Buch möchte einen Einblick vermitteln in das, was die Menschen in Deutschland, und nicht zuletzt die Christen unter ihnen, Gustav Heinemann zu verdanken haben. Als Jurist, Politiker und Kirchenmann hat er dazu beigetragen, sehr verschiedene gesellschaftliche Bereiche einander näherzubringen.
In diesem Band sind vielfältige Erinnerungen an ihn zusammengefaßt. Es erinnern sich Freunde und Mitarbeiter, die ein Stück gemeinsamen (Lebens-) Weges miteinander gegangen sind. Vertreter der jüngeren Generation beschreiben die wichtigen Lebensstationen Heinemanns aus der Distanz der Nachkriegsgeneration.

Unterschiedliche Erinnerungen an Gustav Heinemann prägen die beiden Herausgeber. Der ältere (Jahrgang 1938) erinnert sich an eine Wahlrede Heinemanns für die Gesamtdeutsche Volkspartei, die er als 15jähriger Junge in seiner süddeutschen Heimatstadt besuchte. Jahre später fand eine persönliche Begegnung mit Gustav Heinemann statt, vermittelt durch Helmut Gollwitzer in Berlin. Bis heute ist ihm ein Kernsatz von Heinemanns Antrittsrede als Bundespräsident in Erinnerung geblieben: „Das Geheimnis auch der großen und umwälzenden Aktionen besteht darin, den kleinen Schritt herauszufinden, der zugleich ein strategischer Schritt ist, indem er weitere Schritte in Richtung einer besseren Wirklichkeit nach sich zieht. Darum hilft es nicht, das Unvollkommene heutiger Wirklichkeit zu höhnen oder das Absolute als Tagesprogramm zu predigen. Laßt uns statt dessen durch Kritik und Mitarbeit die Verhältnisse Schritt für Schritt ändern!"

Der jüngere (Jahrgang 1959) kaufte als 17jähriger, wenige Wochen nach Heinemanns Tod, ein Buch mit Reden des Bundespräsidenten. Auch wenn damals mancher Satz unverstanden blieb, so sprang doch der Funke über: Dieser Mann hat mir etwas zu sagen! Den Jugendlichen beeindruckte die Glaubwürdigkeit des Christen und Politikers Gustav Heinemann.

An dieser Stelle möchten wir unseren Dank denen aussprechen, die uns ihre kostbaren Erinnerungen anvertraut haben. Danken möchten wir auch dem Fotografen Jupp Darchinger für seine ausdrucksstarken Fotos, die Heinemanns Persönlichkeit sehr sensibel einfangen. Schließlich danken wir den Mitarbeiterinnen und Mitarbeitern der Friedrich-Ebert-Stiftung für die freundliche Betreuung, ebenso den Mitarbeiterinnen und Mitarbeitern des Hans-Thoma-Verlags, Karlsruhe, die unseren Vorschlag, Heinemann zu seinem 100. Geburtstag mit einem Buch zu ehren, gerne aufgenommen und die Realisierung tatkräftig unterstützt haben.

Jörg Thierfelder, Heidelberg
Matthias Riemenschneider, Schwäbisch Hall

Politik ist die Kunst, Dinge möglich zu machen

von Matthias Schreiber

Auswendiglernen ist weder zeitgemäß, noch weckt es bei Schülern Begeisterung. Das ist landläufige Meinung. Meine Erfahrung ist eine andere. Und das hat auch mit Gustav Heinemann zu tun, der einmal gesagt hat: „Was ich geworden bin, bin ich trotz aller Schulerziehung geworden. Gar nicht ausmalen kann ich mir, was aus mir geworden sein würde, wenn man zu Hause ebenso mit mir verfahren wäre wie in der Schule. Ob ich wohl jemals gelernt hätte, durch geistige Freiheit und Unabhängigkeit alles zu überwinden?"

Ich glaube, Heinemann hätte sich darüber gefreut, wenn er noch erfahren hätte, daß junge Menschen diesen wie viele seiner Sätze gern lernen. Sie sind ansprechend und aussagekräftig. Beides zusammen findet man selten: „Ein halber Christ ist ein ganzer Unsinn", heißt es bei ihm. Und weiter: „Wer nicht handelt, läßt sich behandeln." „Das längste Verhandeln ist immer noch besser als der kürzeste Atomkrieg." „Christus ist nicht gegen Karl Marx gestorben, sondern für uns alle." „Nur wer bekennt, findet den, der mit ihm bekennt." „Der Politiker ist wie Salat, entweder er hat einen Kopf, oder er schießt." „Nicht: Frieden um jeden Preis! Aber auch: Krieg um keinen Preis!" „Nicht der Krieg ist der Ernstfall, sondern der Friede." „Eure Herren gehen, unser Herr aber kommt."

Heinemann liebte markante und prägnante Formulierungen. Er mochte keine Phrasen. Flotte Sprüche waren seine Sache nicht. Er ließ sich beim Wort nehmen und maß andere nach ihren Worten. Den Abstand zwischen Denken und Handeln, zwischen Reden und Tun hielt er gering. Das machte ihn glaubwürdig und führte zu Brüchen in seinem Lebenslauf, zu Durchbrüchen, nicht zu Einbrüchen.

Gustav Walter Heinemann wurde im westfälischen Schwelm geboren und wuchs in Essen auf. Dort starb er auch am 7. Juli 1976. Als Zeitgenosse, mehr noch als Beteiligter am politischen Weg Deutschlands aus der Monarchie in die Bundesrepublik durch die Zeit des Ersten Weltkrieges, durch die wirren Weimarer Jahre und die finsteren Jahre des Nationalsozialismus hindurch bleibt Heinemanns Name mit dem 20. Jahrhundert verbunden. Er begleitete und prägte den Weg der Demokratie in Deutschland. Mit der Errichtung zweier deutscher Teilstaaten nach dem Zweiten Weltkrieg hat er sich zeitlebens nicht abgefunden.

Als im März 1920 der Kapp-Putsch die junge und ungeliebte Weimarer Republik erschütterte, studierte Heinemann in Marburg Rechts- und Staatswissenschaften. Daß er sein Studium sofort unterbrach, um sich rekrutieren zu lassen, war nicht außergewöhnlich. Das taten viele, unter ihnen auch Martin Niemöller in Münster, der sich als Theologiestudent dem Militär zur Verfügung stellte und gegen Arbeiter im Ruhrgebiet zu Felde zog. Das Besondere war, daß Heinemann sich bei einer prodemokratischen Volkskompanie von Arbeitern und Studenten meldete. „Wir müssen die Demokratie und die Republik aufnehmen in unser Fühlen und Denken; wir müssen Demokraten und Republikaner sein, oder wir werden nicht mehr sein!" schrieb er am Silvestertag 1919 in sein Tagebuch.

Die evangelische Kirche sah er in einer gleichsam starken wie starren Obrigkeitshörigkeit. Viele ihrer Führer trauerten der alten Verbindung von Thron und Altar nach und verweigerten sich der Demokratie. Bei Veranstaltungen der Deutschen Demokratischen Partei (DDP), deren Mitglied Heinemann wurde, beeindruckten ihn Vorträge von Otto Baumgarten und Ernst Troeltsch. Zum Glauben kam er durch Pfarrer Friedrich Graeber in Essen, wo er seit 1928 als Justitiar und Prokurist der Rheinischen Stahlwerke beschäftigt war.

Er war Presbyter der Altstadtgemeinde und Vorsitzender des CVJM in Essen, als der Kampf der Kirche gegen den Nationalsozialismus mutige Bekenner verlangte. Heinemann wurde Mitglied im Bruderrat der Bekennenden Kirche des Rheinlandes, nahm 1934 an der Bekenntnissynode von Barmen teil und verteidigte als Rechtsanwalt verfolgte Pastoren der Bekennenden Kirche. 1938 legte er seine kirchlichen Ämter nieder, weil sich die Bekennende Kirche aus seiner Sicht in bürokratische und konfessionelle Streitigkeiten verstrickt und den Kirchenkampf aus dem Auge verloren hatte. Damals schrieb er: „Man bildet sich ein, daß man Krieg führe, weil man protestiert, antichambriert, Rechtsansprüche feierlich aufrechterhält, Synoden und Sitzungen abhält und umherreist, und hat in Wahrheit noch nicht mobil gemacht. Solange Pfarrer den Kampf mit Reichsnetzkarten führen, ohne Mann für Mann eine unabhängige Gemeinde hinter sich zu haben, sind sie für den Gegner wahrhaft harmlos."

Gustav Heinemann unter Volldampf als Bundespräsident in der Villa Hammerschmidt 1969 ...

Die Sprache Heinemanns ist zeitbedingt. 1939 begann der Zweite Weltkrieg. Der Sache nach ist seine Kritik aber aktuell: Wieviele Eingaben und Resolutionen, Solidaritätsveranstaltungen und Demonstrationen, Kirchenversammlungen und Synoden in unserer Zeit, so gut sie gemeint sein mögen, lassen den Geist der Gemeinden vermissen, zeugen von Rat- und von Hoffnungslosigkeit, sind vielleicht

... unterwegs zum nächsten Termin

schallender Protest, nicht aber Zeugnisse der Leuchtkraft protestantischen Denkens?

Nach dem Krieg wurde Heinemann Mitglied des Rates der Evangelischen Kirche in Deutschland, später dann Präses der Synode. Er war Mitunterzeichner des Stuttgarter Schuldbekenntnisses, jenes wichtigen Wortes, mit dem die Evangelische Kirche stellvertretend bekannte: „Durch uns ist unendliches Leid über viele Völker und Länder gebracht worden."

In Essen war er Mitbegründer der CDU, die damals mit dem „Ahlener Programm" ihr grundsätzliches Ja zum Sozialismus gegeben hatte. Der prominente Protestant wurde Oberbürgermeister in Essen, Justizminister in Nordrhein-Westfalen und 1949 Bundesinnenminister. Als Adenauer im Herbst 1950 in der amerikanischen Presse einen Wehrbeitrag der Bundesrepublik im westlichen Verteidigungsbündnis ankündigte, kam es zum Bruch: Heinemann trat als Innenminister zurück und, zwei Jahre später, aus der CDU aus. Gemeinsam mit Helene Wessel, Robert Scholl, Adolf Scheu und anderen gründete er die Gesamtdeutsche Volkspartei (GVP), eine Partei, die die friedliche Wiedervereinigung Deutschlands als ihr oberstes Ziel ansah. Im Manifest von 1954 finden sich auch heute, nach der Einheit Deutschlands, Sätze von bedrängender Brisanz: „Der äußere Aufschwung kann nicht darüber hinwegtäuschen, daß die sozialen Spannungen größer sind als zuvor. Man kennt untereinander keine Solidarität, verkoppelt Gruppeninteressen mit Weltanschauungen, mißbraucht das Christentum zu politischen Zwecken. Von Regierung und Parlament fehlt die lebendige Brücke zum Volk. Wertvolle Kräfte der jungen Generation liegen brach", liest man da und kommt ins Nachdenken. 1957 löste sich die Gesamtdeutsche Volkspartei auf und trat mit der Mehrheit ihrer Mitglieder in die SPD ein, unter ihnen die Protestanten Diether Posser, Erhard Eppler und Johannes Rau.

In diese Zeit der politischen Opposition fällt eine Entscheidung, die Gustav Heinemann empfindlich traf. 1949 war er als stellvertretender Vorsitzender der CDU und Kandidat für das Amt des Bundesinnenministers der führende evangelische Repräsentant der damals größten Partei gewesen. Die EKD-Synode hatte ihn nahezu einmütig zu ihrem

Präses gewählt. 1955 wurde er jedoch mit der Begründung wieder abgewählt, man könne sich keinen Parteipolitiker als Präses leisten. Diese Begründung verletzte Heinemann, der nach seiner Abwahl vor der EKD-Synode in Espelkamp folgendes sagte: „Die erste Synode besetzte dieses Amt 1949 wissentlich mit einem Mann, der zugleich in der Parteipolitik stand, und sie ließ es unbeanstandet, ja, sie begrüßte es in der Fülle ihrer Mitglieder, daß sich mit diesem kirchlichen Amt alsbald darauf ein regierendes Amt im politischen Feld verband. Darf nun solche Verkoppelung nicht mehr sein, wenn die politische Betätigung in die Opposition führt? Darf sie nicht mehr sein, so frage ich weiter, wenn sich der politische Wahlerfolg in die Wahlniederlage verwandelt?"

Immer wieder wurde Heinemann der mehrfache Wechsel der Parteien zum Vorwurf gemacht. Das kümmerte ihn wenig. Für ihn waren Parteien ein Mittel, um Ziele politisch durchzusetzen. „Ich mache den Jugendlichen Mut, indem ich ihnen sage, habt doch nicht den Ehrgeiz, daß ihr, wenn ihr jetzt als 20-jährige in eine Partei eintretet, als 70- oder 80jährige mit derselben Parteifahne beerdigt werden müßt. Das mag sich finden, Schritt für Schritt", sagte er 1968.

Inzwischen war er Bundesjustizminister in der Großen Koalition (1966 bis 1969). In einer von ihm verantworteten Justizreform setzte er Verbesserungen unter anderem im Strafrecht durch. So wurden Kurzzeit- und Zuchthausstrafen abgeschafft, das Grundrecht der Glaubensfreiheit wurde ausdrücklich auch Häftlingen garantiert, die einer nicht-christlichen Religionsgemeinschaft angehört. Gleichwohl sah Heinemann, daß noch vieles zu tun blieb. Er selber nannte den Umweltschutz und die Bekämpfung der Wirtschaftskriminalität als vordringliche Aufgaben. Sie sind es noch heute.

Am 5. März 1969 wurde der Rechtsanwalt Dr. Dr. Gustav Heinemann in Berlin zum Bundespräsidenten gewählt. In seiner Antrittsrede findet man Sätze wie diese: „Nicht weniger, sondern mehr Demokratie – das ist die Forderung, daß ist das große Ziel, dem wir uns alle und zumal die Jugend zu verschreiben haben. Es gibt schwierige Vaterländer. Eines davon ist Deutschland. Aber es ist unser Deutschland. Hier leben und arbeiten wir. Darum wollen wir unseren Beitrag für die eine Menschheit mit diesem und durch dieses unser Land leisten." In einer Zeit, in der zu oft der Zusammenhang von Leben und Arbeit außer Kraft gesetzt ist, wirkt es wie ein Fortschritt, solche Worte nachzusprechen. 1974, am Ende der ersten Amtsperiode entschied Heinemann sich gegen eine erneute Kandidatur und sagte zu einem Freund: „Ich bin froh, daß ich es anständig überstanden habe."

Viele glauben, Politik sei die Kunst des Möglichen. Für Gustav Heinemann war Politik auch die Kunst, die Dinge möglich zu machen. Deshalb war er in den Augen vieler ein Idealist. Andere werden durch sein Beispiel und seine Worte ermutigt, in ihrer Zeit ihren Beitrag für Deutschland und für die eine Menschheit zu leisten.

Bundesjustizminister Gustav Heinemann, 1967

Reden Gustav Heinemanns

(Auszüge)

Es gibt schwierige Vaterländer

Ansprache vor dem Deutschen Bundestag und dem Bundesrat in Bonn zur Übernahme des Amtes des Bundespräsidenten, 1. Juli 1969

Meine Herren Präsidenten, Exzellenzen, meine Damen und Herren! Mit dem hier geleisteten Eid trete ich in die Verantwortung des Amtes ein, für das die Bundesversammlung mich am 5. März gewählt hat. ... ich trete das Amt in einer Zeit an, in der die Welt in höchsten Widersprüchlichkeiten lebt. Der Mensch ist im Begriff, den Mond zu betreten, und hat doch immer noch diese Erde aus Krieg und Hunger und Unrecht nicht herausgeführt. Der Mensch will mündiger sein als je zuvor und weiß doch auf eine Fülle von Fragen keine Antwort. Unsicherheit und Resignation mischen sich mit der Hoffnung auf bessere Ordnungen. Wird solche Hoffnung endlich erfüllt werden? Das ist eine Frage an uns alle, zumal an uns hier, die wir kraft der uns erteilten Mandate Verantwortung für unsere Mitbürger tragen. Ich sehe als erstes die Verpflichtung, dem Frieden zu dienen. Nicht der Krieg ist der Ernstfall, in dem der Mann sich zu bewähren habe, wie meine Generation in der kaiserlichen Zeit auf den Schulbänken lernte, sondern der Frieden ist der Ernstfall, in dem wir alle uns zu bewähren haben. Hinter dem Frieden gibt es keine Existenz mehr.

24 Jahre nach dem Zweiten Weltkrieg stehen wir immer noch vor der Aufgabe, uns auch mit den östlichen Nachbarn zu verständigen. Das allseitige Gespräch über einen gesicherten Frieden in ganz Europa ist fällig und muß kommen. Mit dem deutschen Volk, dem Deutschen Bundestag und der Bundesregierung weiß ich mich einig in dem Willen zum Frieden. Ich appelliere an die Verantwortlichen in den Blöcken und an die Mächte, ihre Zuversicht auf Sicherheit nicht im Wettlauf der Rüstungen, sondern in der Begegnung zu gemeinsamer

Abrüstung und Rüstungsbegrenzung zu suchen. Abrüstung erfordert Vertrauen. Vertrauen kann nicht befohlen werden; und doch ist auch richtig, daß Vertrauen nur der erwirbt, der Vertrauen zu schenken bereit ist. Es gehört zu der vornehmsten Aufgabe unserer Politik, Vertrauen aufzuschließen. Dieser Aufgabe sind alle Machtmittel unterzuordnen – die zivilen und die militärischen.

Auch die Bundeswehr ist nicht Selbstzweck. Wir wissen, daß sie keine politischen Lösungen zu erzwingen vermöchte. Ihr Auftrag ist,zu verhindern, daß uns Gewaltlösungen von fremder Seite aufgezwungen werden. Darum setzen wir unsere Verteidigungsanstrengungen fort. Darum gilt unsere Achtung allen denen, die sich dieser Aufgabe unterziehen.

Ich möchte alles, was ich tun kann, in den Dienst der Bemühungen um eine Friedensregelung stellen, die unser ganzes Volk einschließt. Auf dem weiten Weg bis zu diesem Ziel gilt es, die Lebensverbundenheit der Menschen unseres Volkes zu stärken und zu verbessern. Hilfreich wäre es, wenn auch wir der Friedensforschung, das heißt einer wissenschaftlichen Ermittlung nicht nur der militärischen Zusammenhänge zwischen Rüstung, Abrüstung und Friedenssicherung, sondern zwischen allen Faktoren, also z. B. auch den sozialen, den wirtschaftlichen und den psychologischen, die gebührende Aufmerksamkeit zuwenden würden.

Bei all dem geht es nicht nur um den Ost-West-Konflikt, sondern in steigendem Maße auch um den Nord-Süd-Konflikt. Hunger und Elend in der Welt rufen nach Hilfe. Die Industrienationen in allen Lagern dürfen sich dieser Hilfe nicht entziehen ...

Unser Volk kann aus seiner Geschichte vieles aufweisen, was uns mit Freude und Selbstbewußtsein zu erfüllen vermag. Es ist nicht wenig, was wir zur Bereicherung der Menschheit beigetragen haben. Aber unter Mißbrauch des Namens unseres Volkes ist auch das Unheil des Zweiten Weltkrieges entfesselt worden. Nur wenn wir uns selber nicht aus der Frage entlassen, wie es zu dem schreckensvollen Kapitel des Nationalsozialismus kommen konnte, werden andere Völker dieses Kapitel nicht länger gegen uns hervorkehren können. Diese Vergangenheit darf auch um derer willen nicht wiederkehren, die neben den

Millionen Juden und den weiteren Millionen Kriegstoten in der Welt aus unserem eigenen Volk zu den Opfern des nationalsozialistischen Terrors, des Krieges und schließlich der Vertreibung von Haus und Hof gehören. Als 1945 der Krieg endlich zu Ende war, als sich nach einem Wort von Theodor Heuss damals die Paradoxie ereignete, daß wir gleichzeitig erlöst und vernichtet waren, sollte das Geschehene zum Anlaß einer Erneuerung werden. Auch nach allem materiellen Wiederaufbau über allem fortschreitenden Generationenwechsel hinweg bleibt die Aufhellung unserer eigenen Geschichte um unserer Zukunft willen geboten ...

In den letzten 24 Jahren ist vieles erreicht und geleistet worden; doch die Leistungen von gestern werden morgen schon nicht zählen. Sie haben auch gestern nicht allem Genüge getan und werden es morgen vollends nicht tun, wenn wir sie nicht steigern. Der soziale Wandel schreitet fort. Deshalb sind wir alle gerufen, die Forderungen des Grundgesetzes nach dem Ausbau der sozialen Demokratie in steigender Bemühung zu verwirklichen. Wir werden erkennen müssen, daß die Freiheit des einzelnen nicht nur vor der Gewalt des Staates, sondern ebensosehr vor ökonomischer und gesellschaftlicher Macht geschützt werden muß ...

Nicht weniger, sondern mehr Demokratie – das ist die Forderung, das ist das große Ziel, dem wir uns alle und zumal die Jugend zu verschreiben haben. Es gibt schwierige Vaterländer. Eines davon ist Deutschland. Aber es ist unser Vaterland. Hier leben und arbeiten wir. Darum wollen wir unseren Beitrag für die eine Menschheit mit diesem und durch dieses unser Land leisten ...

Ein Stück Machtwechsel

Interview mit der Stuttgarter Zeitung – 8. März 1969;
die Fragen stellte Reinhard Appel.

Frage: Herr Minister, Ihre Wahl zum dritten Bundespräsidenten wird von Ihren Freunden, aber auch von Ihren bisherigen innenpolitischen Gegnern als eine Zäsur, wenn nicht gar als eine Wende in der Nachkriegsgeschichte der Bundesrepublik bewertet. Wie beurteilen Sie diese Betrachtung selbst?
Heinemann: Ich würde dieser Bewertung zustimmen. Es hat sich jetzt ein Stück Machtwechsel vollzogen, und zwar nach den Regeln einer

Vereidigung von Gustav Heinemann als Bundespräsident im Plenarsaal des Bonner Bundeshauses durch Bundestagspräsident Kai Uwe von Hassel (v.l.n.r. Karl Carstens, damals Staatssekretär im Bundeskanzleramt, Gustav Heinemann, Kai Uwe von Hassel, SPD Bundestagsabgeordneter August, Berlin)

parlamentarischen Demokratie. Man hat oft, und ich glaube mehr aus gutem Grund, gesagt, daß eine solche Demokratie ihre Bewährungsprobe erst dann bestanden habe, wenn eben nach ihren Regeln auch einmal ein Machtwechsel zustande gekommen sei. Das ist hier nicht in breiter Front der Fall, das wird sich erst bei der Bundestagswahl ergeben, aber immerhin doch in einem beachtlichen Stück.
Einwurf: Manche Leute werden von dieser Antwort vielleicht irritiert sein, wenn Sie im Zusammenhang mit der Wahl des Bundespräsidenten von Machtwechsel sprechen, also die Vokabel Macht miteinbeziehen.
Heinemann: Ja, ich weiß, daß die Vokabel in bezug auf die Position des Bundespräsidenten nicht präzise ist. Unsere Verfassung ist aus gutem Grunde so konstruiert, daß der Schwerpunkt politischer Macht beim Bundeskanzler, bei der Bundesregierung liegt, die auch allein dem Parlament gegenüber verantwortlich ist. Der Bundespräsident hat diese Verantwortung gegenüber dem Parlament nicht, und er muß sich dementsprechend zurückhaltend im politischen Bereich bewegen. Aber immerhin, es ist doch eine wesentliche Position unter all unseren staatlichen Organen erstmalig auf die bisherige Opposition übergegangen ...
Frage: Einige Ihrer Kritiker verdächtigen Sie eines unklaren Verhältnisses zum Staat im allgemeinen und zur Bundesrepublik im besonderen. Was haben Sie diesen Kritikern zu sagen?
Heinemann: Da kann ich nur lachen über soviel Torheit. Wenn man jemandem, der sich seit 1945 pausenlos darum bemüht hat, aus dem Elend der Vergangenheit herauszukommen, hier etwas Neues entstehen zu lassen, vorhalten will, er hätte kein Verhältnis zum Staat, was soll man denn eigentlich noch mehr tun, als daß man sich darum bemüht, hier in einer guten Weise auch Ordnung wiedererstehen zu lassen? Ich wehre mich allerdings dagegen, daß man aus dem Staat etwas Übermenschliches macht.

Ich habe den Staat in meinen eigenen nunmehr fast siebzig Jahren in fünf verschiedenen Gewandungen erlebt. Ich war Soldat unter dem König von Preußen bis zum Ende des Ersten Weltkrieges. Ich war Student, ich habe meine Familie gegründet, mein Berufsleben angefangen in der Weimarer Zeit, in der Weimarer Republik, die zusammengequetscht wurde von rechts und links. Ich habe das „Dritte Reich" erlebt, kontra oder abseits. Ich habe das Besatzungsregime erlebt, wo mir zum Beispiel in meinem Kampf als Essener Oberbürgermeister gegen die Demontagen der englische Hochkommissar gesagt hat: Es gibt keine andere rechtliche Grenze dessen, was wir tun dürfen, als die, die wir uns selber setzen. War das ein Rechtsstaat? Und jetzt erleben wir die Bundesrepublik mit ihrer wirklich freiheitlichen demokratischen Ordnung. Die möchte ich erhalten wissen.

Der Staat an sich ist mir nicht der Kern, sondern das Gewand. Der Staat kann ja ein Verbrecherstaat sein, das haben wir doch auch erlebt. Der Staat kann verrückt sein in seiner Großsprecherei, wie wir es unter Kaiser Wilhelm erlebt haben. Also: Mir kommt es auf das Gewand dieses Staates an. Im Grunde genommen hat er doch nichts anderes zu tun, als das Gute zu fördern und das Böse abzuwehren. ...

Eine Sternstunde unserer Geschichte

25 Jahre Grundgesetz – Ansprache beim Festakt im Deutschen Bundestag in Bonn, 24. Mai 1974

... Als dieses Grundgesetz für die Bundesrepublik Deutschland heute vor 25 Jahren in Kraft trat, sprach man von einem Provisorium. Der Parlamentarische Rat vermied den Ausdruck Verfassung. Er schrieb in den Vorspruch, das Grundgesetz sei beschlossen worden, „um dem staatlichen Leben für eine Übergangszeit eine neue Ordnung zu geben". Diese Übergangszeit war kurzfristig gedacht. Inzwischen dauert sie ein Vierteljahrhundert ...

Das Inkrafttreten des Grundgesetzes vor 25 Jahren zählt zu den Sternstunden unserer Geschichte. Es unterbreitet uns das große Angebot, zum ersten Mal eine freiheitlich-rechtsstaatliche und soziale Demokratie zu verwirklichen.

Im Mittelpunkt seines Ordnungsgefüges steht der mündige Bürger. Er soll mitverantwortliches und in freier Selbstbestimmung mitwirkendes Glied einer nicht von oben geformten und genormten Gesellschaft sein. Ihm ist das Recht zugesprochen, aber auch die staatsbürgerliche Verpflichtung zugedacht, unseren Staat als seine eigene Angelegenheit anzunehmen und im Rahmen der verfassungsrechtlichen Grundsätze mitzugestalten.

Dieser Bürger als eigentlicher Inhaber aller Staatsgewalt verleiht im Bund, in den Bundesländern und in den Gemeinden eine Herrschaft auf Zeit, wobei er seine Repräsentanten unter mehreren Parteien oder Bewerbern wählen kann. Die Staatsgewalt ist zwischen dem Parlament, der aus dem Parlament gebildeten Regierung samt ihren Behörden sowie den Gerichten aufgeteilt.

Regierung und Verwaltung dürfen nur nach Maßgabe förmlicher Gesetze handeln. Der Bürger kann den Schutz unabhängiger Gerichte anrufen, die ihrerseits in Bindung an Verfassung und Gesetz nach vorgeschriebenen Verfahrensordnungen zu entscheiden haben. Die Verfassung im ganzen und zumal ihre Grundrechte stehen unter dem besonderen Schutz des Bundesverfassungsgerichtes.

Auch die andere Gewaltenteilung durch Aufgliederung der Staatsangehörigkeit auf Bund, Länder und Gemeinden zu grundsätzlich selbstverantwortlicher Wahrnehmung ihrer Aufgaben ist ein Schutz des Bürgers vor übermächtiger öffentlicher Gewalt. Sie vergrößert zugleich seine Möglichkeit zu staatsbürgerlicher Mitwirkung.

Diese Ordnung ist kein Heilsplan, sondern wie alles irdische Tun nur unvollkommenes Menschenwerk. Ihre Würdigung kann auch nicht verschweigen, daß außerdem zwischen Verfassungsaussage und Verfassungswirklichkeit ein Graben klafft. Es gehört sogar zum Wesen freiheitlich-demokratischer Ordnung, daß sie von keinem Zustand behauptet, er stimme mit dem Ideal überein, daß sie vielmehr die jeweiligen Verhältnisse für ständig verbesserungsbedürftig, aber eben auch verbesserungsfähig hält und uns damit die nie zu Ende kommende Aufgabe stellt, die Wirklichkeit in beharrlicher Annäherung auf das Leitbild der Verfassung hin fortzuentwickeln.

Es wäre das Ende aller Politik, wenn Bestehendes nur noch verwaltet, aber nicht mehr verbessert würde. Die Einheit von Demokratie, Rechtsstaat und Sozialstaat bedarf ständiger Bemühung ...

Meine Damen und Herren, seit dem Inkrafttreten des Grundgesetzes vor 25 Jahren ist inzwischen eine ganze Generation nachgewachsen. Sie ist die erste Generation, die die Unfreiheit des Dritten Reiches nicht erlebt hat. Sie ist zugleich eine Generation, die von ihrem Lebensbeginn an in eine Welt der Bedrohungen und der Umbrüche eintritt. Wie kann sie – wie können wir – mit dieser Welt zurechtkommen?

Was ich meine, ist dieses: Für viele Menschen in der sogenannten dritten Welt gibt es heute und in absehbarer Zeit keine Lebensgrundlage. Mit Massenvernichtungsmitteln kann sich die Menschheit selber ausrotten und die Erde unbewohnbar machen. Der Umbruch zumal überkommener Wertvorstellungen ist in allen Lebensbereichen spürbar. Das Verhältnis der Geschlechter hat sich geändert. Über- und Unterordnungen in der Gesellschaft, in der betrieblichen Arbeit, in Schulen und Hochschulen werden in Frage gestellt. Alte Autorität wird grundsätzlich in Zweifel gezogen ...

Kein Grundgesetz kann die Nöte der Welt im ganzen lösen. Es gibt auch keine Antwort auf die Frage nach dem Sinn des Lebens und kann sie nicht geben. Das Grundgesetz bietet uns Demokratie, es bietet uns den Rechtsstaat, es bietet uns den Sozialstaat, es bietet uns Regeln für deren ständige Verbesserung. Es ermöglicht der Bundesrepublik Deutschland, nach Kräften an den Bemühungen teilzunehmen, die Welt um uns herum zu bessern ...

Mitunter möchte man zweifeln, ob wir uns genügend klar darüber sind, wie gut wir im Vergleich zu vielen anderen Völkern dran sind. Wer hätte denn 1949 zu denken gewagt, daß wir 25 Jahre später so in Wohlstand und Freiheit leben und ein solches Ansehen in der Welt genießen würden?!

Heute gedenken wir des Tages, an dem wir uns in Freiheit und Selbstbestimmung ein Grundgesetz gegeben haben, das uns den Weg in diese Gegenwart ermöglichte und uns aufruft, unser und das Leben kommender Generationen in der Gemeinschaft der Völker in Frieden zu gestalten.

Das ist nach allem, was hinter uns liegt, ein Tag der Freude! ...

In der Spannung zwischen Tradition und Veränderung

Ansprache vor dem Bundesverfassungsgericht, Karlsruhe, 8. Dezember 1971

... Nur einige Bemerkungen über die besondere Aufgabe des Verfassungsrichters seien mir gestattet. Seine Stellung ist vor allem geprägt durch das Spannungsverhältnis zwischen der Bindungskraft der Verfassung und der Eigengesetzlichkeit des politischen Wägens und Handelns. In diesem Spannungsfeld wirkt das Bundesverfassungsgericht.

Erstmalig in der deutschen Verfassungsgeschichte hat das Grundgesetz den Versuch unternommen, die Wertgrundlagen unserer Rechtsordnung – wie vor allem die Achtung der Menschenwürde, das Friedensprinzip und das Gebot sozialer Gerechtigkeit – nicht nur offenzulegen, sondern zugleich verbindlich zu machen. Die Menschenwürde wird als vorstaatliche Gegebenheit anerkannt. Der Staat hat ihr gegenüber eine Achtungs- und Schutzpflicht, an die sogar der verfassungsändernde Gesetzgeber gebunden ist. Dieser Tatbestand zeigt die Einmaligkeit und Schwierigkeit der dem Bundesverfassungsgericht gestellten Aufgabe.

Die Wertgebundenheit unserer Verfassung und damit unserer Rechtsordnung insgesamt ist heute in das gesellschaftliche Bewußtsein eingedrungen. Dies vor allem dank der wertbewußten Rechtsprechung des Bundesverfassungsgerichts. Diese Wertgrundlage gilt praktisch so, wie sie das Bundesverfassungsgericht auslegt. Hier liegt seine große gestaltende Kraft.

Dabei wird sich jedoch jeder Verfassungsrichter immer dessen eingedenk bleiben müssen, daß er selbst in die Wertvorstellungen seiner Zeit und ihrer gesellschaftlichen Kräfte eingebunden ist. Dies vor allem heute, da die Gesellschaft in einem tiefgreifenden Wandel begriffen ist. Das führt zur Umbewertung bisher scheinbar gesicherter Standorte ...

Die Aufgaben der Polizei im freiheitlichen Rechtsstaat

Ansprache im Polizei-Institut Hiltrup, 23. August 1972

... Mit dem Grundgesetz haben wir uns eindeutig gegen den Polizeistaat und für den freiheitlichen Rechtsstaat entschieden. Die Polizei ist damit ähnlich wie die Bundeswehr in einen Gesamtrahmen grundsätzlicher Verfassungsentscheidungen gestellt.

Ich habe das volle Zutrauen zu unserer Polizei, daß sie diese Entscheidung ebenso wie die Bundeswehr nicht nur hinnimmt und achtet, sondern aus Überzeugung auch dort bejaht, wo sie in mancherlei Hinsicht eine Erschwernis ihrer Arbeit verursacht.

Aber auch dies muß mit aller Klarheit erkannt und ausgesprochen werden: Die Polizei kann den Vorstellungen von Menschenwürde und Freiheit nur folgen, wenn unsere Gesellschaft sich selbst an diesen Vorstellungen orientiert.

Wer es darauf anlegt, einen Polizeibeamten zu beleidigen, ihn seine Mißachtung deutlich spüren zu lassen, kann nicht darauf rechnen, einen hilfsbereiten und freundlichen Freund und Helfer in ihm zu finden.

Die Untertanen eines totalitären Obrigkeitsstaates müssen sich mit der Polizei abfinden, die die Staatsführung ihnen aufzwingt. Eine freie demokratische Gesellschaft aber kann sich durch ihr Verhalten selbst die Polizei schaffen, die sie haben möchte ...

1871–1971: 100 Jahre Deutsches Reich

Fernsehansprache zum 100. Jahrestag der Reichsgründung, 17. Januar 1971

Gedenktage kommen ungerufen. Sie stellen sich zumal dann ein, wenn sich die Zahl der Jahre nach einem Geschehnis rundet. So wird es morgen 100 Jahre her sein, daß im Spiegelsaal von Versailles der König von Preußen zum Deutschen Kaiser ausgerufen wurde ... Uns ist aber heute nicht nach einer Hundertjahrfeier zumute ...

Hat uns Geschichte überhaupt noch etwas zu sagen? Die junge Generation mag von Geschichte nicht mehr viel hören. Ihr Interesse setzt allenfalls bei 1933 ein und ist im übrigen auf die Zukunft unserer Gesellschaft gerichtet. Aber: Alle Zukunft erwächst auch aus Vergangenheit. Einige Auffrischungen unseres Gedächtnisses können helfen, aus ihr zu lernen ...

Was 1871 erreicht wurde, war eine äußere Einheit ohne volle innere Freiheit der Bürger. ... Die drei Gruppen der Opposition gegen Bismarck finden wir später in unserer Geschichte wieder. Sie nämlich sind es gewesen, die ... das militärisch zusammengebrochene Kaiserreich in der Republik von Weimar auffingen ...

Die Weimarer Republik hatte die Chance, im Rahmen der nach dem Versailler Vertrag von 1919 verbliebenen Einheit endlich auch die innere Zusammenführung unseres Volkes in einer demokratischen Ordnung hinzuzufügen. Genau dieses aber gelang nicht. Die schweren Belastungen, unter denen die Weimarer Republik ins Leben trat, ermöglichten den reaktionären und nationalistischen Kräften das billige Spiel, sich aus ihrer Verantwortung für den Ersten Weltkrieg und den militärischen Zusammenbruch des Kaiserreiches davonzustehlen ...

Unser Geschichtsbild von Weimar bedarf auch in dieser Hinsicht einer kritischen Überprüfung. Wo vom Ersten Weltkrieg als einem bloßen Unglück ohne deutsche Mitschuld und wo vom Unrecht des Versailler Friedensvertrages von 1919 als Entschuldigung für die nationalsozialistische Machtergreifung gesprochen wird, ist man immer noch nicht mit den Ursachen des Zusammenbruchs von 1918 fertig geworden. Hundert Jahre Deutsches Reich – dies heißt eben nicht einmal Versailles, sondern zweimal Versailles, 1871 und 1919, und dies heißt auch Auschwitz, Stalingrad und bedingungslose Kapitulation von 1945.

Wie war das möglich? Längst schon ist jene angebliche Ahnenreihe, die von Arminius und Luther über Friedrich den Großen und Bismarck zu Hitler geführt haben soll, in den Bereich der Legende verwiesen.

Man vergißt allzu leicht die gesellschaftlichen Zusammenhänge insbesondere des Bismarckschen Reiches und der Weimarer Republik, die beide an ihren inneren Zerklüftungen litten und nicht zuletzt daran zugrunde gingen. Von hier aus aber erlaubt unser Rückblick auch Hoffnung.

Auch unter uns, die wir die nationalstaatliche Einheit verloren haben, lebt der Gedanke an ihre Rückgewinnung weiter. Aber der Lebensbereich unseres Volkes sieht anders aus als vor 100 Jahren ... Heute scheiden sich an der Elbe-Werra-Linie nicht nur zwei Staatsgewalten, sondern zugleich auch zwei Gesellschaftssysteme von harter Gegensätzlichkeit. Unsere Aufgabe ist darum anders anzusetzen als vor 100 Jahren. Sie greift ins Europäische. Sie zielt auf eine gesamteuropäische Grundordnung, in der Staaten und Völker auch bei unterschiedlicher innerer Gestaltung nicht nur nebeneinander bestehen, sondern Krieg und Gewalt gegeneinander ausschließen und sich miteinander zur Erfüllung gemeinsamer Sachaufgaben auf verschiedensten Gebieten verbinden – wie etwa Verkehr, Umweltgestaltung, Forschung, Entwicklungshilfe. Hier liegt ein weiter Weg vor uns ...

Das Dritte Reich war kein Betriebsunfall

Ansprache in Berlin-Plötzensee zum 25. Gedenktag des 20. Juli 1944 am 19. Juli 1969

Wir sind hier zusammengekommen, um derer zu gedenken, die an diesem Ort hingerichtet wurden, weil sie vor 25 Jahren unser Land von Hitler und seinem System durch den Anschlag auf das Leben des Tyrannen zu befreien versuchten. In dieses Gedenken schließen wir alle Widerstandskämpfer ein, die in den Jahren der Diktatur von 1933 bis 1945 in Deutschland und außerhalb Deutschlands, aus welcher Nation auch immer, das Opfer des Lebens für Recht und Menschenwürde brachten ... Wir schließen ebenfalls und ausdrücklich auch alle jene Menschen ein, die in unserem Namen verfolgt und unter den Taten unseres verführten Volkes gelitten haben ...

Welchen Sinn hat es, insonderheit des mißglückten Anschlags von 1944 und derer zu gedenken, die ihn unternahmen? ... Tradition heißt ... nicht „Asche verwahren, sondern eine Flamme am Brennen halten". Um dieses Wachhalten geht es. Der 20. Juli 1944 war ein gesamtdeutscher Tag und muß es bleiben, wenn das Wort Nation trotz der Spaltung Deutschlands für uns einen Sinn behalten soll. In diesem Datum verzahnen sieh die schlechtesten und die besten Überlieferungen unserer Geschichte in ihren vollen Gewichten miteinander. Sie rufen uns immer wieder auf, ihre dramatische Verknotung zu lösen. Wie war es möglich – so müssen wir uns auch heute wiederum fragen –, daß Menschen unseres Volkes sich im sogenannten Dritten Reich in Selbstüberhebung, in Rassenwahn und Eroberungssucht verloren? Wie war es möglich, daß bürgerliche Freiheit, Menschenwürde und Selbstbestimmung so barbarisch mißachtet werden konnten?

Aus dieser Frage dürfen wir uns nicht davonstehlen, wenn wir mit uns selber zurechtkommen wollen. Eine Antwort auf diese Frage muß tief in die allgemeine Geschichte Europas und in die besondere deutsche Geschichte zurückgreifen ...

Was uns angeht, so können wir nicht an der bis in unsere Zeit geübten Erziehung unseres Volkes zur folgsamen Untertänigkeit gegenüber aller Obrigkeit bis hin zur Unterwerfung auch unter die Befehle des Verbrechens vorübergehen. Es darf nicht verschwiegen werden, daß wir auch schon vor dem Auftreten Hitlers von allen Sedan-Feiern her und im Jubel des Kriegsausbruches von 1914 für einen gewalttätigen Nationalismus anfällig waren ...

Diese nur knappen Striche ... wollen andeutend sagen, daß das Dritte Reich nach meinem Urteil kein Betriebsunfall gewesen, also nicht etwa nur durch die Arbeitslosigkeit um 1930 oder durch Reparationslasten des Versailler Vertrages von 1919 verursacht worden ist. Im Vorspiel und im Nachspiel des 20. Juli 1944 haben Überlieferungen unserer Geschichte kulminiert. Sie bereiteten die Not, aus der die Männer und Frauen des 20. Juli 1944 handelten. Sie zeichneten vor, mit welcher unsagbaren Gemeinheit sie und viele ihrer unbeteiligten Angehörigen vernichtet wurden.

Der 20. Juli 1944 steht aber auch für unseren Anteil an den besten abendländischen Überlieferungen und an den großen europäischen Zeugnissen des Ringens um Menschenrecht und Menschenwürde ...

Die Bauernkriege zur Zeit Luthers und die Paulskirche 1848/49 nahmen Anläufe in solcher Richtung. Aber das alles wurde niedergeschlagen. Wir müssen zugeben, daß wir nicht aus eigener Kraft zu einer freiheitlichen Demokratie durchgebrochen sind. Zweimal haben fremde Siegermächte sie uns nach verlorenen Kriegen ins Land gebracht. Die Weimarer Republik ging nach einem kurzen Bestand wieder unter. Werden wir die freiheitliche Demokratie jetzt bewahren, zur sozialen Demokratie weiterentwickeln und zu unserem Lebenselement machen? Das ist eine der Fragen, die uns der 20. Juli 1944 stellt. Die Widerstandskämpfer der Hitlerzeit waren freilich von unterschiedlichen politischen und sozialen Zielsetzungen erfüllt. Einig aber waren sie darin, daß Unfreiheit und Krieg ein Ende haben sollten. Die äußere Erfolgslosigkeit ihrer Tat kann den hohen Rang ihres Vorbildes in keiner Weise schmälern. Sie alle wußten um die besondere Schwere ihres Handelns und wagten es dennoch. Sie alle mußten Zwiespalt und Zweifel durchstehen, ob es recht und ob es richtig sei, ihre Hand gegen den Mann zu erheben, dem so viele aus unserem Volke zujubelten ...

Es sagt sich heute leicht, daß der von Hitler auferlegte Eid ein Mißbrauch öffentlicher Gewalt war. Es kann auch kein Zweifel darüber bestehen, daß das von Hitler verlangte bedingungslose Gehorsamsgelöbnis mit seiner eigenen Voraussetzung in Widerspruch steht. Die Bindung der Schwörenden an Gott hebt ja im Grunde die Bindung an den Menschen Adolf Hitler auf. Schließlich fehlte auch die dem Treueid eigene Gegenseitigkeit der Pflichten. Das alles wurde damals anders interpretiert und sollte Wort für Wort so eingelöst werden, wie es beschworen war. Das alles mußten die Soldaten, die sich am 20. Juli 1944 beteiligten, erst in sich selbst und gegen ihre Umwelt zu der Klarheit bringen, die ihnen für den Anschlag auf Hitler das gute Gewissen verschaffte. „Wir haben uns vor Gott und unserem Gewissen geprüft: Es muß geschehen." Das waren schließlich Graf Stauffenbergs eigene Worte ...

Ich schließe mit einem persönlichen Wort. Mich läßt die Frage nicht los, warum ich im Dritten Reich nicht mehr widerstanden habe. Aus dieser Frage heraus habe ich als früheres Mitglied des Rates der Evangelischen Kirche Deutschlands die Stuttgarter Erklärung vom Oktober 1945 auch persönlich mitgesprochen, in der es unter anderem heißt: „Was wir unseren Gemeinden oft bezeugt haben, Jahre hindurch im Namen Jesu Christi gegen den Geist gekämpft, der im nationalsozialistischen Gewaltregiment seinen furchtbaren Ausdruck gefunden hat; aber wir klagen uns an, daß wir nicht mutiger bekannt, nicht treuer gebetet, nicht fröhlicher geglaubt und nicht brennender geliebt haben." Bei meiner Eidesleistung am 1. Juli habe ich davon gesprochen, daß unsere freiheitliche demokratische Ordnung eines weltanschaulich neutralen Staates ein großes Angebot ist. Dieses Angebot wahrzunehmen, zu leben und zu verwirklichen, gehört zu den Vermächtnissen des Widerstandes.

Der Krieg ist kein Naturgesetz

Ansprache zum 30. Jahrestag des Kriegsbeginns über alle Rundfunk- und Fernsehsender der ARD und des ZDF, 1. September 1969

Liebe Mitbürger!

Heute vor 30 Jahren, am 1. September 1939, begann das schauerliche Drama, das wir den Zweiten Weltkrieg nennen. Nach wochenlangem Streit mit Polen um Danzig und um den Korridor verkündete Hitler an jenem 1. September 1939 in Berlin im Reichstag vor den jubelnden und sich in Begeisterung überschlagenden Abgeordneten „den Kampf für des Reiches Recht und Sicherheit". Seit 5 Uhr 45 werde zurückgeschossen.

Aber trotz oder gerade wegen des wenige Tage zuvor zwischen Hitler und Stalin abgeschlossenen Paktes über die beiderseitigen Herrschaftsräume war nur zu sehr fühlbar, daß unser Volk in ein Abenteuer hineingeführt wurde. Viele Menschen draußen im Lande hielten ahnungsvoll den Atem an. Es ist nicht mehr nötig, der Entstehungsgeschichte des Zweiten Weltkrieges nachzugehen. Sie liegt klar zutage.

... Der Krieg wurzelt offensichtlich weniger – wenngleich auch – in den Gesinnungen der einzelnen, als vielmehr in den Ordnungen und Unordnungen der Gemeinschaften. Seine Ursachen sind trotz der jeweiligen Kriegsgewinnler nicht privater, sondern politischer Natur. Sie erwachsen aus Gewohnheiten, Vorurteilen, Sozialordnungen und Herrschaftsformen. Deshalb brauchen wir eine Erforschung dieser Zusammenhänge. Wir brauchen eine Friedensforschung. Deshalb brauchen wir neue Ordnungen und neue Gewohnheiten, neue Spielregeln und neue Verhaltensweisen. Zur neuen Ordnung gehören die Vereinten Nationen, die es nach dem Fehlschlag des Völkerbundes zu stärken gilt. Als neue Gewohnheit gilt es einzuüben, einen Konflikt auch mit den Augen des Gegners zu beurteilen. Zu den neuen Spielregeln muß die Bereitschaft zum Kompromiß gehören, die eine Selbstbehauptung um jeden Preis mit der Entschlossenheit vertauscht, eine von Generation zu Generation vererbte Feindseligkeit durch einen neuen Anfang auf beiden Seiten zu ersetzen. Zu den neuen Verhaltensweisen wäre zu rechnen, an der Angst und der Trauer, an dem Stolz und der Empfindlichkeit des Gegners teilzunehmen.

Der Krieg ist kein Naturgesetz, sondern Ergebnis menschlichen Handelns. Deshalb gilt es, diesem Handeln auf die Spur zu kommen. Auch der Frieden ist kein Naturgesetz – das haben wir erlebt ... Laßt uns deshalb heute bei der Wiederkehr des Tages, an dem der Zweite Weltkrieg ausbrach, dieses Doppelte bedenken: Wir müssen einen neuen Anfang zwischen uns und unseren östlichen Nachbarn, zumal mit Polen, setzen. Wir müssen der Geißel neuer Kriege entschlossen begegnen.

Christus ist nicht gegen Karl Marx gestorben

Rede im Deutschen Bundestag – 23. Januar 1958

Herr Präsident! Meine Damen und Herren!

Vor siebeneinhalb Jahren trennten sich die Wege, die der Bundeskanzler und ich nach dem Kriege zunächst gemeinsam gegangen waren ...

Der erste politische Konflikt in der ersten Bundesregierung ergab sich über die Frage, ob die Bundesrepublik dem Europarat beitreten sollte. Darüber gab es im Mai 1950 in der Bundesregierung eine stundenlange Aussprache. Jakob Kaiser und ich waren gegen diesen Beitritt, weil er geeignet erschien, die Spaltung Deutschlands zu vertiefen. Nach stundenlanger Beratung im Kabinett wurde eine Kompromißformulierung gefunden, und drei Wochen später erlebte ich in der Bundesratssitzung, daß der Berichterstatter einen anderen Text vortrug, als die Bundesregierung ihn beschlossen hatte! (Hört! Hört! bei der SPD. – Zuruf von der SPD: Das ist Konrad Adenauer!)

Der zweite Konflikt, der entscheidende, ergab sich aus dem eigenmächtigen Angebot der Aufrüstung ...

Heute klagen Sie – und ich kann nur sagen: mit viel sachlicher Berechtigung – über die Zustände in der Deutschen Demokratischen Republik. Sie haben insbesondere die schweren Auseinandersetzungen erwähnt, die dort mit der Kirche im Gange sind. Aber, lieber und verehrter

Der SPD-Bundestagsabgeordnete Gustav Heinemann bei der Debatte um die atomare Bewaffnung der Bundeswehr am 25. März 1958. Im Hintergrund auf der Regierungsbank Bundeskanzler Konrad Adenauer

Herr Dr. Gradl, darf ich Sie mal eins fragen? Erachten Sie es für gut, daß der Westen unter dem Schild und der Parole einer christlichen Front aufmarschiert? Wir hatten 1950 eine Synode der evangelischen Kirche in Elbingerode, bekanntlich im östlichen Teil des Vaterlandes. Da hat einer der Sprecher auf dieser Synode gesagt: Ihr Westdeutschen, tut uns doch den Gefallen, macht das, was ihr politisch vorhabt, nicht unter dieser christlichen Parole; denn das hat zur Folge, daß wir hier in der Ostzone als fünfte Kolonne des Westens angesprochen und behandelt werden. (Zustimmung bei der SPD.)

Die politische Differenz ist ja tief genug. Wozu muß sie mit dieser christlichen Parole überkleidet werden?

Ein Letztes, Herr Dr. Gradl! Es ist ja heute auch manchmal von allerlei Presseerzeugnissen, von der Provinzpresse und dergleichen die Rede gewesen. Es gibt ein Blatt Evangelische Verantwortung, herausgegeben vom Evangelischen Arbeitskreis der CDU. In der Nummer vor der Wahl, der Nummer vom August 1957, war eine Zuschrift zu lesen, wonach der Westen ja noch eine Waffe gegen das „Untier im Osten" habe und diese Waffe die aufhaltende Macht gegen den Antichristen im Sinne des 2. Thessalonicherbriefes sei. Ich bitte Sie herzlich, verehrte Freunde von der CDU und dem evangelischen Teil darin: Sorgen Sie doch dafür, daß solche Klänge endlich verschwinden. Es geht nicht um Christentum gegen Marxismus. (Zurufe von der CDU/CSU: Sondern?)

Sondern? Es geht um die Erkenntnis, daß Christus nicht gegen Karl Marx gestorben ist, sondern für uns alle. (Stürmischer Beifall bei der SPD und der FDP. Unruhe in der Mitte.)

Meine Damen und Herren! Unsere politische Aufgabe nach dem Krieg war von Anfang an und ist bis zur Stunde eine doppelte, und das heißt mit anderen Worten um ein wesentliches Stück schwerer, als die CDU sie uns vorstellt. Sie ist eine doppelte, nämlich das harte, das unerschütterliche Nein zum totalitären System zu verbinden mit dem Ja zur Nachbarschaft der totalitär regierten Ostvölker ...

Das müssen wir miteinander fertigbringen, dieses Nein und gleichzeitig dieses Ja ...

Die Hand mit dem ausgestreckten Zeigefinger

Erklärung des Bundesjustizministers vom 14. April 1968 nach dem Attentat auf Rudi Dutschke

Verehrte Mitbürger!
Diese Tage erschütternder Vorgänge und gesteigerter Unruhe rufen uns alle zu einer Besinnung. Wer mit dem Zeigefinger allgemeiner Vorwürfe auf den oder die vermeintlichen Anstifter oder Drahtzieher zeigt, sollte daran denken, daß in der Hand mit dem ausgestreckten Zeigefinger zugleich drei andere Finger auf ihn selbst zurückweisen.

Damit will ich sagen, daß wir alle uns zu fragen haben, was wir selber in der Vergangenheit dazu beigetragen haben könnten, daß Antikommunismus sich bis zum Mordanschlag steigerte und daß Demonstranten sich in Gewalttaten der Verwüstung bis zur Brandstiftung verloren haben.

Sowohl der Attentäter, der Rudi Dutschke nach dem Leben trachtete, als auch die elftausend Studenten, die sich an den Demonstrationen vor Zeitungshäusern beteiligten, sind junge Menschen. Heißt das nicht, daß wir Älteren den Kontakt mit Teilen der Jugend verloren haben oder ihnen unglaubwürdig wurden? Heißt das nicht, daß wir Kritik ernst nehmen müssen, auch wenn sie aus der jungen Generation laut wird? ...

Das Kleid unserer Freiheit sind die Gesetze, die wir uns selber gegeben haben. Diesen Gesetzen die Achtung und Geltung zu verschaffen, ist Sache von Polizei und Justiz. Es besteht kein Anlaß zu bezweifeln, daß Polizei und Justiz tun, was ihre Aufgabe ist.

Wichtiger aber ist es, uns gegenseitig zu dem demokratischen Verhalten zu verhelfen, das den Einsatz von Justiz und Polizei erübrigt.

Zu den Grundrechten gehört auch das Recht zu demonstrieren, um öffentliche Meinung zu mobilisieren. Auch die junge Generation hat einen Anspruch darauf, mit ihren Wünschen und Vorschlägen gehört und ernstgenommen zu werden.

Gewalttat aber ist gemeines Unrecht und eine Dummheit obendrein. Es ist eine alte Erfahrung, daß Ausschreitungen und Gewalttaten genau die gegenteilige öffentliche Meinung schaffen, als ihre Urheber wünschen. Das sollten – so meine ich – gerade auch politisch bewegte Studenten begreifen und darum zur Selbstbeherrschung zurückfinden. Unser Grundgesetz ist ein großen Angebot ... In ihm ist Platz für eine Vielfalt der Meinungen, die es in offener Diskussion zu klären gilt.

Christlicher Glaube und politische Verantwortung

Ansprache zum Gedenken an den Wormser Reichstag von 1521, Worms, 17. April 1971

Vor 450 Jahren stand Martin Luther hier in Worms vor Kaiser Karl V. und den im Reichstag versammelten Fürsten und reichsfreien Städten des Heiligen Römischen Reiches Deutscher Nation. Auf die Aufforderung, seine Thesen zu widerrufen, weigerte er sich, solches zu tun. ... Daß Karl V. während der Zeit seiner Regierung durch die Eroberung Mexikos und anderer Teile der Neuen Welt ein Weltreich gewann, „in dem die Sonne nicht unterging", ist heute weithin nur noch Erinnerung an Vergangenes ... Was aber der vom Kaiser als „einzelner Mönch" abgetane Luther in Gang setzte, wirkt durch die Jahrhunderte bis auf den heutigen Tag nach und wird in der Gegenwart zum Anlaß neuer Begegnungen zwischen der römisch-katholischen Kirche und den reformatorischen Kirchen ...

(Man kann Luther) nur dann gerecht werden, wenn man ihn in seinen religiösen Beweggründen und Zielen gelten läßt. Ihm ging es um die Zurückführung einer entarteten Kirche auf die Grundlagen ihres Ursprungs. Darum betonte er die Bibel als den Maßstab aller Maßstäbe. Darum gab er sie seinen Zeitgenossen in deutscher Sprache an die Hand. Darum zerbrach er die Werkerei als falschen Weg zum Frieden mit Gott. Darum ließ er Christus als den Versöhner neu hervortreten und wieder zum alleinigen Mittelpunkt des Evangeliums werden. Nicht aber ging es Luther um die Überwindung des Feudalismus und die Gliederung des Volkes in Stände zugunsten einer neuen Sozialordnung und einer Rechtsgleichheit aller. Insofern ist jede ideologische Würdigung Luthers zu kurzschlüssig und darum unzulänglich.

Auf der anderen Seite sollten freilich auch die Theologen und die mit Luther verbundenen Kirchen den gesellschaftlichen Tatsachen und deren Bedeutung in der Kirchengeschichte eine größere Aufmerksamkeit zukommen lassen, als es üblicherweise geschieht. Auch in der Geschichte der Kirche handelt Gott durch Menschen, und zwar durch Menschen, die in die Gegebenheiten und Vorstellungen ihrer Zeit eingebunden sind. Insofern brauchten die Betonung religiöser Beweggründe und Ziele und die Betonung gesellschaftlicher Gegebenheiten oder Kräfte einander nicht zu widersprechen. Sie können sich auch ergänzen ... Es sollte die Feststellung der Tatsache genügen, daß eine gesellschaftliche Gegebenheit, nämlich die staatliche Gewalt, in Luthers Reformation eine wesentliche Rolle spielt, und zwar, zum Unterschied gegenüber der Zeit seiner Vorläufer, eine hilfreiche ...

(Es gilt auch) die Kehrseite ins Auge zu fassen und zu fragen, ob den Kirchen der Reformation die weltliche Hilfestellung gut bekommen ist. Wurde damit nicht erneut, und, was die Sache noch peinlicher macht, auf oft provinzielle und kleinbürgerliche Weise jene verhängnisvolle Verbindung von Thron und Altar begünstigt ...? Die Bereitschaft, die Entscheidungen in allen weltlichen Sachen, vor allem in der Politik, den dafür Berufenen, also den Fürsten und Staatsmännern bis hin zum Führer, zu überlassen, bedeutete den Verzicht, auch in politischen Fragen die Freiheit eines Christenmenschen in Anspruch zu nehmen. Wer immer diesen Weg nicht mitgehen wollte, mußte sich den Vorwurf gefallen lassen, er wisse nicht zwischen dem Reich Gottes zur Rechten – der Kirche – und dem zur Linken – dem Staat – zu unterscheiden und vermische somit Glauben und Politik. Was bei Luther noch eine Hilfskonstruktion gewesen war ... (wurde) zum tragenden Selbstverständnis evangelischer Christen.

Ein falsches, weil viel zu starres Verständnis der Lehre von beiden Reichen hat nicht nur die politische Entwicklung in Deutschland gehemmt. Sie hat auch auf sozialem Gebiet den Blick für das verstellt, was zur Aufgabe einer christlichen Kirche gehört: sich auf die Seite der

Unterdrückten und Ausgebeuteten zu stellen. Die im 19. Jahrhundert vollzogene Hinwendung großer Teile der Arbeiterschaft zum Marxismus, die unter Intellektuellen bis heute weitverbreitete Überzeugung, daß Atheismus und Fortschrittlichkeit untrennbare Größen seien, geht weithin auf Hilflosigkeit und Versagen auch des Luthertums in Fragen dieser Welt zurück ...

Im Spannungsfeld von Kirche und Gesellschaft

Vortrag in der Evangelischen Akademie Tutzing, 22. Januar 1975

Dem Thema Staat – Kirche – Gesellschaft sind im Laufe der Zeiten ganze Bibliotheken gewidmet worden. Trotzdem ist es offenbar nicht erschöpft. Was uns in der Bundesrepublik Deutschland anbelangt, so sind die durch das Grundgesetz aufgeworfenen Fragen trotz seinem langjährigen Bestehen noch nicht alle ausgeklungen, so zum Beispiel die Fragen, die aus der weltanschaulichen und religiösen Neutralität dieses unseres Staates entstehen. In den Kirchen wird weiterhin um das Verhältnis von Glaube und Verantwortung oder Mitverantwortung für Staat und Gesellschaft gerungen. Die Offenheit unserer Gesellschaft für jede Meinungs- und Willensrichtung, auch Pluralismus genannt, wirft die Frage nach den Grenzen solcher Vielfalt und der Tragweite der geschichtlichen Wurzeln unserer Gegenwart auf ...

Wir nennen unsere Gesellschaft pluralistisch und drücken damit aus, daß die dem Staat vorgegebene grundrechtliche Meinungsfreiheit eine von Staats wegen nicht begrenzbare Vielfalt von Meinungen und Meinungsäußerungen gewähren läßt. Nur für das Umsetzen von Meinungen in politische Willensbildung setzt das Grundgesetz Grenzen und Spielregeln. Bestimmte Grundwerte der Verfassung und ein bestimmtes Ordnungsgefüge des Staates sind festgeschrieben, der Änderungsmöglichkeit entzogen. Im Streit der Meinungsäußerungen untereinander oder miteinander aber ist der Staat neutral. Zur Demokratie gehört Dialog, sowohl im Parlament zwischen Regierung und Opposition als auch außerhalb des Parlamentes zwischen Regierenden und Regierten. Der Bürger muß angeredet werden, und die Regierung, die eben nicht mehr die geheiligte Obrigkeit früherer Zeiten darstellt, muß für die Anrede der Bürger offen sein. Insofern sind Staat und Gesellschaft auf ein Wechselspiel der Meinungen gestellt. Der demokratisch-soziale Rechtsstaat steht nicht über der Gesellschaft, auch nicht im Gegensatz zur Gesellschaft, sondern ist deren organisierte Daseinsform, um die in der Gesellschaft gewollten Gemeinschaftsaufgaben zu erfüllen und bei allem die Freiheit der Staatsbürger zu gewährleisten. Der Staatswille erwächst aus ständiger geistiger Auseinandersetzung zwischen den einander begegnenden sozialen Kräften, Interessen und Ideen. Dem entspricht, daß der Beamte nicht mehr Erfüllungsgehilfe und Diener einer vorgegebenen Obrigkeit ist, sondern in einem Treueverhältnis zu allen Bürgern steht.

Für die Kirche gelten andere Grundsätze. Sie ist kein vereinsmäßiger Zusammenschluß, sondern Stiftung Jesu Christi. Sie hat den aus der Offenbarung Gottes in Jesus Christus gesetzten Auftrag zu erfüllen. Dieser Auftrag kann in seinem Gehalt sowie hinsichtlich der Ordnungen der Kirche theologisch diskutiert werden. Sein Verständnis bedarf auch immer neuer Formulierung. Jede neue Formulierung aber muß sich ausweisen als übereinstimmend mit dem Kern der christlichen Überlieferung. Dieser Kern kann keiner demokratischen Mehrheitsentscheidung der Kirchenglieder oder gar aller Staatsbürger unterliegen. In ihrer inneren Ordnung gehen die beiden großen christlichen Kirchen verschiedene Wege. Die katholische Kirche ist hierarchisch auf den Papst als Stellvertreter Christi zugeschnitten. Die evangelische Kirche beruht im Prinzip auf der Brüderlichkeit ihrer Glieder und auf der Gleichwertigkeit aller Dienste in der Kirche. Was beide Kirchen vom Staat verlangen und was das Grundgesetz ihnen in der Bundesrepublik Deutschland gewährt, sind die Glaubensfreiheit samt Freiheit der Religionsausübung und die kirchliche Selbstverwaltung einschließlich Lehre, Kultus und Ämterbesetzung ...

Zur Militärseelsorge werde ich nur ein paar Worte sagen, die entsprechend auch für Gefängnisseelsorge gelten. Natürlich hat die Kirche die Aufgabe, auch die Soldaten zu betreuen. Muß es aber durch

Pfarrer im Staatsdienst geschehen, oder entspräche es der Kirche nicht besser, es durch Pfarrer im kirchlichen Dienst zu tun? Diese Frage hat jedenfalls die Evangelische Kirche in Deutschland (EKD) stark erregt. Sie endete 1957 in einer Kampfabstimmung ihrer Synode zugunsten der staatlichen Organisationen der Militärseelsorge. Ich habe damals zur Minderheit in der Synode gehört und halte die Entscheidung auch heute noch für verfehlt ...

Der Eid ist ein Rechtsvorgang, in dem profane Aussagen sakral sanktioniert werden. Er verbindet aus mancherlei Ursprüngen einen Rechtsvorgang mit Religion und gibt ihm damit eine über das Rechtliche hinausgreifende Verbindlichkeit besonderen Grades. Entgegen der neutestamentlichen Aussage Jesu: „Eure Rede sei ja, ja, nein, nein; was darüber ist, ist vom Übel“ (Mt, 33–37; Jak 5,12) fing mit der konstantinischen Zeit die Staatskirche an, den Eid theologisch zu rechtfertigen. Sie hat ihn bis in die Neuzeit weitergetragen. Zu keiner Zeit ist aber der neutestamentliche Einwand dagegen verstummt ...

Mit der Barmer Erklärung wurde ... ein Wandel im Selbstverständnis der evangelischen Kirche angezeigt. Das für den evangelischen Volksteil entgegen jahrhundertelanger Erfahrung neue Erlebnis einer Glaubensbedrückung durch die eigene Obrigkeit drängte ihn aus der alten Verbindung von Thron und Altar in ein obendrein spannungsvoll-kritisches Gegenüber zur eigenen Obrigkeit. Wenn heute von einem in der evangelischen Kirche angebrochenen „Zeitalter der Denkschriften“ die Rede sein soll, so wäre es schon mit einer Denkschrift vom Mai 1936 angebrochen. Damals richteten die leitenden Mitglieder der Bekennenden Kirche an Hitler eine Denkschrift gegen den Totalitätsanspruch des Staates, gegen die Auflösung des Rechtsstaates, gegen den Wahlterror, gegen die Hypertrophie der Eide. Ihre Ergänzung ist die sogenannte Schulderklärung des Rates der EKD von 1945. Seit den fünfziger Jahren spannt sich ein weiter Bogen von Denkschriften zu recht verschiedenen sozialen Fragen unserer Gesellschaft (Eigentum, Bodenrecht, Landwirtschaft ...), aber auch zu politischen Themen. Besonders umstritten wurde die Ostdenkschrift von 1965, die die Gemeinschaft daran erinnerte, was sie den Vertriebenen schuldet, und den Politikern helfen wollte, einen Weg der Versöhnung zwischen dem polnischen Volk und uns in einer dauerhaften Friedensordnung aufzuschließen. Auch aus Einzelanlässen, wie etwa zur Reform des Strafrechtes oder sonderlich zu Paragraph 218, haben Kirchenleitungen und Synoden häufig mahnend oder helfend das Wort ergriffen.

Die Denkschriften sind angelegt auf die Orientierungspunkte: der Mensch als Gottes Geschöpf und Ebenbild, die Gerechtigkeit und die Bewahrung des Friedens. Bindende Weisungen können und wollen sie nicht geben. Sie wollen den Glauben jeweils in seiner gesellschaftskritischen Kraft entfalten. Sie sind dabei immer nur eine Hilfestellung, in der es darum geht, die Umstände für die Lösung einer gesellschaftlichen Frage recht zu erkennen, insbesondere die einander entgegengesetzten Standpunkte in ihrer Interessenlage oder Interessengebundenheit zu durchschauen, um dazu den rechten christlichen Standpunkt zu gewinnen. Die Entscheidung haben die zum Handeln gerufenen Bürger und Politiker selber zu vollziehen. Das Hören auf ein Wort der Kirche ist also etwas anderes als das zur Zeit der Staatskirche geforderte Gehorchen ...

(Was) die Kirche zur Gesellschaft sagt ... (sagt sie) aus klarer Verantwortung im Evangelium ... Deshalb vor allem kein vorschnelles Reden von der argen Welt, sondern ein Begleiten dieser Welt als Dank für das Gerettetsein dieser Welt durch Gottes Handeln in Christus. Auch das gehört immer erneut zu dem Lernprozeß der Kirche, – einer Kirche, die heute zusätzlich lernen muß, ohne Privilegien zu leben und nur noch eine Minderheit in unserer Gesellschaft zu sein.

LEBENSSTATIONEN

1. KAPITEL

Sohn eines Aufsteigers
Gustav Heinemanns Kindheit und Werdegang bis 1933

von Hermann Vinke

Wer Gustav Heinemann verstehen will, den Bundespräsidenten, den Justiz- und Innenminister, den Anwalt und Christen, der muß in seiner Kindheit und Jugend nachblättern. Handfest und unprätentiös, solide und selbstsicher, praktisch und pragmatisch – solche Menschen bringt das Ruhrgebiet hervor, jene Industriezone im Westen Deutschlands, die tiefer als andere Regionen die Brüche dieses Jahrhunderts erfahren hat.

Gustav Heinemann war ein Kind des Ruhrgebiets. Geboren wurde er noch vor der Jahrhundertwende: am 23. Juli 1899 in Schwelm, wo sein Vater Otto Heinemann am Anfang einer beachtlichen beruflichen Karriere stand. Die Industriestadt Schwelm in Westfalen sollte für die Familie von Johanna und Otto Heinemann nur eine Zwischenstation sein auf dem Weg in die Hierarchie des Großunternehmens Krupp in Essen, der Stadt, die zum eigentlichen Lebensmittelpunkt von Gustav Heinemann wurde.

Sein Vater Otto Heinemann stammte aus der nordhessischen Kleinstadt Eschwege, wo er als Kind entbehrungsreiche Jahre erlebt hatte. Kinderarbeit, damals in den Fabriken der Großstädte nicht unüblich, brauchte Otto Heinemann zwar nicht zu leisten, aber er mußte der Mutter bei der Feldarbeit helfen. Die Familie hatte etwas Land gepachtet; ein Teil wurde mit Tabak bepflanzt. Der Verkauf der getrockneten Blätter besserte die Haushaltskasse etwas auf. Die Eltern von Otto Heinemann hatten ihr eigenes, baufälliges Wohnhaus verkaufen und zu den Großeltern mütterlicherseits ziehen müssen, die in Eschwege eine Tischlerei betrieben. Der Vater durfte sich auf dem mit Steinen gepflasterten Hausflur eine Ecke zum Schlachten einrichten. Zusammen mit einem anderen Metzger schlachtete der Vater meistens einmal wöchentlich ein Stück Vieh. Dienstags und freitags holte die Mutter bei der Kundschaft die Bestellungen ein, mittwochs und sonnabends wurde das bestellte Fleisch ausgeliefert – ein überaus mühsames und wenig rentables Geschäft. Statt wie andere Metzger einen eigenen Laden einzurichten, verlegte sich Schlachter Heinemann mehr und mehr auf Hausschlachtungen, die zwar mit mancherlei Geselligkeit verbunden waren, jedoch kaum Geld einbrachten.

Für Otto Heinemann stand schon früh fest, daß er Schlachtermesser und Knochensäge gar nicht erst anfassen würde. Er besuchte zunächst die Volksschule in Eschwege. Nach dem Volksschulabschluß bewarb sich Otto Heinemann um eine Lehrstelle bei der Steuerkasse des Landkreises Eschwege – mit Erfolg. Geld verdiente er in den ersten beiden Lehrjahren noch nicht. Erst im dritten Ausbildungsjahr gab es zehn Mark monatlich, die er regelmäßig bei der Mutter ablieferte. Der tägliche Umgang mit Formularen und Zahlenkolonnen sollte für Otto Heinemann der Ausgangspunkt einer beruflichen Karriere werden, die nicht allein durch preußische Tugenden wie Ordnung und Sparsamkeit bedingt war, sondern auch durch seine Zielstrebigkeit und seinen nüchternen Verstand. Wenn schon nicht die ganze Welt, so wollte er doch wenigstens seine eigene Welt verändern, und dabei hatte er Erfolg.

Als er – inzwischen 28 Jahre alt – bereits auf dem Wege war, Leiter der Sparkasse Eschwege zu werden, hörte Otto Heinemann davon, daß die Industriestadt Schwelm in Westfalen einen Kontrolleur für die Spar- und Stadtkasse suchte. Zu seinem Bereich gehörte die Aufsicht über alle Sparvorgänge – eine interessante und wichtige Aufgabe also. Heinemann schickte ein Bewerbungsschreiben. Die für einen solchen Posten damals erforderliche Kaution in Höhe von 5000 Mark hatte er längst erspart. Zum Vorstellungstermin präsentierte er sich den Stadtverordneten im Turnanzug, weil zur gleichen Zeit in Göttingen ein Turnfest stattfand, an dem Heinemann teilnahm. Die Stadtväter waren nicht nur von seinem sportlichen Aufzug, sondern auch von seinem beruflichen Können angetan und gaben ihm die Kontrolleursstelle zu einem Anfangsgehalt von 2400 Mark jährlich.

Die Arbeit eines Sparkassenkontrolleurs brachte es auch mit sich, daß Otto Heinemann häufig unterwegs war. Dabei lernte er anläßlich eines Wohltätigkeitsbazars in Barmen seine spätere Frau kennen: Johanna Walter, eine von sechs Töchtern des Dachdeckermeisters Gustav Walter aus Barmen, der damals noch selbständigen Stadt, die heute zu Wuppertal gehört.

Ein Jahr nach ihrer ersten Begegnung, am 27. Oktober 1898, heirateten die beiden. Der junge Ehemann legte Wert auf eine richtige Hochzeitsreise. So fuhr das frischvermählte Paar in die Schweiz und nach Italien. Otto Heinemann hatte das armselige Eschwege endgültig hinter sich gelassen, auch wenn er immer wieder in die Kleinstadt zurückkehrte, um seine Mutter zu besuchen – sein Vater, der Metzger Friedrich Carl Heinemann, war bereits 1881 im Alter von 43 Jahren an „Schwindsucht", wie die Arme-Leute-Krankheit Tuberkulose genannt wurde, gestorben. Beruflich wie privat war es also mit der Zukunft Otto Heinemanns aufs beste bestellt. Sogar sein Wunsch nach einem Sohn ging schnell in Erfüllung: Am 23. Juli 1899 wurde in Schwelm Gustav Walter Heinemann geboren.

Auch der nächste berufliche Erfolg ließ nicht lange auf sich warten. Als die Firma Krupp in Essen, Deutschlands führendes Unternehmen im Bereich der Stahlverarbeitung und der Rüstungsproduktion, die Stelle eines Assistenten des Büros für Arbeiterangelegenheiten ausschrieb, war Otto Heinemann einer von 266 Bewerbern. Vier davon kamen in die engere Auswahl. Der Sparkassenkontrolleur aus Schwelm bekam den Posten zu respektablen Bedingungen: 5500 Mark Jahresgehalt, Pensionsberechtigung, nach einem Jahr fester Dienstvertrag. Ab 15. Dezember 1900 gehörte Otto Heinemann zu den 27300 Belegschaftsmitgliedern des Unternehmers Friedrich Alfred Krupp (1854 bis 1902). Die Familie wechselte von Schwelm in die Ruhrmetropole über, wo bald ein ansehnliches eigenes Wohnhaus entstand.

Zehn Jahre später hatte sich der Schlachtersohn aus Eschwege schon so weit in der Krupp-Hierarchie emporgearbeitet, daß er nur noch die erste Wagenklasse der Eisenbahn benutzen durfte. Er war inzwischen Leiter des Büros für Arbeiterangelegenheiten, das für alle Personalfragen der Krupp-Belegschaft zuständig war, von der Einstellung bis zur Entlassung. Der einflußreiche Posten verschaffte ihm Macht über viele Menschen, die Heinemann loyal im Interesse der Firma, gleichzeitig aber mit einem Sinn für Gerechtigkeit gegenüber der Belegschaft, ausübte. Allmorgendlich vergewisserte er sich, ob die ihm direkt unterstellten Mitarbeiter auch pünktlich zur Stelle waren, und selten bekam er Grund zur Klage. Am Ende seines Lebens stellte er fest: „Überhaupt ging durch das Kruppsche Werk, die größte Waffenschmiede Deutschlands, ein militärischer Zug."

Großvater, der Revolutionär

Gustav Walter – diese beiden Vornamen seines ersten Sohnes waren zunächst nicht mehr gewesen als eine Verbeugung Otto Heinemanns vor seinem Schwiegervater. Der Dachdeckermeister Gustav Walter war eine außergewöhnliche Persönlichkeit, der sich kaum jemand entziehen konnte. In Barmen führte er einen gutgehenden Dachdecker- und Klempnerbetrieb, der Aufträge im weiteren Umkreis, gelegentlich sogar hoch im Norden, beispielsweise in Wyk auf Föhr, erledigte und der für seine Zuverlässigkeit bekannt war. Als Chef eines Handwerksbetriebes behandelte Walter seine Leute gut. Die älteren

Der kleine Gustav Heinemann im Jahr 1905 zusammen mit seinem Großvater Gustav Walter und seiner Mutter (3.v.l.)

Gesellen beteiligte er am Geschäft, so daß er selber Zeit für andere Dinge hatte. Aber wenn es sein mußte, schwang er sich mit aufs Dach und fügte selber Ziegel an Ziegel. Wichtiger als der Betrieb und das Geldverdienen waren ihm seine politischen Vorstellungen. Gustav Walter gehörte dem Stadtrat von Barmen an. Er war Mitglied der Freisinnigen Demokraten, einer Partei mit liberalen und sozialreformerischen Ideen, die gegen den Einfluß der Kirche und für die Abschaffung der Monarchie kämpfte. Wenn Gustav Heinemann Jahrzehnte später als Politiker von seiner „48er Gesinnung“ sprach, dann meinte er diesen revolutionären Schwung seines Großvaters.

In der Erinnerung des späteren Bundespräsidenten nahm Gustav Walter einen festen Platz ein: „Großvater Walter war ein sehr gepflegter Herr mit weißem Vollbart. Er sang gern und spielte Schach. Im Eßzimmer stand ständig ein Spiel, das er mit einem nach Diez an der Lahn verzogenen Freund in täglichem Postkartenwechsel spielte. Ich wurde einer seiner Schachlehrlinge.“

Der Tod von Gustav Walter im November 1912 hat den 13jährigen Gustav Heinemann getroffen wie kein anderes Erlebnis seiner Kindheit. Noch Jahrzehnte später kannte er Umstände und Einzelheiten.

„Tüpp“

Zu Hause wurde Gustav Heinemann nur „Tüpp“ genannt. „Tüpp“ war der ganze Stolz seines Vaters, der später über seinen Sohn schrieb, dieser sei schon als kleiner Junge „ein hübsches und besonders liebes Kerlchen“ gewesen. Otto Heinemann kam es darauf an, seinen Sohn und später dessen zwei Geschwister auf den „Lebenskampf“ vorzubereiten. Seine Erziehungsmethoden entsprachen der eigenen Lebenserfahrung: Nur wer etwas wagt und vorwärts strebt, gewinnt auch etwas. So versprach er dem Jungen für die erste eingeworfene Fensterscheibe einen Taler, den Gustav Heinemann sich bald verdient hatte.

Zuneigung und Verständnis erfuhr der Junge in erster Linie von seiner Mutter. Johanna Heinemann war eine unternehmungslustige Frau, die oft die häusliche Wohnung auf den Kopf stellte, mit den Kindern am liebsten Zirkusveranstaltungen besuchte und Karneval feierte. Ihr lebhaftes Temperament wurde allerdings gebremst durch Asthma-Anfälle, die im luftverpesteten Ruhrgebiet vielen Menschen zu schaffen machten, und durch eine Augenkrankheit, die sie ihrem Sohn Gustav vererbte. Sie litt unter einer Netzhautablösung, für die die Medizin damals noch keine erfolgreichen Behandlungsmethoden kannte. Im Laufe der Jahre führte dieses Leiden zur völligen Erblindung.

Alles in allem verlebte Gustav Heinemann in seinem Elternhaus an der Krawehlstraße in Essen eine sorgenfreie Kindheit und Jugend. Christentum und Glaube spielten in dieser Zeit nur am Rande eine Rolle. Er war zwar konfirmiert worden, aber auf regelmäßigen Besuch von Gottesdiensten oder den Kontakt mit dem Gemeindepfarrer legten die Eltern keinen Wert.

Im April des Jahres 1906 brachte Gustav Heinemann sein erstes Zeugnis von der Evangelischen Volksschule in Essen-Rüttenscheid nach Hause. Neben den allgemeinen Bewertungen seiner Leistungen enthielt es eine Ermahnung an die Adresse der Eltern: „So wie die Lehrer mit allem Fleiße Euer Kind anhalten, Euch zu ehren und zu lieben, so wollet auch Ihr von ihm Gehorsam und willige Folgsamkeit gegen seine Lehrer fordern." An Folgsamkeit ließ es nämlich der Junge gelegentlich fehlen, weil ihn der Unterricht oft langweilte.

Die Zensuren, die er in seinem Zeugnis am Ende der zweiten Klasse erhielt, lassen auf anhaltende Lustlosigkeit schließen: Ordnungsliebe drei; Kopfrechnen drei bis vier; Gesang vier; Lesen vier. Anmerkung des zuständigen Lehrers: „Gustav muß fleißiger lesen." Erst in der dritten Klasse besserte sich der Notendurchschnitt und pendelte sich bei „gut" ein. Die Aufnahmeprüfung für den Besuch des Essener Goethe-Gymnasiums im März 1909 bereitete jedenfalls keine Schwierigkeiten. Aber mit Freude und Begeisterung ging er auch in den folgenden Jahren nicht zur Schule.

Die Jahre am Goethe-Gymnasium waren für Gustav Heinemann mit häufigen Demütigungen und seelischen Niederlagen verbunden. Mit seinem ausgeprägten Gerechtigkeitssinn – ein Erbteil seines Vaters – eckte er in der Schule immer wieder an. Manchmal wehrte er sich mit Widerworten, aber meistens steckte er die Demütigungen der Lehrer schweigend ein.

Ein Teil des Unterrichtes bestand in der Verherrlichung des Krieges, jener „heroischen Aufgabe", zu der Kaiser Wilhelm II. sein Volk bald aufrufen würde. Nach monatelanger psychologischer und militärischer Vorbereitung war es im Sommer 1914 soweit. Gustav Heinemann verbrachte gerade seine Ferien bei der Großmutter in Barmen, als im August 1914 die ersten Schüsse fielen und der Erste Weltkrieg begann. Mit Staunen beobachtete er, wie die Bevölkerung auf dieses Ereignis reagierte. In den Straßen der Stadt sammelten sich Tausende von begeisterten Menschen. Manche konnten es kaum erwarten, die Befehle des Militärs zum Abmarsch entgegenzunehmen.

Zweifel an einem schnellen Sieg der Deutschen über Rußland und Frankreich – gegen diese beiden Länder richteten sich die ersten militärischen Vorstöße – kamen niemandem, natürlich auch nicht dem Gymnasiasten Heinemann, der von der allgemeinen Begeisterung mitgerissen wurde. In seinen Erinnerungen, die er als erwachsener Mann in den sechziger Jahren niederlegte und die im Archiv der Friedrich-Ebert-Stiftung in Bonn-Bad Godesberg aufbewahrt werden, hat er einige Eindrücke aus jenen aufregenden Sommertagen des Jahres 1914 festgehalten: „Wo immer in den folgenden Tagen ein Transportzug mit Soldaten passierte, war die allseitige Begeisterung groß. Blumen und übermütige Beschriftungen schmückten die Waggons: ‚Hier werden noch Kriegserklärungen angenommen.' ‚Jeder Stoß ein Franzos, jeder Schuß ein Ruß'." Wie andere Gymnasiasten zog es auch Gustav Heinemann in den Jahren des Ersten Weltkrieges aufs Schlachtfeld. Aber er mußte sich zunächst mit gelegentlichen militärischen Übungen begnügen. Im Frühsommer 1917 – Heinemann war noch keine 18 Jahre alt – führten die Lehrer seine Klasse geschlossen und erfolgreich durch das Notabitur. Auf Zensuren kam es jetzt nicht mehr an. Das Vaterland brauchte Soldaten.

Am 20. Juni 1917 wurden von Essen aus 120 Rekruten nach Münster zum Feldartillerie-Regiment 22 in Marsch gesetzt. Einer von ihnen war Gustav Heinemann. Die Vorgesetzten in der Kaserne in Münster musterten die ankommende Truppe skeptisch, denn einige der Neuankömmlinge waren eher Kinder denn Erwachsene. Vom Fronteinsatz wurde in den ersten Wochen und Monaten kaum gesprochen. Zunächst einmal mußten die jungen Leute den militärischen Drill lernen. Und bald zeigte es sich, daß der Kasernenalltag keineswegs so romantisch war, wie sich die neuen Soldaten ihn erträumt hatten.

Schon nach vier Wochen erreichte Gustav Heinemanns militärische Laufbahn ihren ersten und einzigen Höhepunkt, als er es zum besten

Gustav Heinemann 1917 mit seiner Mutter und seinen beiden Schwestern

Richtkanonier seiner Batterie brachte. Danach ging eigentlich alles nur noch bergab. Zunächst erkrankte er an einer schweren Grippe, die sich zu einer Herzklappenentzündung ausweitete. Wochen über Wochen mußte er im Garnisonslazarett und anschließend im Erholungsheim für Soldaten verbringen. Die Patienten vertrieben sich die Zeit hauptsächlich mit „Skatkloppen“. 400 bis 500 Spiele pro Tag – darauf belief sich der Schnitt.

Nach dem langwierigen Genesungsprozeß meldete sich Heinemann in der Kaserne zurück. Doch schon einige Tage später fühlte er sich erneut elend und suchte den Arzt auf. Der Militär-Mediziner stellte eine Diphtherie fest und schickte ihn wieder ins Lazarett. Zu der Diphtherie kam zu allem Unglück bald noch eine Rippenfellentzündung. Der Rekrut Heinemann war somit den ganzen Winter 1917/18 über nicht einsatzfähig.

Im November 1918 mußte er sich einer Nachuntersuchung stellen, die ihm den Stempel „Garnisonsverwendungsfähig Feld" eintrug, was soviel bedeutete wie: tauglich für die Front. Aber daraus wurde nichts mehr, denn Deutschland hatte inzwischen den Krieg verloren. Während die Militärärzte noch Rekruten auf ihre Eignung für den Fronteinsatz musterten, war die Niederlage bereits besiegelt. Am 11. November 1918 unterschrieb der Zentrumspolitiker Matthias Erzberger im französischen Compiègne den Waffenstillstandsvertrag. Kaiser Wilhelm II. verließ fluchtartig die Hauptstadt Berlin und ging in das holländische Exil. Das Deutschland, das er zurückließ, war gezeichnet von millionenfachem Leid und unbeschreiblicher Not.

Revolution

Der Sturz des Monarchen leitete zugleich den revolutionären Übergang zur ersten deutschen Republik mit der am 11. August 1919 in der Stadt Weimar verabschiedeten Verfassung ein. Ausgelöst wurde diese Revolution in Deutschland durch Arbeiter- und Soldatenräte, die wie beim Matrosenaufstand Anfang November 1918 in Kiel die Befehle ihrer Vorgesetzten mißachteten und das Kommando über Kriegsschiffe und Kasernen übernahmen.

Die Revolution oder jedenfalls ein kleiner Teil davon ereilte den 19jährigen Rekruten Gustav Heinemann im Konzertsaal. Seine Mutter hatte ihn gebeten, sie zu einem Abendkonzert im Essener Saalbau zu begleiten. Klassische Musik gehörte zu den Abwechslungen, die sie sich wünschte, seitdem die Augenkrankheit schlimmer wurde. Mitten in die Musik platzte ein Trupp revolutionärer Soldaten, die aufgeregt durch die Sitzreihen liefen und den anwesenden Offizieren die Schulterstücke herunterrissen. Der Zwischenfall dauerte nur wenige Minuten, und niemand kam letztlich dabei zu Schaden, abgesehen von den Uniformen. Als die Unruhe sich wieder gelegt hatte, gab der Dirigent das Zeichen zum Weiterspielen. Gustav Heinemann hatte für den Rest des Abends Mühe, sich auf die Musik zu konzentrieren. Er gehörte zwar nicht zu den Revolutionären, aber er mußte daran denken, was der Großvater ihm über die 48er Revolution erzählt hatte. Ein Jahr nach dem Vorfall im Essener Konzertsaal, am 30. Dezember 1919, notierte der 20jährige in seinem Tagebuch: „Besonders gern beschäftige ich mich mit der 48er Revolution. Ich stöbere Zeitungen und Flugblätter aus dieser Zeit durch. Auch habe ich von Großmutter Walter einige Briefe von zwei Brüdern meines Urgroßvaters Walter bekommen ... Friedrich Walter berichtet von seiner Auswanderung nach Amerika. Er fühlt sich nicht mehr sicher in seinem Vaterland und erzählt, wie ihn deutsche Landsleute unterstützt hätten, ‚weil er für die Freiheit gefochten hätte'. Für Einheit und Freiheit, für Republik und Demokratie! Ich werde an Euch denken." Für Einheit und Freiheit, für Republik und Demokratie – das politische Glaubensbekenntnis Gustav Heinemanns sollte sich höchstens noch in seinen Ausformungen, nicht aber mehr im Inhalt ändern.

Student in Münster und Marburg

Mit der Einheit des Deutschen Reiches stand es in den Jahren nach dem Ersten Weltkrieg nicht zum besten. Die Sozialdemokraten kanalisierten die revolutionären Strömungen und besorgten mit den Resten der soeben geschlagenen Armee das große Aufräumen. Aufstände in Berlin und anderswo wurden unter dem ungeliebten sozialdemokratischen Verteidigungsminister Gustav Noske blutig niedergeschlagen. Das vergrößerte die innere Zerrissenheit. Die maßlosen Reparationslasten, welche die Alliierten der jungen Republik mit dem Versailler Vertrag vom 28. Juni 1919 aufbürdeten, gaben jenen konservativen Kräften Auftrieb, die der ersten Demokratie auf deutschem Boden – der Weimarer Republik – am liebsten gleich den Todesstoß versetzt hätten.

Die unruhigen Jahre nach Kriegsende erlebte Gustav Heinemann unmittelbar und sehr bewußt, auch wenn er sich in dieser Zeit zielstrebig auf seinen Beruf vorbereitete. Rechtsanwalt wollte er werden. Das hatte er schon als Gymnasiast dem Direktor des Essener Goethe-Gymnasiums unmißverständlich zu verstehen gegeben, als dieser ihn für Griechisch statt für Englisch als dritte Fremdsprache gewinnen wollte. Auf die Frage, weshalb er gerade auf diesen Beruf komme, antwortete er: „Mein Vater ist kein Rechtsanwalt; ich kenne überhaupt keinen Rechtsanwalt. Ich stelle mir aber vor, daß ich dann selbständig bin und daß ich dann etwas ausfechten kann."

So reiste Heinemann noch im Dezember des Jahres 1918 wieder nach Münster, dieses Mal nicht als Rekrut, sondern als Student der Rechts- und Staatswissenschaften. Um das Studium von Anfang an nicht schmalspurig zu halten, belegte er auch Vorlesungen in Geschichte und ein Kolleg über den Koran. Als die Lesung über das heilige Buch des Islam beginnen sollte, stellte sich heraus, daß es unter den Studenten nur einen Interessenten dafür gab: Heinemann. Dennoch hielten er und der Koran-Professor ein Semester lang durch. Heinemann arbeitete schon bald eng mit sozialistischen Studentengruppen und ehemaligen Angehörigen von Arbeiter- und Soldatenräten zusammen. Sein eigener politischer Standort in jenen Jahren läßt sich als linksliberal beschreiben. Er sympathisierte mit der Deutschen Demokratischen Partei (DDP), die für die Republik eintrat, sich später in Deutsche Staatspartei umbenannte und dann politisch völlig bedeutungslos wurde. Für die DDP organisierte er Wahlversammlungen und hielt Reden, die ihm schon bald so wenig Mühe bereiteten wie die Artikel, die er für die „Hessische Landeszeitung" schrieb.

Von Münster war Heinemann Mitte des Jahres 1919 nach Marburg übergewechselt. Die kleine Universitätsstadt an der Lahn war also die zweite Station seines Studiums, das ihn in den folgenden Jahren noch nach München, Berlin und Göttingen führen sollte. Aber Marburg wurde die wichtigste Station. Nicht nur, weil er dort seine spätere Frau kennenlernte; in Marburg entstanden Freundschaften, die Jahrzehnte überdauerten: die Freundschaft mit Ernst Lemmer, dem späteren CDU-Bundesminister, der eine Studentengruppe der Deutschen De-

Gustav Heinemann (rechts unten) und Mitstudenten in Marburg 1921

mokratischen Partei leitete; mit Wilhelm Röpke, dem Arztsohn aus der Lüneburger Heide, der unter den Nationalsozialisten emigrierte und nach dem Zweiten Weltkrieg ein anerkannter Wirtschaftstheoretiker wurde; mit Viktor Agartz, der einer sozialistischen Studentengruppe vorstand, in den fünfziger Jahren in Spionageverdacht geriet und mit Hilfe von Gustav Heinemann vor dem Bundesgerichtshof in Karlsruhe einen Freispruch erkämpfte; und schließlich mit Henning Duderstadt, der in Marburg der „rote Fähnrich" hieß, weil er sich in Bremen zeitweise einem Soldatenrat angeschlossen hatte. Die junge deutsche Weimarer Demokratie erwies sich in den ersten Jahren ihres Bestehens nicht nur als wehrlos und schwach. Daß die Demokraten auch zu einem geschlossenen Widerstand fähig waren und durch passive Gegenwehr, nämlich durch einen Generalstreik, den Schlag von rechts abwehren konnten, bewies der Kapp-Putsch am 13. März 1920, ein seit Monaten geplanter Aufstand rechtsgerichteter Militärs und

Politiker unter Leitung des ostpreußischen Landschaftsdirektors Wolfgang Kapp. Zunächst mußten in Berlin jedoch Regierung und Parlament den aufständischen Truppenteilen weichen. Minister und Abgeordnete flohen per Eisenbahn nach Dresden und von dort nach Stuttgart.

Auf dem Weg nach Süddeutschland legte der Sonderzug mit den Politikern – einer der wenigen Züge, die in jenen Tagen in Deutschland überhaupt verkehrten – in Kassel eine Zwischenstation ein. Dort hielt sich seit einigen Tagen der Student Gustav Heinemann auf, der im Auftrag aller republikanischen Organisationen und Parteien in Marburg dem in Kassel residierenden Oberpräsidenten von Hessen, Schwander, eine wichtige schriftliche Mitteilung überbracht hatte. Der Inhalt des Schreibens: Falls in Marburg Studenten eingezogen würden, um die rebellierenden Einheiten beim Putsch gegen die demokratisch gewählte Regierung zu unterstützen, werde es auch dort unverzüglich zum Totalstreik kommen.

Bei seiner nächtlichen Fahrt von Marburg nach Kassel war der Kurier Heinemann zunächst Polizeioffizieren in die Hände geraten, die mit Kapp sympathisierten. Für einen Tag hatten sie ihn in Schutzhaft genommen, doch dann konnte er seine Botschaft überbringen. Da wegen des Generalstreiks an eine Rückfahrt nach Marburg vorerst nicht zu denken war, machte sich der Student in Kassel nützlich. Er verteilte Flugblätter vor den Toren der Henschel-Werke, um die Beschäftigten zur Arbeitsniederlegung zu bewegen, und beteiligte sich an Demonstrationen. Dabei erlebte Heinemann zum ersten Mal „Massenbewußtsein und welches Gefühl von Kraft es dem einzelnen vermitteln“ kann. Ausgestattet mit einer schriftlichen Bestätigung, daß er „im dienstlichen Auftrag der USPD, SPD, Demokraten- und Zentrumspartei Marburg nach Kassel geschickt“ worden sei, „um mit dem Oberpräsidenten Dr. Schwander zu verhandeln“, begab er sich schließlich zum Bahnhof, um das Eintreffen des Sonderzuges mit den Mitgliedern der Reichsregierung und der Nationalversammlung abzuwarten. Die Streikleitung der Eisenbahner hatte nämlich das Papier mit dem Zusatz versehen „Parl. Zug bestätigt“, und das bedeutete für den Studenten Heinemann eine prominente Mitfahrgelegenheit nach Marburg.

Zu der Delegation, die den Zug erwartete, gehörte der Sozialdemokrat Philipp Scheidemann, der am 9. November 1918 in Berlin die erste deutsche Republik ausgerufen, im Jahr darauf für einige Monate die Regierungsgeschäfte geführt hatte und jetzt Oberbürgermeister von Kassel war. Als der Sonderzug mit zweistündiger Verspätung eintraf, feierte Scheidemann mit seinen Parteifreunden von der SPD Wiedersehen. Gustav Heinemann und sein Mitkämpfer Ernst Lemmer, der sich ebenfalls in Kassel aufgehalten hatte, schlossen sich an. Erst am späten Abend startete der Sonderzug in Richtung Süddeutschland. In Marburg wurde ein unplanmäßiger Halt eingelegt, damit die beiden Studenten Heinemann und Lemmer aussteigen konnten.

Das Sommersemester 1920 verbrachte Heinemann in München. Wenige Monate nach dem aufregenden Kapp-Putsch hatte er dort eine Begegnung, die ihn nicht wenig beunruhigte. Am 19. Mai 1920 erlebte er Adolf Hitler in einer Versammlung in München. Was der spätere NS-Diktator an Haß- und Hetztiraden über die demokratischen Parteien, den Bolschewismus und das Weltjudentum verbreitete, mit welchen demagogischen Mitteln er arbeitete, löste bei Heinemann Entsetzen aus. Er versuchte, seinem Zorn durch einen Zwischenruf Luft zu machen. Doch ehe er sich versah, packten ihn zwei Ordner und warfen ihn aus dem Saal.

Aus München brachte Heinemann eher pessimistische Gedanken mit: „Der Spannungsbogen von links bis rechts umfaßte jede denkbare Kombination. Hier wollte man Kommunismus und Diktatur, dort Diktatur und Sozialismus, dort Sozialismus und Demokratie, dort Demokratie und freie Wirtschaft, dort freie Wirtschaft und Chauvinismus, dort Chauvinismus und deutschen Faschismus."

Rechtsanwalt in Essen

Von München kehrte Gustav Heinemann nach Marburg zurück, wo er sich besonders auf das Studium der Volkswirtschaft konzentrierte. Bereits 1921 promovierte er zum Dr. rer. pol. Das Thema, das er sich für die Doktorarbeit ausgesucht hatte, entnahm er dem Tätigkeitsfeld seines Vaters: „Die Spartätigkeit der Essener Kruppschen Werksangehörigen unter besonderer Berücksichtigung der Kruppschen Spareinrichtungen". Acht Jahre später lieferte Gustav Heinemann seine zweite Doktorarbeit ab, die ihm den akademischen Titel „Dr. jur." einbrachte.

Das intensive Studium, das politische Engagement, der häufige Ortswechsel – das alles zusammen läßt nicht nur auf Aktivität und Flexibilität schließen, sondern auf eine weitere Eigenschaft Heinemanns, die er vermutlich von seinem Vater übernommen hatte und die ihm in seinem späteren Leben sehr zustatten kam: Er konnte verschiedene Dinge zur gleichen Zeit mit großer Intensität verfolgen, ohne sich zu verzetteln.

Nach der ersten Promotion ging Heinemann für ein Semester nach Göttingen, um das etwas vernachlässigte Jura-Studium voranzubringen. Im Winter 1922 hielt er sich wieder in Marburg auf, wo er die erste juristische Staatsprüfung ablegte. Die Stationen seiner Referendarausbildung waren neben Marburg seine Heimatstadt Essen und Berlin. In der Reichshauptstadt absolvierte er im Juni 1926 die zweite juristische Staatsprüfung. Zu diesem Zeitpunkt hatte Heinemann bereits zwei Angebote für einen beruflichen Einstieg in der Tasche, eines von dem Essener Justizrat Victor Niemeyer, einem bekannten Strafverteidiger, der Heinemann während dessen Referendarzeit am Landgericht Essen kennengelernt hatte und ihn unbedingt in seine Anwaltskanzlei holen wollte, ein zweites von der Staatlichen Justizbehörde, die den Assessor mit der Examensnote „gut" sofort zum Richter oder Staatsanwalt machen wollte.

Anfang August 1926 wurde er als Anwalt in Essen zugelassen. Endlich bekam er die Chance, etwas „auszufechten", wie er es sich als Gymnasiast gewünscht hatte. „Ich trat sofort meinen Dienst im Büro Niemeyer an und hatte damit erreicht, was ich als Obertertianer erklärte, als ich es ablehnte, mich in die griechische Untersekunda versetzen zu lassen."

In seiner Marburger Referendarzeit machte Heinemann die Bekanntschaft einer Studentin, die sein weiteres Leben ganz erheblich beeinflussen sollte: Hilda Ordemann. Hilda Ordemann war die Tochter

Gustav Heinemann mit seiner späteren Frau Hilda

eines Bremer Getreidekaufmanns. Ihre Mutter kam aus einer Berner Pfarrersfamilie. Sie selber studierte in Marburg evangelische Theologie, Germanistik und Geschichte.

Ein Zufall führte die beiden im Jahre 1922 zusammen. Hilda Heinemann erinnerte sich 56 Jahre später noch genau an die erste Begegnung: „Das war in Marburg. Mein Mann war gerade fertig mit seinem juristischen Referendar und ich noch mitten in meinem Studium. Die Studenten trafen sich mal hier, mal dort, wie das so üblich ist. Und bei einer solchen Gelegenheit begegnete ich meinem Mann, und zwar bei einer Adventsfeier. Wir waren damals noch in einer so nostalgischen und romantischen Zeit, da organisierte man Adventstreffen, und jeder bekam eine Kerze, und wer die entsprechende Kerze hatte, die setzten sich zusammen. Und so war das Schicksal dann besiegelt durch die beiden Kerzen."

Was Hilda Ordemann und Gustav Heinemann von Anfang an neben spontaner Zuneigung verband, war eine große Neugierde auf moderne Entwicklungen und Strömungen der zwanziger Jahre. Was sie trennte, war ihr unterschiedliches Interesse an kirchlichen und theologischen Fragen. Beeinflußt von ihrer älteren Schwester, Gertrud Staewen, erwärmte sich die Bremer Kaufmannstochter für die neue Richtung der dialektischen Theologie. Die Abkehr des Protestantismus von der Rolle einer staatstragenden Kirche und der Aufbruch zu einem neuen Verständnis vom Christentum in der Gesellschaft wurde vor allem von zwei Theologen vertreten, von Karl Barth in der Schweiz und Rudolf Bultmann in Marburg, bei dem Hilda Ordemann ihr Examen machte.

Für innerkirchliche Entwicklungen hatte Gustav Heinemann sich bis dahin nicht interessiert. Er fühlte sich zum Monismus hingezogen, einer damals stark verbreiteten weltanschaulichen Richtung, die von dem Naturwissenschaftler Ernst Haeckel (1834–1919) ins Leben gerufen wurde. Haeckel setzte an die Stelle von Heilslehren wissenschaftliche Prinzipien und machte sich die damals vorherrschende Begeisterung für naturwissenschaftliche Entdeckungen zunutze. Der von ihm mitbegründete Deutsche Monistenbund sollte darüber hinaus die antiklerikalen Strömungen jener Jahre bündeln.

Seine ablehnende Haltung gegenüber dem Christentum leugnete Gustav Heinemann nicht. Als er 1926 die Studentin Hilda Ordemann heiraten wollte, mußte er seinem künftigen Schwiegervater das Versprechen geben, sie nicht am Kirchgang zu hindern. Aber der Bremer Kaufmann hatte Heinemanns Kirchenfeindlichkeit überschätzt. Die Kirche bedeutete ihm nichts, das war alles. Er bekämpfte sie jedoch nicht.

Immerhin dauerte es noch Jahre, bis Gustav Heinemann sich entschloß, seine Frau zur Kirche zu begleiten. Die neugierige Frage seiner ältesten Tochter Uta – sie wurde am 2. Oktober 1927 geboren – „Gehen eigentlich nur Mütter in die Kirche?" mag ihn nachdenklich gestimmt haben, war jedoch keineswegs der eigentliche Anstoß.

Was letztlich Heinemanns Hinwendung zum Christentum ausgelöst hat in einem Alter, in dem andere aus der Kirche austreten, ist schwer zu erklären. Eine plötzliche Erfahrung, ein besonderes Erlebnis, das aus Saulus einen Paulus machte, hat es bei ihm nicht gegeben. Vielleicht hat ihn am stärksten das praktische Beispiel einzelner Christen beeindruckt. Aus seinem Elternhaus brachte er nicht nur einen großen Wissensdrang mit, sondern auch den Wunsch, davon möglichst viel konkret umzusetzen. Ein Teil seiner eigenen Vorstellung von der Zukunft, vom Umgang der Menschen untereinander, wurde ihm plötzlich in seiner unmittelbaren Umgebung vorgelebt.

Das überzeugendste Beispiel dieser Art lieferte Pfarrer Friedrich Graeber, Pastor der evangelischen Gemeinde Essen-Altstadt, zu der die Familie Heinemann gehörte. Graeber suchte das junge Ehepaar um die Jahreswende 1929/30 auf, als die kleine Uta schwer erkrankt war. Der Geistliche wußte nicht nur Seelentrost zu spenden, sondern kannte auch praktischen Rat.

Bald darauf hörte sich Gustav Heinemann einige Predigten von Pfarrer Graeber an, die ihm sehr imponierten. Ohne Schnörkel steuerte dieser Pastor auf den Kern einer Sache zu. Und wenn es sein mußte, dann donnerte er seine Botschaft von der Kanzel, daß die Fetzen nur so flogen. Was Heinemann besonders beeindruckte, war die Tatsache, daß Graeber keine Sonntagsreden hielt, sondern über Dinge sprach, die mit dem Alltag der Menschen zu tun hatten. Obwohl politisch national-konservativ eingestellt, lud Pfarrer Graeber Kommunisten und Sozialisten zu Diskussionsveranstaltungen ein. Ihm gehörte auch ein kleiner Verlag, der theologische Schriften herausbrachte.

Aber damit nicht genug: Pfarrer Graeber holte die Arbeitslosen von der Straße und besorgte für sie in Essen-Borbeck ein mehrere Hektar großes Gelände, auf dem der „Hoffnungskotten“ errichtet wurde, ein kleines Bauernhaus mit Stallungen aus ausrangierten Waggons. Mitten im Ruhrgebiet brachte er eine Art Landkommune in Gang, die Arbeitslosen und ihren Familien wieder etwas vom Sinn des Lebens zurückgab.

In dem „Hoffnungskotten“ gab es keine Arbeit, auf die Graeber sich nicht verstand. Gustav Heinemann empfand für den Geistlichen bald ungeteilte Bewunderung: „Er schnitt Ziegen die Hufe, stach einer Kuh in den Pansen, wenn sie Blähungen hatte, und war zuweilen überhaupt mehr Bauer als Pfarrer.“ Gegen ein solch handfestes Christentum hatte Heinemann nichts mehr einzuwenden. Bald begleitete er den Pfarrer zum Schweineschlachten oder was es sonst gerade in der Gemeinde zu tun gab. Das Christentum war ihm in der Person Graebers sozusagen über den Weg gelaufen. Er sah es sich genauer an, überzeugte sich von der Zweckmäßigkeit und beschloß ohne große Geste, fortan Christ zu sein und das Christentum zur Grundlage seines weiteren Lebens zu machen. Das Wort „Gott“ war bald in seinen Gedanken und Gesprächen so fest verankert, daß Freunde ihn gelegentlich ermahnten, doch etwas sparsamer damit umzugehen. Aus der Bekanntschaft mit Pfarrer Graeber entstand im Laufe des Jahres 1930 eine enge Freundschaft. Heinemann lernte das eigentliche Gemeindeleben kennen mit seinen Bibelkreisen und seiner praktischen Arbeit für den Nächsten. Wie von selbst akzeptierte er bald auch seine eigene Rolle in dieser Gemeinde, die Rolle eines Helfers zunächst, der in rechtlichen Fragen Bescheid wußte, nach einigen Jahren die des Presbyters, des Kirchenvorstehers.

Die berufliche Arbeit brauchte unter der neuen Aufgabe nicht zu leiden. Heinemann verstand es, seine Zeit einzuteilen. Seit 1928 arbeitete er nicht mehr nur als Anwalt in der Kanzlei Niemeyer, sondern gleichzeitig als Prokurist und Justitiar der Rheinischen Stahlwerke in Essen. Die Leitung dieses einflußreichen Montan-Unternehmens hatte Heinemanns Bedingung, Anwalt bleiben zu können, angenommen, so daß er praktisch zwei Berufe ausübte. Daß er daneben noch Zeit fand, seine zweite Doktorarbeit zum Thema ‚Verwaltungsrechte an fremden Vermögen‘ abzuschließen, daß er 1929 sogar sein erstes juristisches Buch, ‚Das Kassenarztrecht‘, herausbringen konnte, wunderte ihn manchmal selber. So fachspezifisch die Titel seiner Arbeiten auch klingen mögen, sie wurden nicht für die Schublade oder zum Erwerb akademischer Titel geschrieben. ‚Das Kassenarztrecht‘ beispielsweise gehört noch heute zu den anerkannten Fachbüchern.

Beruflich besaß Heinemann also eine glänzende Position, und das zu einer Zeit, da um ihn herum durch die Weltwirtschaftskrise Tausende von Existenzen vernichtet wurden. Konfliktfrei verliefen die nächsten Jahre für den erfolgreichen Anwalt allerdings keineswegs. Sein neues Tätigkeitsfeld, die kirchliche Gemeindearbeit in Essen-Altstadt, brachte ihn in direkten Gegensatz zu den Nationalsozialisten – eine Konfrontation, die die Entschiedenheit seines Christentums letztlich bestimmt haben dürfte.

Gustav Heinemann wußte von Anfang an, auf welcher Seite er stand: „Bei der letzten, noch einigermaßen freien Reichstagswahl im März 1933 gaben wir unsere Stimmen der Sozialdemokratischen Partei, durch die allein eine Gegenwehr gegen die braune Flut noch möglich erschien. Die bürgerlichen Parteien waren schon ohne Widerstandskraft oder gar Komplicen der NSDAP. Mir genügte, was ich 1920 in München mit Hitler erlebt hatte.“

An Heinemanns Arbeitsplatz bei den Rheinischen Stahlwerken änderte sich nach der Machtübernahme Hitlers wenig. Die private Aktiengesellschaft konnte auf Parteigenossen im Vorstand verzichten. Anders war es in der berufsständischen Organisation der Rechtsanwälte, in den Anwaltsvereinen, die sich nicht schnell genug dem neuen politischen Kurs anpassen konnten. Für den 3. Mai 1933 war eine Mitgliederversammlung des Essener Anwaltsvereins einberufen worden. Wichtigster Tagesordnungspunkt: der Ausschluß der jüdischen Mitglieder. Nach einer heftigen Aussprache stimmten 43 Anwälte für den Ausschluß, nur fünf dagegen: Unter den Nein-Stimmen war die des Rechtsanwalts Dr. Dr. Gustav Heinemann.

An der Klarheit seiner Haltung zum Nationalsozialismus gab es keinen Zweifel, auch in den folgenden Jahren nicht, als diese Haltung oft auf die Probe gestellt wurde. Gustav Walter Heinemann hatte im Schicksalsjahr 1933 seinen Standpunkt längst gefunden – politisch, religiös und überhaupt. Er war kein Suchender mehr, kein Visionär, kein Überflieger und auch kein mit Finessen vorgehender Winkeladvokat. Schließlich war er ein Kind des Ruhrgebiets und als solches in erster Linie seinen Mitmenschen zugetan, ihren Anliegen und Nöten.

Daß er mitfühlen konnte, hat sein späterer Freund, der Theologe Helmut Gollwitzer (1908 bis 1993), eindrucksvoll bezeugt: „Ich muß sagen, er war – im Unterschied zu dem Bild nach außen – ein sehr weicher Mensch. Also, wie oft konnte er einen mit so weichen Augen anschauen oder leicht gerührt sein durch fremdes Leid."[1]

[1] Einzelne Zitate entstammen Gesprächen, die der Autor mit Zeitzeugen, beispielsweise Helmut Gollwitzer, geführt hat. Dieser Text basiert im wesentlichen auf der 1979 in Hamburg erschienenen Biographie des Autors mit dem Titel: „Gustav Heinemann". H.V.

II. KAPITEL

„Wir leben von Gott, nicht von den Menschen“

Gustav Heinemann in der Bekennenden Kirche des Dritten Reiches

von Matthias Riemenschneider

Begegnung mit dem christlichen Glauben

Erst als Erwachsener setzte sich Gustav Heinemann intensiv mit dem christlichen Glauben auseinander. Einen Anstoß dazu gab ihm die Begegnung mit Hilda Ordemann, seiner späteren Frau. Neben der spontanen persönlichen Zuneigung verband die beiden ein waches Interesse an Strömungen ihrer Zeit und ein sensibles Gespür für gesellschaftliche Veränderungen. Durch seine Frau gewann Heinemann Zugang zum christlichen Glauben. Hilda Ordemann war durch den Marburger Neutestamentler Rudolf Bultmann geprägt, der zusammen mit Karl Barth die Zeitschrift mit dem programmatischen Titel „Zwischen den Zeiten" herausgab. Es war das Anliegen dieser Theologen, christliche Glaubensinhalte in der Spannung von Individualität und ethischer Verantwortung in die Gegenwart zu übersetzen. Dieser Zugang zum Glauben bot Heinemann die Grundlage, seine ihm wichtigen politischen Anliegen wie Frieden, Freiheit, Demokratie und soziale Gerechtigkeit als Christ inhaltlich zu bestimmen. Souverän und gelassen konnte er dem vielfältigen Widerstand begegnen, der sich ihm und der Kirche in den Weg stellte. „Wir leben von Gott, nicht von den Menschen",[1] war für ihn ein Leitsatz, mit dem er in den Auseinandersetzungen des Kirchenkampfes manche schwierige Situation meisterte.

Die Begegnung mit dem Essener Pfarrer Friedrich Wilhelm Graeber prägte ihn in den dreißiger Jahren. In einem allmählichen Prozeß erschloß sich dem nüchtern denkenden Juristen und Volkswirtschaftler mit Hilfe dieses väterlichen Freundes die Welt der Bibel und des christlichen Glaubens. „Graeber interpretierte das Evangelium so realistisch, daß es seinen Zuhörern nicht schwer wurde, ihre eigene Situation darin zu erkennen. Mich ergriff diese Nüchternheit, mit der der Mensch gesehen wird in der Bibel, diese totale Nüchternheit. Er ist für mich deshalb der Wegbereiter zum Verständnis des Evangeliums gewesen, weil er alles und jedes mit der Inanspruchnahme seiner Hörer für eigene Aktivität zu verbinden wußte."[2]

Pfarrer Friedrich Wilhelm Graeber 1950 in Marburg

Die Beziehung zu Graeber war für Heinemann außerordentlich belebend. Graeber prägte weitgehend sein theologisches Denken und kirchliches Handeln. Allerdings übernahm Heinemann keine Auffassung ungeprüft, sondern arbeitete sich mit Eifer auch durch theologische Fachliteratur, die Graeber ihm empfohlen hatte. Gerade in seinen politischen Ansichten blieb Heinemann seiner liberaldemokratischen Überzeugung treu und hob sich damit von Graeber ab, der in mancherlei Hinsicht in konservativ-nationalem Denken verhaftet blieb. Hier zeigte sich Heinemanns Fähigkeit, unterschiedliche Einflüsse in sich aufzunehmen und Widerstreitendes zu sortieren, um sich dann nach sorgfältiger Prüfung eine eigene Meinung zu bilden und daraus Grundsätze für das eigene Handeln herzuleiten.

Heinemann wurde in seiner Kirchengemeinde Essen-Altstadt aktiv. Noch bevor die Herrschaft der Nationalsozialisten auch in der evangelischen Kirche zu beträchtlichen Wirren führte, stand fest, daß christlicher Glaube und Frömmigkeit, wie Graeber sie vorlebte, für sein Leben zu einer bestimmenden Orientierung werden sollte. Von dieser Überzeugung rückte er auch nicht ab, als sich abzeichnete, daß diese Einstellung möglicherweise mit Schwierigkeiten im neuen politischen System verbunden war. Das Gegenteil war der Fall. Die Entschiedenheit, mit der Heinemann seine Gemeinde im Kampf um die evangelische Kirche verteidigte, nahm eher in dem Maß zu, wie die politischen Angriffe auf sie stärker wurden.

Glaube in der Bewährung

In den ersten Monaten nach der sogenannten „Machtergreifung“ durch die Nationalsozialisten versuchten die Machthaber ihre Herrschaft abzusichern und durch die Gleichschaltung wichtiger gesellschaftlicher Institutionen mögliche Widerstandspotentiale von vornherein auszuschalten. Wer sich diesen Bestrebungen widersetzte, wie zum Beispiel die Gewerkschaften und die Arbeiterbewegung, wurde mit brutalem Terror und KZ-Haft zum Schweigen gebracht. Gegenüber den beiden großen Kirchen war dieser Versuch der Gleichschaltung sehr viel schwieriger durchzusetzen. In der evangelischen Kirche stand die Gliederung in einzelne, selbständige Landeskirchen einer reibungslosen Gleichschaltung entgegen. Die Nationalsozialisten drängten deshalb auf eine einheitliche Reichskirche, die nach dem Führerprinzip neu geordnet wurde. Am 14. Juli 1933 billigte das neue Reichskabinett unter Reichskanzler Adolf Hitler per Reichsgesetz die Verfassung einer neuen Reichskirche. Diese hieß „Deutsche Evangelische Kirche“ (DEK) und wurde von einem Reichsbischof geleitet. Schon am 23. Juli 1933 wurden allgemeine Kirchenwahlen in ganz Deutschland angeordnet, um die neue Reichskirchenverfassung bestätigen zu lassen. Zugleich sollten alle kirchlichen Synoden und Kirchenvorstände, bzw. Presbyterien neu gewählt werden. Hauptziel des nationalsozialistischen Regimes war, durch diese Kirchenwahlen mit Hilfe der „Deutschen Christen“ (DC) die evangelische Kirche von innen zu erobern und gleichzuschalten. Dieses Ziel wurde aber nur zum Teil erreicht. In den folgenden Monaten entspann sich ein erbitterter Kampf um die Vorherrschaft in der evangelischen Kirche.

Bei diesen Kirchenwahlen am 23. Juli wurde Heinemann zum Presbyter seiner Gemeinde Essen-Altstadt gewählt. Diese Gemeinde war mit ca. 58 000 evangelischen Gemeindegliedern nicht nur die größte Einzelgemeinde des Kirchenkreises Essen, sondern auch der ganzen preußischen Landeskirche.

Die Aufregung, die die erste Massenkundgebung der „Deutschen Christen“ am 13. November 1933 im Berliner Sportpalast mit der Rede des Gauobmannes Krause auslöste, erreichte auch das Presbyterium Essen-Altstadt. Auf einer Sitzung Ende November legte Pfarrer Graeber eine Fünf-Punkte-Resolution vor, in der die Kundgebung scharf kritisiert wurde und weitreichende Konsequenzen für die Teilnehmer dieser Veranstaltung gefordert wurden.[3]

Heinemann formulierte seine Gedanken in einem Schreiben vom 29. November 1933, das er dem „Sehr verehrten Herrn Reichskanzler“ übersandte. Er weist darauf hin, daß die „ungeheuerlichen Angriffe des Gauobmanns Dr. Krause auf die Grundlagen des Christentums und der evangelischen Kirche ... eine gewaltige Erregung in den hiesigen Gemeinden hervorgerufen“ habe. „Diese Erregung steigert sich täglich, nicht zuletzt deshalb, weil eine plötzlich eintretende Nachrichtensperre für die hiesige Presse den Gerüchten Tür und Tor öffnet.“ Heinemann bemüht sich darum, Hitler darauf hinzuweisen, daß „die ‚Glaubensbewegung Deutscher Christen‘ hohe Regierungsstellen durch falsche Berichte über den wahren Zustand der evangelischen Kirche“ irreführt und daß die dadurch sichtbare Spaltung nicht alleine die evangelische Kirche berührt, sondern sich insgesamt negativ auf die von den Nationalsozialisten so beschworene „deutsche Volksgemeinschaft“ auswirkt. „Immer deutlicher wird es weiten Kreisen der Gemeinden mit ihren Pfarrern, daß die Kirchenpolitik der Reichsleitung der ‚Deutschen Christen‘ und der von ihr einseitig beherrschten Kirchenbehörden ein Verderb für Staat und Kirche ist ... Es wird hohe Zeit, daß die eigentlichen Träger kirchlichen Lebens in unseren Gemeinden bei den amtlichen Stellen zu Gehör kommen, wenn der neue Staat nach der erhebenden Wahl nicht schwere Rückschläge in den Herzen treuester Anhänger erfahren soll.“[4] Nebenbei läßt er den bemerkenswerten Hinweis einfließen, daß die Außerkraftsetzung des Grundrechtes der Pressefreiheit gegen die Intention der staatlichen Behörden zu einer weiteren Verunsicherung der Bevölkerung geführt hat. Und Heinemann läßt es sich nicht nehmen, auf die ökumenischen Verbindungen der evangelischen Kirche zu Gemeinden im Ausland hinzuweisen. Auf einen drohenden außenpolitischen Imageverlust reagierten die Nationalsozialisten stets empfindlich.

Kampf für die evangelische Jugend und das Grundrecht auf freie Meinungsäußerung

Wie stark das Selbstbewußtsein einiger Essener Pfarrer trotz mancher Repressionen war, zeigt die Reaktion des Essener Jugendpfarrers Wilhelm Busch auf die Ende Dezember verfügte Eingliederung der evangelischen Jugend in die Hitlerjugend (HJ). Reichsbischof Ludwig

Müller hatte mit dem Reichsjugendführer Baldur von Schirach am 20. Dezember 1933 einen „Jugendvertrag" unterzeichnet, in dem die HJ als alleiniger Träger jeder Form von Jugendarbeit bezeichnet und jede sportliche und gesellige Aktivität der kirchlichen Jugendarbeit verboten wird. Pfarrer Busch schickte daraufhin ein deutliches Telegramm an Müller, in dem er im Namen von 10 000 Jungen und Mädchen gegen den „Wortbruch" des Reichsbischofs protestierte. Die Antwort der Kirchenbehörde war ebenso eindeutig. Am 25. Dezember 1933 wurde Busch von seinem Amt beurlaubt. Das Essener-Altstadt Presbyterium bekundete in einer sofort einberufenen Sondersitzung seine volle Solidarität mit Busch und beauftragte eine Delegation, beim Evangelischen Konsistorium in Koblenz dafür einzutreten, daß der Jugendvertrag zurückgenommen und die Beurlaubung von Pfarrer Busch aufgehoben wird.

Schon einen Tag nach Weihnachten wird die Essener Delegation, der neben Busch auch Heinemann angehörte, in Koblenz von Generalsuperintendent Ernst Stoltenhoff empfangen. Das Gedächtnisprotokoll, das Heinemann einen Tag später anfertigte, läßt die vermittelnde Haltung des Generalsuperintendenten erkennen. Er hielt die Kritik an dem Eingliederungsbeschluß für gerechtfertigt, sah aber in dem Vorwurf des „Wortbruchs" einen unzulässigen „moralischen Angriff" auf die Autorität des Reichsbischofs.

Dies veranlaßte Heinemann, sich in das Gespräch einzuschalten: „Wenn Sie, Herr Generalsuperintendent, wirklich für das Jugendwerk eintreten wollen, so sollte es Ihnen äußerst lieb sein, wenn Sie durch starken Widerstand von uns unterstützt werden. Es ist falsch, daß Sie uns immer wieder in den Rücken fallen. Als im April 1933 der Ansturm der D. C. los brach und Herr Pfarrer Graeber bestrebt war, den Widerstand zu wecken, haben Sie damals die ‚Sonderaktion Graeber' unterbunden. Jetzt kommt der zweite Ansturm gegen die Kirche, in dem ihr das Jugendwerk aus der Hand gezogen werden soll. Nun machen Sie wiederum denselben Fehler, daß Sie sich gegen uns wenden. Für den stimmungsmäßigen Auftrieb, den Sie uns mit der Maßregelung von Pfarrer Busch gegeben haben, sind wir dankbar. Es muß aber dennoch grundsätzlich aufhören, daß Sie uns in den Rücken fallen.

Sie haben auch in unseren Kreisen nicht mehr viel Ansehen zu verwirtschaften, weil Sie durch Ihr ewiges Verhandeln die Fronten unklar machen."[5] Als im weiteren Verlauf des Gespräches Pfarrer Busch den Inhalt seines Telegramms nachdrücklich bekräftigt, notierte Heinemann im Protokoll: „Stoltenhoff verzweifelt: ‚Bruder Busch, was soll ich denn nun mit Ihnen machen?' Busch: ‚Das ist Ihre Sorge, nicht meine!' Stoltenhoff: ‚Ich habe noch viel Schlimmeres von Ihnen abgewendet, gerade heute noch.'" Heinemann, auf den die Persönlichkeit Stoltenhoffs geradezu provozierend wirkte, fällt dem Generalsuperintendenten daraufhin ins Wort: „Lassen Sie es doch endlich, dieses sogenannte ‚Schlimmere immer wieder abzuwenden'. Wenn Sie für jeden Pfarrer oder jedes Gemeindeglied das Geläute der Kirchenglocken in der Rheinprovinz anordnen, ist uns besser geholfen."[6]

Für das Essener Presbyterium war die Frage der Jugendarbeit mit dem Gespräch in Koblenz noch nicht erledigt. Die Beurlaubung von Pfarrer Busch wurde zwar in einen disziplinarischen Verweis umgewandelt. Der Eingliederungsbeschluß des Jugendwerkes wurde aber nicht wie gewünscht zurückgezogen, sondern Anfang Februar 1934 vom Reichsinnenministerium angeordnet. Busch gab deshalb vor dem Presbyterium bekannt, daß man sich habe „entschließen müssen, das evang. Jugendwerk und damit auch den Jugendverein unserer Gemeinde aufzulösen". Freilich ließ Busch auch erkennen, daß er nicht daran dachte, die evangelische Jugendarbeit tatsächlich zu beenden. Nach gründlicher Beratung mit Heinemann erfolgte auf den Auflösungsbeschluß eine Neuorganisation der evangelischen Jugend unter dem Titel „Stadtmission". Heinemann hatte die juristischen Schlupflöcher ausfindig gemacht. Und so wurden die Jungen und Mädchen in kleinen „Bibelstundengruppen" weiter gesammelt, die Jugendleiter hießen nun „Älteste" und allen Jugendlichen „bis hinunter zum jüngsten Pimpf wurde eingeschärft, daß sie einer ‚nicht-organisierten Jugend der Gemeinde' angehörten."[7]

Der Kirchenkampf steuerte auf einen neuen Höhepunkt zu. Am 4. Januar 1934 hatte Reichsbischof Müller eine „Verordnung betr. die Wiederherstellung geordneter Zustände in der Deutschen Evangelischen Kirche" erlassen. Diese als sogenannter „Maulkorberlaß" bekanntgewordene Verordnung untersagte allen kirchlichen Amtsträgern jede öffentliche Kritik an Personen, Einrichtungen oder Maßnahmen der (deutsch-christlich geführten) Kirchenleitung. Bei Zuwiderhandlung wurde die sofortige Amtsenthebung und die Eröffnung eines Disziplinarverfahrens angedroht. Damit sollte die Bekennende Kirche (BK) zum Schweigen gebracht werden. Elf Monate nach der „Machtergreifung" gab es im nationalsozialistischen Staat keine andere Möglichkeit mehr, als über Kanzelabkündigungen oder in eigener Verantwortung herausgegebenen Rundbriefen und Flugblättern unzensierte Informationen an die Gemeinden weiterzugeben. Gerade die Reaktionen auf den Eingliederungsbeschluß des Evangelischen Jugendwerkes hatten Reichsbischof Müller erkennen lassen, wie wirkungsvoll die Bekennende Kirche diese Mittel einzusetzen wußte. Diese Möglichkeiten sollten jetzt durch disziplinarische Maßnahmen unterbunden werden.

Im Protokoll einer außerordentlichen Sitzung des Presbyteriums Essen-Altstadt vom 13. Januar ist festgehalten, daß Heinemann zu der juristischen Bewertung der Verordnung ausführlich Stellung nahm. In dieser Sitzung wurde auch deutlich, daß eine Mehrheit des Presbyteriums den Widerstand gegen die Einschränkung der Meinungsfreiheit, was letztlich auf eine „Beschränkung der Evangeliumsverkündigung" hinauslaufe, unterstützte. Nachdem die Pfarrer Friedrich Graeber und Heinrich Held (Essen), die zusammen mit Joachim Beckmann (Düsseldorf) den Aufruf zum Ungehorsam des Rheinischen Bruderrates unterschrieben hatten, noch um 23 Uhr bei Heinemanns zum Abendessen waren, wurde am 14. Januar in vielen Kirchen die Kanzelabkündigung verlesen, in der es u. a. hieß: „Gott ist mehr zu gehorchen als dem Reichsbischof ... Wer Drohungen oder Bitten, von wem auch immer, in dieser Stunde unterliegt, verleugnet Christum vor den Augen der Welt und den Gläubigen. Eine Pfarrerschaft, die jetzt nicht widersteht, wird von Gott verworfen."[8]

Der Verstoß gegen die Verordnung des Reichsbischofs war nicht mehr und nicht weniger als die offene Rebellion gegen die von der nationalsozialistischen Regierung unterstützten deutsch-christlichen Kirchenführer. Ansatzweise kam den Beteiligten wohl auch mit in den

Blick, daß der Widerstand gegen das unrechtmäßige Kirchenregiment einen Konflikt mit der Staatsgewalt nach sich ziehen konnte. Aus den nüchternen, im Telegrammstil gehaltenen Tagebuchnotizen Heinemanns tritt kaum die Spannung dieses Tages hervor, die freilich allen sehr wohl bewußt war. „Predigt Lukas 18,35f. Erklärung gegen Reibi. Presbyter in Sakristei nach Abendmahl. Ornat nach Hause. Graeber zu Schölling: ‚Wünsche gesegneten Gottesdienst'."[9] Die DC sandten in jeden Gottesdienst Denunzianten, die bei einer Übertretung der Verordnung eine Anzeige gegen den jeweiligen Pfarrer erstatten sollten. Pfarrer Graeber hatte „seinen" Denunzianten sehr schnell ausfindig gemacht. Er verließ den Chorraum, schritt durch die Kirche und wünschte dem Betreffenden „einen gesegneten Gottesdienst". Danach stieg er auf die Kanzel, predigte über die Heilung des Blinden von Jericho und verlas anschließend die Kanzelabkündigung der Bekennenden Kirche. Daß Graeber im Anschluß an den Gottesdienst von einigen Presbytern im Talar nach Hause geleitet wurde, war sicher eine Demonstration der Solidarität mit ihrem Pfarrer, diente möglicherweise aber auch zu seinem Schutz.

Am 7. Februar 1934 erhielt Graeber vom Konsistorium in Koblenz die vorläufige Amtsenthebung überstellt. Als Begründung wurde angeführt, daß er andere Geistliche zur Verlesung „einer diesen Widerstand auch bei den Gemeindegliedern stärkenden Erklärung veranlaßt" habe und selber „zu Essen am 14. Januar 1934 die vorerwähnte Kanzelabkündigung verlesen und damit den Gottesdienst zum Zwecke kirchenpolitischer Auseinandersetzungen mißbraucht zu haben".[10]

„Wir lassen uns nicht die Mütze über den Kopf ziehen"

Zwei Tage später kam das Presbyterium Essen-Altstadt erneut zu einer Sitzung zusammen. Pfarrer Graeber legte dar, daß er lediglich das Evangelium verkündigt habe und bestritt, daß das Disziplinarverfahren gegen ihn rechtmäßig sei. Jede Anerkennung von Beschlüssen des Koblenzer Konsistoriums lehnte er ab. Daraufhin bat ihn das Presbyterium, seine Aufgaben als Pfarrer weiter wahrzunehmen. Heinemann bilanzierte nüchtern in seinem Tagebuch: „Presb.(yterium) beschließt 20 : 6 : 2 G.(raeber) um Fortführung des Amtes zu bitten.“[11] Mit diesem Beschluß traten rechtmäßig gewählte Kirchenälteste in einen offenen Konflikt mit der Kirchenbehörde. Am 20. Februar verurteilte die Disziplinarkammer der Kirchenprovinz Rheinland Graeber. Das Urteil lautete: Entfernung aus dem Amt und Räumung der Dienstwohnung. Graeber scherte sich um dieses Urteil recht wenig. Sein Kommentar war lediglich: „Der Strick ist zerrissen, der Vogel ist frei.“

Am 25. Februar hielt er wie gewöhnlich den Gottesdienst in der Pauluskirche. Doch schon am 2. März mußte das Presbyterium erneut zu einer außerordentlichen Sitzung zusammentreten: Das Koblenzer Konsistorium hatte mit der Auflösung des Presbyteriums gedroht, falls es seinen Beschluß zur Unterstützung Graebers nicht zurücknehme. Heinemann, der in dem Disziplinarverfahren gegen Graeber als Rechtsbeistand auftrat und die schriftliche Urteilsbegründung sorgfältig durchgearbeitet hatte,[12] erklärte den anwesenden Mitgliedern des Presbyteriums unmißverständlich, daß man dieses Urteil unter keinen Umständen anerkennen dürfe. Folgerichtig beschloß das Presbyterium in namentlicher Abstimmung mit 20 gegen 12 Stimmen einen Antrag, in dem Pfarrer Graeber aufgefordert wurde, sein Amt weiterzuführen, „als wäre nichts geschehen“. Das Konsistorium, welches noch am gleichen Abend telefonisch unterrichtet wurde, verfügte dann am 3. März die Auflösung des Presbyteriums und verwies in seiner Begründung auf die anhaltende Weigerung, die Suspendierung Graebers anzuerkennen.[13] Mit dieser Entscheidung richtete sich das Gewaltregiment der „Deutschen Christen“ und ihrem von der NSDAP gesteuerten Bestreben der Gleichschaltung der Kirche nicht nur gegen Pfarrer, sondern auch gegen Kirchenälteste, die aufgrund ihrer Amtsverpflichtung an ihrem bekenntnismäßigen Auftrag festhielten. Für die ganze Gemeinde war durch diesen Auflösungsbeschluß eine neue Situation entstanden.

Die Ereignisse in der Gemeinde Essen-Altstadt sorgten weit über die Stadt hinaus für Aufsehen. Es war aber in erster Linie der „Maulkorberlaß“ aus Berlin, der in den Rheinischen Bekenntniskreisen zu

Gustav und Hilda Heinemann 1941

dem Entschluß führte, auf den 18. und 19. Februar 1934 zur „1. Rheinischen Bekenntnissynode" nach Barmen einzuladen. Graeber hielt die Predigt zur Eröffnung der Synode, ungeachtet der schon zwei Wochen vorher angeordneten Amtsenthebung. Dank der Unterstützung des Presbyteriums, in dem Heinemanns Wort ein großes Gewicht hatte, war er zu einer kompromißlosen Haltung gegenüber der deutschchristlichen Kirchenleitung in der Lage. Heinemann nahm ebenfalls als Delegierter an dieser Bekenntnissynode teil. Auf dieser Synode wurden die ersten Schritte in Richtung zu einer eigenen, an Schrift und Bekenntnis orientierten Kirchenleitung eingeleitet. Mit diesen kirchenleitenden Aufgaben betraute die Synode den „Bruderrat", in den als juristischer Vertreter Gustav Heinemann gewählt wurde.

Die endgültige Entlassung Pfarrer Graebers aus dem Pfarrdienst war wohl der Anlaß zur ersten Sitzung des Rheinischen Bruderrates am 21. Februar 1934. Heinemann führte das Protokoll: Es wird „eine einmütige Auffassung darüber erzielt, daß der bekenntnismäßige Widerstand nachdrücklichst fortzusetzen ist und daß es darauf ankommt, die Kirchenbehörde fortlaufend zu neuen Disziplinierungen zu zwingen, damit auf jeden Fall ihre letzte Einstellung offenbar werde. Es darf auf keinen Fall der Eindruck aufkommen, daß man sich auch im Rheinland die Mütze über den Kopf ziehen lasse."[14] Damit hatte sich auch im Rheinischen Bruderrat die entschiedene Linie durchgesetzt, für die Graeber und Heinemann in ihrer Gemeinde eintraten. Ihr Einsatz war wohlüberlegt, die möglichen Folgen waren ihnen bewußt: „Kein Zweifel, das Ende dieser Entwicklung – wenn sie auf die Spitze getrieben wird – wird das Schisma (Kirchenspaltung, d. Verf.) sein. Die rheinische Freikirche, welche durch Jahrhunderte hindurch den zähen Kampf gegen antievangelische Obrigkeiten geführt hat, wird wieder auferstehen."[15]

Die Freie Evangelische Presbyterianer Gemeinde

Gestärkt durch die überwiegende Solidarität seiner Amtsbrüder, die Beschlüsse des Presbyteriums und des Rheinischen Bruderrates versah Pfarrer Graeber tatsächlich seine pfarramtlichen Aufgaben so, „als wäre nichts geschehen". Nur die äußeren Bedingungen hatten sich geändert. Schon seit dem Frühjahr 1933 hatte sich um Graeber eine Gruppe von Christen gesammelt, die sich „Freie Evangelische Presbyterianer Gemeinde" nannte. Diese setzte sich zum Teil aus Menschen zusammen, die von Graebers Predigten angezogen waren oder die mit ihm über seinen Einsatz gegen die Erwerbslosigkeit in seinem Pfarrbezirk auf dem sogenannten „Hoffnungskotten" in Berührung kamen. Auch Gustav Heinemann zählte sich zu dieser Personalgemeinde, die nach der Rheinisch-Westfälischen Kirchenordnung neben der Bindung an eine Ortsgemeinde zulässig war. Aber erst die drohende Amtsenthebung ließ bei Graeber und Heinemann offenbar den Entschluß reifen, dieser Gemeinde auch organisatorisch und räumlich eine festere Gestalt zu geben.

Schon im Februar 1934 mietete Heinemann einen großen Saal in der Nähe des Hauptbahnhofes an, der dann für den gottesdienstlichen

Gebrauch mit Stühlen, Kanzel und Harmonium eingerichtet wurde. Noch 25 Jahre später erinnerte sich Heinemann an die genauen Umstände: Graeber „siedelte mit seiner engeren Gemeinde über in die ‚Börse', in das ‚Haus der Technik', in den Börsensaal, oberstes Stockwerk, angemietet von der Stadt, eingerichtet mit Stühlen und Mobiliar, das zusammengekauft wurde. Auch die Diakonisse, Schwester Auguste, alte treue Seele der diakonischen Pflege aus dem Segerothbezirk, ging mit hinüber in die Börse. Wir hatten im Handumdrehen einen Monatsetat von rund RM 1500 für Miete, Drucksachen, Pfarrgehalt, Diakonissengehalt usw. ... Graeber hatte ja eine sehr handfeste Art zu kollektieren. Wenn es da beim sonntäglichen Gottesdienst am Schluß hieß: ‚Ich sehe hier noch einige Leute auf unbezahlten Stühlen sitzen', dann wußte jeder, was die Glocke geschlagen hatte. Dann ging es nicht nur um die Kollekten mit diesem lauen Wind ... sondern da wurde handfest nach dem gefragt, was eben Munition ist im Gefecht."[16]

Und wenn man in diesem militärischen Sprachgebrauch bleiben möchte, dann waren sich Heinemann und Graeber darin einig, daß sie diese Munition nicht bloß sammelten, sondern tatsächlich zum Gefecht einsetzten.

Am 3. März 1934, dem Tag, an dem die Verfügung zur Auflösung des Presbyteriums Essen-Altstadt erging, teilte der die Stelle des Superintendenten kommissarisch verwaltende Pfarrer Ernst Lemmer Heinemann mit, daß er am folgenden Tage das Nichtamtieren von Pfarrer Graeber sicherzustellen habe und er deshalb für den Gottesdienst in der Pauluskirche einen anderen Pfarrer beauftragt habe. Die Pauluskirche war am nächsten Morgen bis kurz vor 10 Uhr bis auf den letzten Platz mit ca. 2 000 Gottesdienstbesuchern gefüllt. Als sich die Nachricht verbreitete, daß Graeber nicht predigen werde, verließen alle ohne Ausnahme die Kirche und eilten hinüber in die „Börse", wo er einen Gottesdienst mit Abendmahl feierte. „Der von mir beauftragte Pfarrer Böttcher stand in der Pauluskirche vor leeren Bänken und hat deshalb keinen Gottesdienst abhalten können."[17] Aufgrund dieses Berichtes von Pfarrer Lemmer an das Konsistorium in Koblenz wurde von dort eine Untersuchung gegen Pfarrer Graeber eingeleitet. Graeber weigerte sich, gegenüber der Behörde Stellung zu beziehen und beauftragte damit Heinemann. Am 16. April empfing Heinemann in Essen einen Vertreter des Konsistoriums, dem er unmißverständlich klarmachte, daß jede Maßnahme der Behörde gegen Graeber der Bewegung einen neuen Auftrieb gegeben habe. Vor einer Trennung von der Landeskirche würden sie nicht zurückschrecken, auch wenn dies nicht ihr ursprüngliches Ziel sei. Sie würden aber vorsorglich diesbezügliche Vorbereitungen treffen, falls weitere Maßnahmen der Behörde ergingen.[18]

Diese deutliche Warnung Heinemanns an die Adresse des Konsistoriums verfehlte ihre Wirkung nicht. Ein Jahr später, am 31. Mai 1935, wurde Pfarrer Graeber von der Koblenzer Kirchenbehörde sogar wieder in sein Pfarramt eingesetzt. Das Presbyterium der Gemeinde Essen-Altstadt erhielt seine offiziellen Rechte schon Ende 1934 wieder zuerkannt. Auf seiten der von den „Deutschen Christen" geleiteten Kirchenbehörde hatte sich die Einsicht durchgesetzt, daß die bisherigen Maßnahmen nur den Widerstand der Gemeinden gestärkt hatten.

Der Ältestenkreis der Freien Presbyterianer Gemeinde Essen am 9. Februar 1935 auf einer Rüstzeit (letzte Reihe 4.v.l. Gustav Heinemann)

Ein halber Christ ist ein ganzer Unsinn

Im Frühjahr des Jahres 1934 hatte sich aufgrund der Maßnahmen von Reichsbischof Müller im ganzen Reich der kirchliche Widerstand formiert, am deutlichsten sichtbar in einem am 22. April im Ulmer Münster abgehaltenen Bekenntnisgottesdienst, in dem vor aller Öffentlichkeit der Anspruch erhoben wurde, die rechtmäßige evangelische Kirche zu sein.

Von Ulm führte ein direkter Weg zur 1. Bekenntnisynode der DEK, die vom 29. bis 31. Mai 1934 in Barmen zusammentrat. Die Synode hat in sechs Thesen eine „Theologische Erklärung zur gegenwärtigen Lage der Deutschen Evangelischen Kirche" formuliert, mit der sie ihren Anspruch begründete, die rechtmäßige Leitung der evangelischen Kirche zu sein. Zu den 139 Synodalen, die die Theologische Erklärung einstimmig annahmen, gehörte auch Gustav Heinemann. Aus diesen Thesen wurde ein Bekenntnis, das Bedeutung und Gewicht weit über die damalige Situation hinaus hatte. Aus Anlaß des 25. Jahrestages der Barmer Erklärung schrieb Heinemann in der Sozialdemokratischen Wochenzeitung „Vorwärts": „Die Barmer Erklärung ist einmal eine Besinnung auf die biblischen Fundamente in Abwehr der deutsch-christlichen Irrlehren von 1933. Zum anderen ist sie Wegweisung und Versprechen in eine Zukunft hinein, die für die Kirche immer noch und immer wieder Anfechtungen mit sich bringen wird ... Barmen ist m.a.W. zugleich ein Aufruf zu immer erneuter aktueller Entscheidung."[19]

Für ihn, der jahrelang die Thesen in seiner Brieftasche bei sich trug, war es keine Frage, daß dieses Wort des Kirchenkampfes nicht „zu einem historischen Dokument verblaßt ist", sondern „sie von einer immer neuen Kraft der Besinnung auf den Auftrag der Kirche weitergetragen" werden muß.

Heinemann war zutiefst überzeugt, daß die ethische Orientierung eines Menschen maßgeblich durch seinen christlichen Glauben mitbestimmt wird. In einem Briefwechsel mit seinem Studienfreund Wilhelm Röpke wandte er sich gegen dessen unverbindlich verstandenes Christentum. Ihm sei es nur aufgrund seines christlichen Glaubens möglich, in Deutschland unter den Verhältnissen der Diktatur zu leben und seine Freiheit als Mensch zu bewahren. „Es ist uns ärgerlich, daß wir nicht unsere eigenen Herren sein sollen. Und doch liegt eine unerhörte Freiheit in der Bindung an Gottes größte Gabe. Es ist die Freiheit, die Bestand hat inmitten aller Welt, wie sie auch sei. Das ist die Freiheit, die es ermöglicht, Gott mehr zu gehorchen als den Menschen. Das ist die Freiheit, in der die Bekennende Kirche in Deutschland inmitten aller Anfechtung steht. Aus dieser Freiheit ruft sie alle, die der Anfechtung unserer Tage zu verfallen drohen, daß wir uns als Menschen zum Maß aller Dinge machen."[20]

Mit dieser letzten Bemerkung macht Heinemann klar, daß die Entscheidung für ein christliches Leben nicht nur Folgen für eine Einzelperson hat, sondern daß sie bis in die Politik hineinreicht. Der Kampf der evangelischen Kirche um ihre Selbständigkeit ist darum nicht nur eine innerevangelische Auseinandersetzung, sondern hat eine grundsätzliche Bedeutung für den ganzen Staat. Diese Erkenntnis kann er im Jahre 1935 mit Rücksicht auf die mitlesende Postzensur nur sehr zurückhaltend seinem Freund mitteilen.

„Immer wieder kommt es darauf an, daß wir uns aus solcher Vermenschlichung herausfinden und zurückfinden zur Schrift als der alleinigen Quelle der Offenbarung. Das ist gerade jetzt wieder das Thema des Streites zwischen der Bekennenden Kirche und den Deutschen Christen in Deutschland. Diesen Kampf können wir nicht mit ‚undogmatischem' Christentum führen, sondern nur mit biblischem Christentum. Denn es ist ja grundsätzlich dasselbe, ob ich das Christentum durch einen politischen Anbau vermenschliche oder durch eine liberale Aufweichung seines Offenbarungscharakters entkleide. Aus solchen Gründen heraus kann ich also mit ‚undogmatischem' Christentum nichts anfangen."[21]

Deutschland ist ein Rechtsstaat

Sein Bekenntnis zum christlichen Glauben und der Einsatz für die Bekennende Kirche brachte Gustav Heinemann beruflich zunächst keine Nachteile. Unterstützt wurde Heinemann von seinen Rechtsanwaltskollegen Dr. Victor Niemeyer und Dr. Max-Heinz Mondrzik. Die Kanzlei von Justizrat Niemeyer, der Heinemann auch während der Kriegsjahre als Rechtsanwalt angehörte, war ein Zentrum des Rechtskampfes in der Rheinischen BK. Niemeyer notierte in seinem Tagebuch, daß er auch privat regen Anteil am Leben einer Essener Bekenntnisgemeinde nahm. Die beiden Kollegen in der Kanzlei dürften Heinemanns ablehnende Haltung gegenüber dem Nationalsozialismus geteilt haben. Niemeyer, dessen Frau nach den nationalsozialistischen Rassegesetzen als „Halbjüdin" galt, erfuhr zudem persönlich die ganze Härte der nationalsozialistischen Menschenverachtung. Eine ganze Reihe von Prozessen wurden über seine Kanzlei zum Schutz von Personen geführt, die aus politischen Gründen Nachteile oder sogar eine Verhaftung erlitten. So wurde zum Beispiel am 23. Dezember 1933 der Leiter der Essener Kinderklinik, Prof. Dr. Otto Bossert verhaftet, weil er sich angeblich an der Verbreitung eines Gerüchtes beteiligt habe, das den Essener Kreisleiter der NSDAP der Unterschlagung bezichtigte. Die Verteidigung Bosserts übernahmen Niemeyer und Heinemann. In einem Privatbrief an seine Mutter sprach Heinemann unumwunden von einem politisch motivierten Verfahren gegen Bossert. „Das Niederträchtige liegt darin, daß man ihn aus seiner Stelle im Krankenhaus herausdrücken will, um einen anderen hereinzubringen, der es besser mit den Parteigewaltigen kann."[22] Zeitgleich mit der Verhaftung Bosserts fanden auch die Bemühungen statt, den aus dem Dienst entlassenen Jugendpfarrer Wilhelm Busch zu schützen. In diesem Zusammenhang fand in Koblenz am 27. Dezember 1933 das denkwürdige Gespräch mit dem Rheinischen Generalsuperintendenten Stoltenhoff statt, in dem Heinemann sehr erregt forderte, daß die Kirchenglocken der Rheinprovinz „für jeden Pfarrer oder jedes Gemeindeglied, welches in Haft gesetzt wird", läuten sollten. Bemerkenswert an dieser Äußerung Heinemanns ist, daß er diesen Akt zivilen Ungehorsams nicht nur zum Schutz verhafteter Pfarrer forderte, sondern auch für Gemeindeglieder, die aus politischen Gründen allen rechtsstaatlichen Grundsätzen zum Trotz verfolgt wurden.

Gerade auf die Verletzung rechtsstaatlicher Prinzipien durch die nationalsozialistischen Machthaber reagierte Heinemann sehr sensibel. Es ist anzunehmen, daß er die Bewertung des sogenannten „Röhm-Putsches" am 30. Juni 1934 durch Graeber nicht teilte. Graeber schrieb mit Blick auf diese blutigen Ereignisse Anfang Juli 1934 an Heinemann: „Darum muß man sich daran genügen lassen, festzustellen, daß diesmal die Obrigkeit das Schwert nicht umsonst trug."[23] Was Graeber so blumig mit ‚die das Schwert tragende Obrigkeit' umschrieb, waren nicht weniger als 77 Morde, denen die SA-Führung um Ernst Röhm zum Opfer fiel, sowie einige inzwischen in Gegensatz zum Regime geratene Politiker, wie der frühere Reichskanzler Kurt

Gustav Heinemann in fröhlicher Runde (vermutlich Ende der 50er Jahre) (v.l.n.r., 1. Reihe, 2.: Prof. Dr. Otto Bossert, 2. Reihe, 3.: Gustav Heinemann, 4.: Dr. Fritz Gummert)

von Schleicher. Die Morde wurden anschließend als „Staatsnotwehr" durch ein Gesetz für rechtens erklärt. Heinemann schrieb drei Wochen später, nach einer Sitzung des Rheinischen Bruderrates in sein Tagebuch: „Kirche als solche kann leider nicht reden zu gewissen Vorgängen im Staat."[24] Nachdem die Arbeiterbewegung zusammen mit den Gewerkschaften ausgeschaltet war und die Reichswehr zu dem offenkundigen Unrecht schwieg, blieb nach Heinemanns Verständnis als einzige gesellschaftliche Institution die evangelische Kirche übrig, die durch ein mutiges Wort in der Öffentlichkeit dagegen hätte protestieren können, daß Hitler sich zum obersten Gerichtsherrn des deutschen Volkes aufschwang und damit „den Mord zum legalen Staatsakt erhob" (Karl Dietrich Bracher).

Die Geisteshaltung der führenden Männer in der evangelischen Kirche, ebenso wie auch in der Bekennenden Kirche, ließ ein solches Wort nicht zu. Sie waren doch ängstlich bestrebt, die Abwehr staatlicher Eingriffe als innerkirchlichen Kampf um das rechte Bekenntnis darzustellen und gleichzeitig ihre politische Loyalität gegenüber dem nationalsozialistischen Staat zu bekunden. Daß Heinemann diese Haltung äußerst skeptisch beurteilte, zeigen die weiteren Stichworte, die er unter dem 20. Juli 1934 in sein Tagebuch notierte: „Staat will Bekennende Kirche brechen; ... Hitler: die ev. Pfarrer werden für einige Speckseiten ihr Bekenntnis preisgeben; ... Innerlicher Weg – oder Kampf auch gegen den Staat."[25] In diesen Notizen gibt Heinemann zu erkennen, daß er einen „innerlichen Weg der Kirche, ähnlich dem der Freien Presbyterianer Gemeinde voraussieht, die organisatorisch und rechtlich neue Wege beschritt.

Dennoch hielt Heinemann in den ersten Jahren des Dritten Reiches an der Vorstellung fest, daß Deutschland ein Rechtsstaat sei. Immer wieder brachte er als Rechtsanwalt in Gerichtsverfahren grundsätzliche Rechtspositionen der Bekennenden Kirche mit ein. Damit wollte er erreichen, daß vor Gericht nicht nur einzelne Maßnahmen der „Deutschen Christen" zurückgewiesen wurden, sondern insgesamt ihre unrechtmäßige Kirchenleitung festgestellt wurde. „Deutschland ist ein Rechtsstaat. Es kommt infolgedessen nicht maßgebend darauf an, ob jemand Machtstellungen ausübt, sondern ob er rechtmäßig handelt."[26]

Das Ringen um ein neues Kirchenverständnis

Auch nach den ersten turbulenten Monaten des Kirchenkampfes blieb die Situation für die evangelische Kirche weiterhin bedrohlich. Daß sie selber die Rolle einer politischen Opposition einnehmen könnten, war für die allermeisten bekennenden Christen jedoch völlig undenkbar. Staatliche Anordnungen wurden befolgt, auch wenn man gegen willkürliche Entscheidungen Protest erhob. So sollte am 14. Oktober 1934 in Düsseldorf der Niederrheinische Kirchentag „Unter dem Wort" stattfinden, zu dem sich 30 000 Menschen in der riesigen Maschinenhalle einer ehemaligen Lokomotivfabrik versammelt hatten. Diese Massenkundgebung wurde vom Düsseldorfer Regierungspräsidenten genehmigt, unmittelbar vor Beginn traf ein Befehl aus Berlin ein, daß die Versammlung wieder aufzulösen sei. Diese unverständliche Entscheidung wurde nach einem Gebet und dem Singen des Lutherliedes „Eine feste Burg ist unser Gott" befolgt. Gustav und Hilda Heinemann behielten, wie sicher auch alle anderen Teilnehmer, diese kurze Versammlung in denkwürdiger Erinnerung.

Wenige Tage später, am 19. und 20. Oktober, trat in Berlin-Dahlem die 2. Reichssynode der Bekennenden Kirche zusammen. Die Erlebnisse des Niederrheinischen Kirchentages waren zumindest für die rheinischen Vertreter ein Ansporn, sich noch entschiedener für die Anliegen der BK einzusetzen. Insgesamt aber dürfte die Synode mehr unter dem Eindruck der Verhaftung der süddeutschen Bischöfe Theophil Wurm und Hans Meiser gestanden haben und dem Versuch, sie mit gewaltsamen Mitteln aus ihrem Amt zu drängen. In ihren Beschlüssen stellte die Dahlemer Synode fest, daß der Reichsbischof und das Reichskirchenregiment die Grundlage des gemeinsamen Bekenntnisses verlassen haben und ihr kirchenzerstörendes Werk auch zu einer faktischen Aufhebung jeder kirchlichen Ordnung geführt habe. Deshalb trete nun das „kirchliche Notrecht" in Kraft, aufgrund dessen die Synode eine neue bruderrätliche Verfassung der Kirche beschloß und neue Organe der Kirchenleitung berief. Die Synode zog die organisatorischen und juristischen Konsequenzen aus der Theologischen Erklärung von Barmen. Ihre Beschlüsse faßte sie in dem Bewußtsein, eine eigene kirchliche Ordnung aufzustellen.

Die Dahlemer Synode war die einzige Reichssynode der Bekennenden Kirche, an der Gustav Heinemann nicht teilnahm. Dennoch zog er schon wenige Wochen später beachtenswerte Konsequenzen aus ihren Beschlüssen. Beim Amtsgericht Essen beantragte er die Hinterlegung seiner Kirchensteuern. Heinemann begründete seinen Antrag damit, daß in der evangelischen Kirche ein Machtkampf entbrannt sei, und er bezweifelte die Rechtmäßigkeit des Reichsbischofs und der ihm unterstellten Behörden. Ausdrücklich verwies er dabei auf die Beschlüsse der Dahlemer Synode. „Beide Gruppen haben ihr Kirchenregiment in allen Instanzen organisiert."[27] Das Amtsgericht lehnte im Dezember 1934 Heinemanns Antrag ab. Auch das Landgericht Essen entschied, die Beschwerde Heinemanns zurückzuweisen. In seiner Begründung vom Januar 1935 vermied das Gericht jede Bewertung, wer denn nun die evangelische Kirche rechtmäßig vertrete, und stellte lediglich fest, daß sich „innerhalb derselben juristischen Person zwei Gruppen den Anspruch auf die Bildung ihrer rechtmäßigen Organe" streitig machen.[28] Von diesem internen Streit sei das Einzugsrecht des Kirchensteueramtes nicht betroffen.

Bemerkenswert bleibt, daß Heinemann eine juristische Anerkennung der neuen, von der Bekennenden Kirche gebildeten Kirchenleitung zu erreichen suchte. Auch wenn seine juristischen Bemühungen nicht ihr Ziel erreichten, zeigen sie doch, welchen Stellenwert der Kirchenkampf in seinem Leben einnahm.

Die internen Diskussionen in der Bekennenden Kirche beobachtete Heinemann jedoch mit großem Argwohn. Die Lutheraner vertraten die Auffassung, daß die Bekenntnisschriften aus der Reformationszeit bis in die Gegenwart hinein gültig seien. Darum sollten sich auf den Reichssynoden der Bekennenden Kirche besondere Konvente lutherischen und reformierten Bekenntnisses gründen. Heinemann lehnte dies strikt ab. Für ihn standen wichtigere Dinge auf der Tagesordnung, als die unaufgearbeiteten Probleme der verschiedenen evangelischen Bekenntnisse des 16. Jahrhunderts auszuräumen. Anstatt rückwärtsgewandt das Trennende zu betonen, sei es vordringlich, in dem gemeinsamen Bekennen und Handeln die die Kirche bedrohenden Gefahren abzuwenden. Auf der 3. Reichssynode in Augsburg

(4. bis 6. Juni 1936), die viel Zeit auf die Diskussion der konfessionellen Frage verwandte, unterschrieb er deshalb eine Erklärung, die feststellte, daß eine allzu „ängstliche Besorgnis bei der Wahrung der reformatorischen Bekenntnisse der Lage der Bekennenden Kirche nicht gerecht wird. Gott hat der Kirche neues Leben geschenkt aus dem Zeugnis, in das wir gerufen sind. Dieses Neugeschenkte ist die Frucht eines gemeinsamen Kampfes." [29]

Daß die konfessionellen Auseinandersetzungen tatsächlich zu einer Schwächung der Bekennenden Kirche führten, zeigte sich in den folgenden Monaten auch in der Unsicherheit, wie auf die vom Staat eingesetzten Kirchenausschüsse zu reagieren sei. In einem Erlaß vom 16. Juli 1935 hatte Hitler den Reichsminister Hanns Kerrl mit der Wahrnehmung der kirchlichen Aufgaben betraut. Kerrl wollte die innerkirchlichen Auseinandersetzungen dadurch beilegen, daß von ihm berufene

Gustav und Hilda Heinemann im Urlaub in Dubrovnik 1936

Kirchenausschüsse auf Reichs-, Landes- und Provinzialkirchenebene die Leitung der Kirche übernahmen. Diese staatlich gelenkten Kirchenausschüsse wurden vor allem dort gebildet, wo aufgrund des kirchlichen Notrechtes die Bruderräte der Bekennenden Kirche kirchenleitende Aufgaben wahrnahmen. Diese wollte Kerrl zurückdrängen, indem er die Kirchenausschüsse mit vollen kirchenleitenden Befugnissen ausstattete. Heinemann verstand die Einsetzung der Kirchenausschüsse als eine Kriegserklärung, die man im Rheinland annehmen wolle, „d.h. wir drehen nicht bei".[30]

Er sah allerdings auch die schwierige Situation voraus, in die die Bekennende Kirche durch diese neue Entwicklung kommen konnte. In den folgenden Monaten kam es zu einem internen Richtungskampf, der die Bekennende Kirche in zwei Lager spaltete. Auf der einen Seite bildete sich ein „Rat der Evangelisch-lutherischen Kirche", von dem sich die sogenannten „intakten" lutherischen Landeskirchen zusammen mit den Bruderräten, die den Kirchenausschüssen gegenüber positiv eingestellt waren, vertreten sahen. Auf der anderen Seite bildete sich die „Zweite Vorläufige Leitung der DEK" (2. VKL), die eine Zusammenarbeit mit den Kirchenausschüssen ablehnte. Der Rheinische Bruderrat, dem Heinemann angehörte, schloß sich der 2. VKL an. Folgerichtig lehnte Heinemann auch eine Anfrage ab, im Rechtsausschuß des Rheinischen Provinzialkirchenausschusses mitzuwirken. Nach einem Treffen des Rheinischen Bruderrates unterstrich Heinemann in einem Tagebucheintrag seine ablehnende Haltung gegenüber den Kirchenausschüssen. Er sah die Bekennende Kirche auf schwierige Entscheidungen zusteuern. „Solange wir Kirche mit öffentlich-rechtlichen Privilegien sein wollen, kommen wir um einen Pakt mit dem Staat nicht herum. Dieser Pakt wird – nach dem Maße unserer Schwäche – schlecht sein, wenn wir paktieren."[31]

„Staatskirche" oder „Bekenntniskirche"

Heinemann erkannte, daß in der Einsetzung der vom Staat beauftragten Kirchenausschüsse das grundsätzliche Verhältnis von Staat und Kirche berührt wurde. Die Übereinstimmung von öffentlichem

Recht und kirchlicher Ordnung, wie sie bis 1933 bestand, ermöglichte der Kirche besondere Privilegien, wie die Anerkennung als einer Körperschaft des öffentlichen Rechtes. Durch diesen Status bekommen kirchliche Entscheidungen einen rechtsverbindlichen Charakter. Wie wichtig diese rechtliche Anerkennung ihrer Beschlüsse war, bekam die Bekennende Kirche allenthalben zu spüren. Da jetzt aber, durch die Einsetzung der Kirchenausschüsse, öffentliches Recht und kirchliche Ordnung auseinandertraten, entstand das Problem, wie kirchliche Entscheidungen, zum Beispiel die Ordination oder die Pfarrwahl, von staatlichen Behörden anerkannt werden. Damit setzte sich die 5. Rheinische Bekenntnis-Synode vom 29. Juni bis 3. Juli 1936 in Barmen auseinander. Vor der Synode führte Heinemann aus, daß der Nationalsozialistische Staat die Kirche nicht in dem Sinne anerkenne, wie sie es in Dahlem gefordert hatte. „Er wird uns sein öffentliches Recht nicht wieder zur eigenen Betätigung zur Verfügung stellen."[32] Deshalb konnte sich Heinemann nun eine bedingte Zusammenarbeit mit den Kirchenausschüssen vorstellen. Er argumentierte, daß die Ausschüsse wegen ihrer Abhängigkeit von staatlichen Stellen nicht als kirchliche Organe angesehen werden können. Der Anspruch der Bekennenden Kirche, allein rechtmäßige Kirche zu sein, würde dadurch nicht berührt.

Mit seinen Überlegungen stieß Heinemann in der Synode auf Zustimmung. Wie hoch sein Ansehen in der Bekennenden Kirche war, kann man auch daran erkennen, daß er gleichzeitig in den Rechts- und den Verfassungsausschuß der Rheinischen BK gewählt wurde. Zwei Wochen nach der Synode legte Heinemann dem Bruderrat eine schriftliche Fassung seiner Überlegungen zur Rechtsgestalt der Kirche vor. Diese trug den Titel: „Ordnung der Evangelischen Kirche im Rheinland". Am 16. Juli 1936 vermerkte er in seinem Tagebuch: „Mein Entwurf für die Ordnung der rheinischen Kirche auf der Grundlage des Beschlusses der 5. Synode grundsätzlich gebilligt. Das bedeutet, daß kirchliche Ordnung und öffentliches Recht sich trennen. Wir sind private Kirche geworden und erhalten soviel Recht, wie wir uns jeweils selbst zu erkämpfen vermögen."[33] Mit diesem Entwurf wurde ein wichtiges Anliegen Heinemanns verwirklicht. Die Eigenverantwortung in den Gemeinden konnte so gestärkt werden. Gleichzeitig wurden die rechtlichen Einflußmöglichkeiten der Kirchenbehörde und staatlicher Institutionen begrenzt.

Trotz der weitgehenden Zustimmung, die Heinemann für seine rechtlichen Überlegungen zur Stellung der Bekennenden Kirche erhielt, traten innerhalb des Bruderrates Spannungen auf, wie sich der Weg der Bekennenden Kirche gestalten sollte. Heinemann erkannte, daß sich die Diskussionen und Beschlüsse in den Bruderräten verselbständigten und Gefahr liefen, die für ihn so wichtige Verbindung zur Gemeindearbeit zu verlieren. Seine Kritik über diese Entwicklung formulierte er in einem Brief vom 15. Dezember 1936 an den Essener Pfarrer Heinrich Held, der innerhalb der rheinischen BK eine führende Stellung innehatte. Heinemann bemängelte erstens, daß gegenüber Kritikern in den eigenen Reihen ein bedenkliches Maß an autoritären und undemokratischen Umgangsformen zugenommen habe. Als Beleg für seinen Vorwurf führte er einen durch den Bruderrat gemaßregelten Pfarrer der BK an, dem keine Berufungsmöglichkeit etwa durch eine Entscheidung des Rechtsausschusses der Bekenntnissynode eingeräumt wurde. Ohne daß Heinemann die Auffassung dieses Pfarrers teilte, mahnte er an, daß der Rechtsweg der Kirchenordnung uneingeschränkt einzuhalten sei. Der Bruderrat stehe dagegen mit seiner Praxis in Gefahr, sich auf die gleiche Ebene wie die von den „Deutschen Christen" beherrschte Kirchenleitung zu begeben. Diese Praxis sei generell unrechtmäßig und widerspreche dem Bekenntnis.

Einen zweiten Anlaß zur Kritik bot die unmittelbar bevorstehende 4. Bekenntnissynode der altpreußischen Union in Breslau (16. bis 18. Dezember 1936). Von den Teilnehmern war vor Beginn der Synode ein Gelübde verlangt worden, daß sie der „Auffassung der Bruderräte von ihrem allein rechtmäßigen Kirchenregiment" zustimmten. Heinemann nannte dies in seinem Brief an Held einen „geradezu ungeheuerlichen" Vorgang, der ihn „in einer scheußlich fatalen Weise an die Methoden" erinnerte, mit denen „einst auch Ludwig Müller die Nationalsynode für seine Zwecke zurechtgebogen hat".[34]

Heinemanns Kritik zielte letztlich auf die Glaubwürdigkeit des Anspruches, den die Bekennende Kirche erhob. Diese Glaubwürdigkeit sei nur dann gegeben, wenn das Gewissen jedes Gemeindegliedes beachtet werde. Am ehesten sei dieses Anliegen zu verwirklichen, wenn die Bekennende Kirche von der Gemeinde her aufgebaut und synodal, das heißt demokratisch verfaßt sei. Er legte Wert darauf, daß eine solche synodale Kirchenordnung die Möglichkeit unterschiedlicher Meinungen zuläßt.

Druckerei Heinemann

Zu Beginn der Jahres 1936, als die Bekennende Kirche ihre Haltung gegenüber den Kirchenausschüssen festlegte, mußte Heinemann für sein berufliches Fortkommen eine folgenreiche Entscheidung treffen. Generaldirektor Dr. Janus, Vorstandsvorsitzender des Rheinisch-Westfälischen Kohlensyndikates, bot ihm einen Vorstandsposten in diesem Unternehmen an. Heinemann zögerte und besprach sich mit Kollegen der Rheinischen Stahlwerke. Die heikle Frage lautete für ihn, ob die Arbeit als Vorstand in einem großen Unternehmen mit seinem Einsatz für die Bekennende Kirche zu vereinbaren sei. Von seinen Kollegen erhielt er den Rat, die Arbeit in der Kirche doch aufzugeben oder sie gegebenenfalls stillschweigend weiterzuführen. Am 11. Februar 1936 notierte Heinemann in seinem Tagebuch: „Zusage, wenn freie Bewegung in puncto Kirche."[35] Er war nicht bereit, seinen Einsatz für die Bekennende Kirche nur stillschweigend weiterzuführen, ganz abgesehen davon, daß die Teilnahme an den Bekenntnissynoden auch nicht unbemerkt von der Öffentlichkeit und den nationalsozialistischen Behörden durchzuführen war. Heinemann bot deshalb dem Kohlensyndikat eine dreimonatige Kündigungsfrist an für den Fall, daß es politische Schwierigkeiten geben könnte. Für den Aufsichtsrat des Kohlensyndikates war dann doch Heinemanns herausgehobene Stellung im Kirchenkampf nicht mit der Aufgabe eines Wirtschaftsführers der Großindustrie vereinbar. Ende März erhielt er von Dr. Janus eine schriftliche Absage.[36]

Das Festhalten an seinen Tätigkeiten in der Evangelischen Kirche bedeutete für Heinemann zum ersten Mal einen Einbruch in seiner

Gustav und Hilda Heinemann mit ihren vier Kindern 1937 (von l. nach r., 1. Reihe: Barbara, Christa, Uta, 2. Reihe: Gustav Heinemann, Peter, Hilda Heinemann)

beruflichen Karriere. Der Verzicht auf ein weiteres berufliches Fortkommen wurde nur zum Teil durch die Rheinischen Stahlwerke wieder aufgefangen, die ihn einige Monate später zum Bergwerksdirektor und stellvertretenden Vorstandsmitglied beriefen.

Im Oktober 1936 bezog die Familie Heinemann ein geräumiges Bürgerhaus in der Essener Schinkelstraße 34, das Heinemann von der Rheinstahl AG mietete und in dem er bis zu seinem Lebensende wohnte. In dem Keller dieses Hauses war für einige Zeit ein Vervielfältigungsgerät untergebracht, auf dem die sogenannten „Grünen

Briefe" hergestellt wurden. Gedruckt wurde das Mitteilungsblatt der Bekennenden Kirche auf grünem Papier, weil auch die Mitgliedskarte der rheinischen BK eine grüne Farbe hatte. Herausgegeben wurden die „Grünen Briefe" von Pfarrer Heinrich Held, die technische Herstellung und den Versand übernahmen Vikar Wolfgang Disselhoff zusammen mit einigen ehrenamtlichen Helfern der Gemeinde. In einem autobiographischen Manuskript beschreibt Heinemann diese Episode so: „Der Vervielfältigungsapparat war lange Zeit in einem Keller meiner Wohnung untergebracht. Dieser Keller diente tagsüber an einigen Stunden in der Woche dem BdM (Bund deutscher Mädel, d. Verf.) für kindliches Singen und Spielen, an dem sich unsere zwei ältesten Töchter beteiligten. Wimpel waren unter der Decke gespannt, so daß es recht fröhlich aussah. Der Apparat stand in einem Schrank, den ich verschlossen hielt. Wenn er gebraucht werden sollte, gab Disselhoff tagsüber eine Vorwarnung. Ein Anruf mit der Frage: ‚Kann ich heute bei Euch ein bißchen Klavier spielen?' oder ‚Wie wäre es, wenn ich heute die Rosen schneiden würde?' war das Signal, daß der Keller gebraucht wurde. Wir sorgten dann dafür, daß abends keine unnützen Besucher im Hause waren, wenn ‚Der Betrieb' einrückte."[37]

Die Gestapo konnte in den folgenden Jahren weder die Herausgeber dingfest machen, noch die Herstellung und Verbreitung der „Grünen Briefe" wirksam unterbinden. Von den Beteiligten erforderte dies besonders in kritischen Situationen eine gehörige Portion Mut und Geistesgegenwart. In Heinemanns Tagebuch sind zwei solcher kritischen Situationen im Telegrammstil vermerkt, durch die er selber hätte in Gefahr geraten können. „Hochbetrieb. Gasmann bei Sonnenschein gesehen. Aufgeräumt."[38] Hinter diesen knappen Notizen verbirgt sich, daß nach einer nächtlichen Druckaktion das Aufräumen Hilda Heinemann überlassen wurde. Genau an jenem Morgen sah Frau Heinemann den Gasmann zur Nachbarsfamilie Sonnenschein gehen. Es war abzusehen, daß er in Kürze auch bei Heinemanns erscheinen würde, um im Keller die Gasuhr abzulesen. Da sie es in der Kürze der Zeit nicht schaffte, alle Spuren der nächtlichen Arbeit zu beseitigen, vertröstete sie den Gasmann an der Haustür mit der Notlüge, daß jemand den Kellerschlüssel verlegt habe und er darum später noch mal wiederkommen solle.

Der zweite Eintrag in Heinemanns Tagebuch lautet: „D'hoff-Frage an Wiebecke: Wie weit geht denn ihr Sprengel?" Die Gestapozentrale in Berlin mahnte im Mai 1938 bei der örtlichen Staatspolizeistelle in Essen an, doch endlich die Verantwortlichen für die „Rundschreiben der Rheinischen Bekenntnissynode" ausfindig zu machen. Diese erwiderte, daß man dieser Angelegenheit „bisher größte Aufmerksamkeit" zugewandt habe, doch nur vermuten könne, daß Held und Disselhoff damit zu tun hätten. Bei einer Vernehmung hielt Staatsanwalt Wiebecke Disselhoff vor, daß er es leid sei, aus Berlin dafür gerüffelt zu werden, „weil in meinem Bezirk immer wieder diese grüne Pest erscheint! Darauf Disselhoff: ,Herr Staatsanwalt, sagen Sie mir, wie weit Ihr Sprengel reicht, wir wollen gerne darauf Rücksicht nehmen!'" [39]

Daß Gustav Heinemann im Dritten Reich weitgehend unbehelligt blieb, verdankt er sicher zu einem guten Teil seiner herausragenden Stellung in der Industrie, aber auch seinem umsichtigen Verhalten. So schickte er zum Beispiel politisch brisante Flugschriften und anonyme Briefe, die in seinen Briefkasten geworfen wurden, postwendend der Gestapo zu. Dadurch wurden die Absender nicht mehr gefährdet, als sie es ohnehin schon waren. Zudem mußte er, dessen Mitarbeit in der Bekennenden Kirche weitgehend bekannt war, immer auch mit einer Provokation rechnen. Da jeder Staatsbürger verpflichtet war, politisch abweichende Äußerungen anzuzeigen, hätte ihn die Gestapo bei Nichtablieferung selber belangen können.

Die Zuspitzung des Kirchenkampfes

Im Februar 1937 gab der Reichskirchenausschuß seinen Auftrag an den Reichskirchenminister zurück. Damit war der Versuch Kerrls gescheitert, die innere Lage der evangelischen Kirche durch die Einsetzung staatlicher Kirchenausschüsse zu „befrieden". In der Folge wurde die Situation für die Bekennende Kirche nicht leichter, die staatlichen Pressionen gegen die Kirche nahmen zu. Im Juni wurden auf Anordnung Kerrls bei vielen kirchlichen Behörden staatliche „Finanzabteilungen" gebildet, deren Aufgabe es war, die kirchlichen

Finanzen einer strengen Kontrolle zu unterziehen. Alle Beschlüsse, die „mit finanziellen Auswirkungen verbunden" waren, brauchten die Zustimmung der Finanzabteilungen. Der Druck auf einzelne Pfarrer und besonders auch die führenden Persönlichkeiten in den Bruderräten stieg: Sie wurden häufig polizeilich vernommen und verhaftet. Sowohl in Essen wie in Berlin, wo Heinemann beruflich öfter zu tun hatte, erlebte er eine Reihe von Verhaftungen aus nächster Nähe mit.

Ende Mai wurden die beiden Essener Pfarrer Wilhelm Busch und Heinrich Held verhaftet, weil sie einen Vortrag über „Sterilisation und Rassenlehre" an die Leitung der Bekennenden Kirche in Berlin weitergaben, den der Leiter des „Rassenpolitischen Amtes der NSDAP" gehalten hatte. Darin beschäftigte sich dieser auch mit „Methoden der Propaganda" gegen die christliche Kirche. Wenige Tage später geriet auch der Essener Pfarrer Johannes Böttcher in Gestapo-Haft, als er Entlastungsmaterial für seine beiden verhafteten Amtsbrüder sammelte. Heinemann versuchte zuerst von Essen aus und dann in Berlin durch Gespräche im Justizministerium die Freilassung der Verhafteten zu erreichen. Zeitgleich mit diesen Bemühungen um die Essener Pfarrer fand eine Reihe von Bruderratssitzungen statt, die die Haltung der Bekennenden Kirche zu voraussichtlich Ende Juni stattfindenden Kirchenwahlen festlegen sollten, bei denen für die gesamte evangelische Kirche eine einheitliche Kirchenleitung gewählt werden sollte. In einem Bericht, den Heinemann später anfertigte, liest sich das folgendermaßen:

„23. 6. 37: Dr. Heinemann fährt nach Berlin. Anruf bei Perels; Perels ist verhaftet. Warten auf Beckmann am Bahnhof Zoo; Beckmann ist verhaftet. Mit RA Holstein zu Niemöller. Dort tagt der Rest des Reichsbruderrats: Vormittags sind verhaftet worden: Müller/Dahlem, Beckmann, Perels, Lücking, Iwand, Rendtorff, von Rabenau, Dr. Böhm. Wahlvorbereitung! Kirchenwahl soll überraschend auf 27. 6. angesetzt werden. Mitteilung der Verhaftungen und des Beschlusses des Reichsbruderrates nach Essen.

24. 6. 37: Die Gottesdienste in Essen (etwa 15) finden statt. Mitteilung der Verhaftungen usw."[40]

Diese zunehmende Konfrontation mit dem Staat wurde auf der

5. Bekenntnissynode der altpreußischen Union vom 21. bis 27. August 1937 in Lippstadt in ungewohnt deutlichen Worten ausgesprochen. „Die kirchenzerstörenden Gesetze und die Fülle von Verhaftungen und Bedrückungen aller Art, denen die Kirche von neuem ausgesetzt ist, haben uns in große Anfechtung und Gewissensnot gebracht. Denn es ist unsere Obrigkeit, von der uns solches widerfährt. Wir wissen, daß die Obrigkeit aus Gottes Befehl ihr Amt hat, und wollen ihr in Ehrerbietung alles geben, was ihr zukommt. Weil sie nun aber in ein fremdes Amt eingreift und uns zumutet, was mit dem Gehorsam gegen Gottes Wort nicht vereinbar ist, können wir hierin nicht gehorchen."[41] In seinem Tagebuch drückte Gustav Heinemann diesen Gedanken deutlicher aus und formulierte auch die notwendige Konsequenz dieser Erkenntnis: „Kampf gegen DC war falsche Front. DC sind nur Attrappe des Staates. Deswegen nicht dogmatischer Ansatz, sondern politischer."[42]

Nach Beendigung dieser Synode in Lippstadt notierte Heinemann eine Art ‚Ertrag des bisherigen Kirchenkampfes' in seinem Tagebuch, indem er die wichtigsten Beschlüsse der Bekenntnissynoden seit 1934 festhielt. Dabei hielt er auch die Beobachtung fest, daß die wichtigen Entscheidungen des Kirchenkampfes immer mehr von der Bekenntnissynode der altpreußischen Union übernommen wurden. Dennoch muß man rückblickend wohl feststellen, daß auch die Lippstädter Synode mit Worten deutlich gegen die staatlichen Eingriffe protestierte, der Bekennenden Kirche aber doch die Kraft fehlte, diesen Worten mit gleicher Entschiedenheit ein entsprechendes Handeln folgen zu lassen.

Der Eid auf den Führer

Wie wenig man in der Bekennenden Kirche wirklich willens war, eine politische Auseinandersetzung mit dem Staat zu führen, zeigen die Diskussionen im Frühsommer 1938 um die Eidesfrage. Am 20. April 1938, Hitlers 50. Geburtstag, erließ der Präsident des Evangelischen Oberkirchenrates in Berlin, Dr. Friedrich Werner, eine Verordnung, die von allen Geistlichen und Kirchenbeamten den Treueid auf Hitler forderte. Die Eidesformel lautete: „Ich schwöre: Ich werde dem Führer des Deutschen Reiches und Volkes, Adolf Hitler, treu und gehorsam sein, die Gesetze beachten und meine Amtspflichten gewissenhaft erfüllen, so wahr mir Gott helfe.“[43]

Die Eidesfrage hat Heinemann in der folgenden Zeit sehr beschäftigt.[44] Am 2. Mai hielt er vor dem CVJM in Recklinghausen einen Vortrag über „Evangelische Kirche heute“, in dem er auch auf den Eid zu sprechen kam. Heinemann ließ keinen Zweifel an seiner Auffassung, daß er in der Forderung nach dem Treueid eine Kampfansage an die Bekennende Kirche sehe. Zudem wies der Jurist Heinemann darauf hin, daß der Eid beide Seiten bindet. Die Gehorsamsbekundung gegenüber Hitler müsse also auch verbindliche Schutz- und Treueversprechen des Eidnehmers gegenüber denjenigen enthalten, die den Eid schwören. Daran fehle es aber. Schließlich wies Heinemann auf das Ordinationsgelübde der Pfarrer hin, nach dem die Bindung an Jesus Christus Vorrang vor Treuebekundungen gegenüber Menschen hat.

Noch deutlicher wurde Heinemann zwei Wochen später in einer Bibelarbeit über Johannes 15, 16. Unter Bezug auf das Jesuswort: „Ihr habt mich nicht erwählt, sondern ich habe euch erwählt ...“ stellte er

Gustav Heinemann im Januar 1949

fest, daß Hitler nicht das „Recht zum Eingriff in (das) Eigentum des Herrn“ zustehe. Mit der Forderung eines Treueides überschreitet die „Obrigkeit ... ihre Befugnisse gegen die Kirche“.

Diese grundsätzlichen juristischen und theologischen Überlegungen, die Heinemann offensichtlich auch in einer Sitzung des Rheinischen Bruderrates entfaltete,[45] fanden in der weiteren Behandlung der Eidesfrage in der Bekennenden Kirche keinen Niederschlag. Die Rheinische Bekenntnissynode, die am 29. und 30. Mai 1938 zusammenkam, bekräftigte die grundsätzliche Bereitschaft, einen „Treueid auf den Führer“ zu leisten. Dennoch empfahl sie den Pfarrern, die Ableistung des Eides in der gegenwärtigen Formulierung so lange zu verweigern, bis erstens zweifelsfrei die staatliche Forderung des Treueides festgestellt sei sowie zweitens zugesichert werde, daß das Ordinationsgelübde des Pfarrers durch den staatlichen Eid nicht verletzt wird. [46]

Präses Koch von der westfälischen Bekenntnissynode wischte jedoch alle Vorbehalte gegen den Eid Ende Juli in einem Brief an den preußischen Bruderrat vom Tisch. Die 6. Bekenntnissynode der Altpreußischen Union empfahl am 31. Juli ihren Pfarrern uneingeschränkt, den Treueid auf Hitler zu leisten.[47] Ein politischer Ansatz im Kirchenkampf, wie ihn Heinemann für notwendig hielt, kam den Verantwortlichen in der Bekennenden Kirche gar nicht in den Sinn. Und dies, obwohl gerade in der Eidesfrage ein größerer Teil der Pfarrer bereit gewesen wäre, dem Machtanspruch des Staates entgegenzutreten. Am 22. Juli 1938 notierte Heinemann in seinem Tagebuch, daß von den 55 Essener Pfarrern erst 29 den Eid geleistet haben.[48] In einem Brief an den Präses der Rheinischen BK, Paul Humburg, formulierte Heinemann sein Befremden über die Haltung der Bekennenden Kirche zur Eidesfrage. Er legte dar, daß mit der Empfehlung für den Eid auch der Eindruck erweckt werde, als würde „das staatskirchliche Verordnungswerk anerkannt“ und daraus sei eine „Unterstellung unter die derzeitigen Kirchenbehörden“ zu folgern. Humburg forderte er auf, alles daran zu setzen, daß den rund 190 noch nicht vereidigten Pfarrern des Rheinlandes die Eidesleistung auch jetzt nicht empfohlen werde. Die Haltung der führenden Leute in der BK lege für ihn den Schluß nahe, „daß man nun auch den letzten Mann zum

Eid bringen will. Gerade das halte ich für gänzlich unverantwortlich. Es sollte im Gegenteil alles daran gesetzt werden, daß nicht alle bis zum letzten Mann in die Katastrophe hineingezogen werden."[49]

Wie recht Heinemann mit seiner Warnung vor einer Katastrophe hatte, belegt ein Rundschreiben Martin Bormanns an alle Gauleiter der NSDAP, das schon am 13. Juli 1938 abgefaßt, aber erst Mitte August in der Bekennenden Kirche bekannt wurde. Darin heißt es: „In der letzten Zeit haben verschiedene evangelische Landeskirchen von ihren Pfarrern den Treueid auf den Führer verlangt. Die Kirchen haben diese Anordnung von sich aus erlassen, ohne vorher die Entscheidung des Führers herbeizuführen. Dem Eid auf den Führer kommt deshalb lediglich eine innerkirchliche Bedeutung zu. Partei und Staat nehmen zu dieser Vereidigung als einer rein innerkirchlichen Angelegenheit keine Stellung ... Ein Eid auf den Führer hat vielmehr für die Partei und den Staat nur dann Bedeutung, wenn er auf Anordnung des Führers von der Partei oder von dem Staat dem einzelnen abgenommen wird."[50]

Die Haltung der Bekennenden Kirche in der Eidesfrage enttäuschte Heinemann. Durch die zunehmenden Entscheidungen der Bruderräte, die nach seiner Auffassung lediglich an ihren eigenen Machtinteressen orientiert waren, sah Heinemann die Gewissensfreiheit vieler Pfarrer angetastet. Als der Bormann-Brief bekannt wurde, nahm der preußische Bruderrat seine Empfehlung, den Eid auf Hitler zu leisten, zurück und richtete „eine Anfrage" an den Präsidenten des Oberkirchenrates. Mit dieser kleinlauten Bemerkung wurde die blamable Behandlung der Eidesfrage zu den Akten gelegt, die sicher den „Tiefpunkt des Kirchenkampfes" (Eberhard Bethge) markiert. Den ernsthaften Bedenken und den Gewissensnöten, die viele Pfarrer in den zurückliegenden Wochen ausgestanden hatten, war dieses Verhalten des Bruderrates nicht angemessen.

An seine Kollegen im rheinischen Bruderrat gerichtet, formulierte Heinemann deshalb: „Man kann alles ... auch dahin ausdrücken, daß die BK an einem völlig unbiblischen Uniformismus leidet. Weil wir nicht sehen wollen, daß die von Gott geschenkten Gaben und damit auch die von Gott gestellten Aufgaben wie überall, so auch in der BK unterschiedlich sind, müht man sich vergeblich ab, die BK ständig als eine geschlossene Kolonne allenthalben dasselbe tun zu lassen. Das kann nur dahin führen, daß man bald zu weit und bald zu kurz schießt. So waren beispielsweise die Dahlemer Beschlüsse von 1934 ... zu weit angesetzt; sie überschritten weithin die Kraft vieler Gemeinden und Pfarrer. Dagegen waren die Parolen der BK zum Eid, abzielend auf eine allgemeine Anerkennung der Eidespflicht, ebensosehr zu kurz angesetzt; es waren genug Pfarrer da, die den Eid unter den gegebenen Umständen, trotz aller Drohungen, zu verweigern entschlossen waren ... Diese Art des Denkens ist fast immer obendrein tyrannisch. Sie ist schuld daran, daß auch die BK im beträchtlichen Maße einem Führerprinzip anheimgefallen ist. Der seit 1934 im wesentlichen unveränderte Personenkreis der führenden Bruderräte und höheren Synoden beansprucht Gehorsam, ‚löst' und ‚bindet' Gewissen und setzt für seine Entscheidungen jeweils die geistliche Autorität eines Kirchenregimentes ein, um es dabei immer mehr zu verschleißen – wie am Tage liegt.“ [51]

Neue Aufgaben im CVJM

Die zunehmende Distanz Heinemanns zu der Politik der Bruderräte wurde bereits 1936 in einem Brief an Heinrich Held sichtbar. Die Themen der Kritik sind auch zwei Jahre später die gleichen geblieben: die Konfessionalisierung innerhalb der Bekennenden Kirche, der autoritäre Führungsstil der Bruderräte und die Entfremdung von den Gemeinden. An der Behandlung der Eidesfrage wurde exemplarisch sichtbar, wie wenig der Leitungskreis der Bekennenden Kirche in der Lage war, sich politisch mit dem nationalsozialistischen Staat auseinanderzusetzen. Da Heinemann hier sein Anliegen nicht genügend berücksichtigt sah, entschloß er sich zum Rückzug aus dem Rheinischen Bruderrat.

Sein Ausscheiden bedeutete keinen Bruch mit seiner bisherigen Arbeit für die Bekennende Kirche. Er selber verstand seinen Rücktritt als ein Zurücktreten ins zweite Glied. So konnte er seine Arbeitskraft in anderen Bereichen einsetzen, die seinen Überzeugungen mehr entsprachen und in denen er sein wichtiges Anliegen, die evangelische Kirche vor den zerstörerischen Angriffen zu verteidigen, meinte besser verwirklichen zu können. Wie auch bei seinem Ausscheiden als Bundesinnenminister aus dem Kabinett Adenauer 12 Jahre später legte er eine ausführliche Rechenschaft über seine Beweggründe ab. Eine Aussprache erfolgte aber weder bei seinem Ausscheiden aus dem Bruderrat noch zu einem späteren Zeitpunkt.

Diesen Rücktritt kann man nur richtig bewerten, wenn man Heinemanns kirchlichen Einsatz in Essen zur gleichen Zeit mit bedenkt. Er blieb Presbyter in der Gemeinde Essen-Altstadt. Im Mai 1938 wurde er sogar ordentliches Mitglied im Kreissynodalvorstand. In diesem wichtigen Gremium stand Heinemann bis 1945 noch einige Konflikte mit Pfarrer Lemmer durch, der als kommissarischer Superintendent willig alle Beschlüsse der DC-Kirchenbehörde umsetzte.

Schon ein Jahr vor seinem Rückzug aus dem Bruderrat der Rheinischen BK wurde Heinemann zum Vorsitzenden des CVJM in Essen gewählt. Der Essener CVJM gehörte zu den größten Vereinen der CVJM Arbeit. Erst vier Wochen vor seiner Wahl war Heinemann dem CVJM als Mitglied beigetreten. In seiner Antrittsrede bekannte er freimütig diesen für einen Vorsitzenden doch recht überraschenden Umstand. Er entfaltete in dieser Rede auch seine Motive, die ihn an der Übernahme dieses Amtes reizten. Die Ziele der CVJM-Arbeit, so Heinemann, sind von besonderer Wichtigkeit, „heute nötiger denn je". „Der offene Kampf gegen das Christentum" macht es erforderlich, daß der CVJM jungen Menschen Stütze und Rückhalt gewährt. In einem zweiten Gedanken kommt Heinemann auf das Priestertum aller Gläubigen zu sprechen, das er im CVJM zu weiten Teilen umgesetzt sieht. Diese Teilhabe aller Gläubigen an Verantwortung hat für ihn in den „Anfechtungen" des Nationalsozialismus einen hohen Stellenwert. „Wir erleben es, daß der Staat nicht nur zu sich selbst zurückfindet, sondern zugleich von der christlichen Gebundenheit seines Amtes abirrt. Damit steht die Kirche in der Notwendigkeit, sich an Stelle der überkommenen Anlehnung an einen bisher christlichen Staat eine ganz andere Grundlage in dieser Welt zu suchen. Wo ist die-

Evangelischer Kirchentag in Berlin 1951
(v.l.n.r.: Bischof Otto Dibelius, Generalsekretär des Kirchentags Heinrich Giesen, Bundestagspräsident Hermann Ehlers, Gustav Heinemann, Kirchentagspräsident Reinold v. Thadden-Trieglaff)

se Grundlage? ... Zur Grundlage der evangelischen Kirche gehört die Gemeinde, d. h.: der Kreis der Hörer und Täter des Wortes, d. h.: eben auch der sog. Laien. Wer könnte dazu bessere Mitarbeit leisten als ein CVJM, der junge Männer in die Bibel einführt und mit ihnen christliche Gemeinschaft lebt?"[52] In einem dritten Gedanken entfaltet Heinemann, daß die konfessionellen Schranken der alten Bekenntniskirchen im CVJM überwunden sind. Hierin habe der CVJM auch eine missionarische Aufgabe für die ganze Kirche.

Diese drei Merkmale, die Heinemann an der Arbeit des CVJM hervorhebt, sind die gleichen Kriterien, die er in seiner Denkschrift zum Rücktritt aus dem Bruderrat negativ als Defizitbeschreibung der Bekennenden Kirche und ihrer bruderrätlichen Leitung anführte. In der Leitung des CVJM erkannte er für sich die Möglichkeit, nach seinen christlichen Vorstellungen auch gestalterisch tätig sein zu können.

Für den Vorstand des CVJM war es seinerseits wohl ebenfalls ein Glücksfall, in Gustav Heinemann eine Persönlichkeit gefunden zu haben, die durch berufliche Stellung und persönliches Ansehen auch öffentlichen Einfluß besaß. Vor allem der Essener Jugendpfarrer Wilhelm Busch betrieb Heinemanns Wahl zum CVJM-Vorsitzenden.

Die ganze kirchliche Jugendarbeit war seit 1935 durch staatliche Gesetze auf den rein „religiösen" Bereich eingeschränkt. Jede Zuwiderhandlung hätte den nationalsozialistischen Behörden den willkommenen Anlaß gegeben, ein Verbot auszusprechen und die Trägervereine aufzulösen, wie das dem CVJM in Berlin, Hamburg oder Stuttgart geschah. Es war eine ungewisse und mitunter sicher auch bedrohliche Situation für den Essener CVJM, der immer mit einem polizeilichen Verbot rechnen mußte. Hier war es neben dem persönlichen Gewicht Heinemanns besonders sein juristischer Sachverstand, der mögliche Fallstricke für die Arbeit rechtzeitig erkannte und aus dem Weg räumte. So wurde zum Beispiel das nach seinem Gründer Wilhelm Weigle benannte Jugendhaus grundbuchmäßig der evangelischen Kirchengemeinde Essen-Altstadt überschrieben, um es vor staatlichen Zugriffen zu schützen. Um einer ungewollten Einflußnahme oder möglichen Zweckentfremdung durch die DC-Kirchenbehörde vorzubeugen, wurde für das Weiglehaus ein Trägerverein gegründet, dem das Nutzungsrecht für das Jugendhaus übertragen wurde. Vorsitzender des Trägervereins war natürlich Gustav Heinemann. Darüber hinaus ersann Heinemann auch Möglichkeiten, die Arbeit des CVJM selbst dann weiterführen zu können, wenn ein polizeiliches Verbot die zwangsweise Auflösung des CVJM in Essen erzwingen würde. Wie dieser mögliche Weg aussehen sollte, schilderte Heinemann 40 Jahre später aus seiner Erinnerung: „Weil aber der CVJM gleichwohl im Risiko blieb, wurde unter dem 16. Mai 1939 eine niemals stattgefundene, aber um so umfänglicher protokollierte Auseinandersetzung unter den T. M. (Tätigen Mitgliedern, der Verf.) inszeniert, die mit dem Ausschluß der zuverlässigsten T(ätigen) M(itglieder) endete. Diese T(ätigen) M(itglieder) sollten schon im voraus in häuslichen Bibelkreisen Auffangstellungen für eine Weiterarbeit des CVJM aufbauen und gegen den Vorwurf einer Fortführung des CVJM dadurch abgesichert werden, daß man gerade sie wegen ihrer Konflikte im und mit dem CVJM ausgeschlossen hatte. Es hat im Fortgang nicht der Benutzung dieses Manövers bedurft. Der Essener CVJM hat bis Kriegsende seine Arbeit fortgesetzt, schließlich nur noch in den Kellerräumen wegen der Zerstörung oberhalb."[53]

Die „Nassen Gärten"

Am 3. August 1938 vermerkte Gustav Heinemann in seinem Tagebuch: „Einzug ‚Nasse Gärten'!"[54] Diese Notiz gut zwei Wochen vor seinem Rücktritt aus dem Bruderrat der Rheinischen BK zeigt, daß die Freie Presbyterianer Gemeinde immer noch aktiv war und für Heinemanns kirchliches Leben eine große Rolle spielte. Die Stadt Essen hatte den Mietvertrag für den Gemeindesaal in der „Börse" nicht verlängert. So versammelte sich die Presbyterianer Gemeinde ab 1937 in der Essener Marktkirche, bis sie in einem leerstehenden Fabrikgebäude einen ehemaligen Nähsaal anmieten konnte. Die Bezeichnung „Nasse Gärten" stammt von dem ehemaligen Flurnamen dieses Essener Bezirkes.

Die Gemeinde war zwar seit ihren Anfängen 1934 erheblich geschrumpft und auch der unmittelbare Anlaß ihrer Gründung, die Amtsenthebung von Pfarrer Graeber, war inzwischen widerrufen worden. Aber sowohl Graeber wie auch Heinemann verfolgten mit dieser Gemeinde ein grundsätzliches Modell kirchlicher Gemeindearbeit, für dessen Überlebensfähigkeit sie sich einsetzten. In seinem Rücktrittsschreiben an den Rheinischen Bruderrat formulierte Heinemann: „Nichts wäre tödlicher für den Gegner, als daß er ... einigen hundert Gemeinden gegenüberstünde, die ihre Fähigkeit und Bereitwilligkeit zum Ausweichen in außerkirchliche Predigtstätten oder Hausgottesdienste mit eigener Pfarrversorgung neben der Kirchensteuer deutlich machen. Die BK hat nichts getan, um in solcher Richtung eine Initiative zu entwickeln."[55] In den „Nassen Gärten" war diese Bereitschaft sichtbar realisiert. Die ehemaligen Fabrikräume dienten der Gemeinde als Versammlungs- und Gottesdienstraum. Sie waren aber ebenso gedacht als wichtige Vorbereitung für den Ernstfall, die die Bereitschaft der Gemeinde signalisierte, auch ohne den Status einer öffentlich-rechtlichen Körperschaft weiter aktiv zu bleiben. Dazu gehörte auch, daß die Gemeinde einen Teil des Gehaltes von Albrecht Ufer aufbrachte, eines Hilfspredigers der BK, der in den Nassen Gärten bis zu seiner Einberufung zur Wehrmacht 1941 amtierte. Heinemann selber hielt in diesen Räumen Bibelstunden ab und leitete Gemeindeversammlungen. Nach Ausbruch des Zweiten Weltkrieges hielt er hier öfter die Predigten in den Gottesdiensten. Auch als Graeber im Herbst 1943 in ein Gemeindepfarramt nach Frankfurt wechselte, blieb die Freie Evangelische Presbyterianer Gemeinde weiterhin aktiv. Daß sich die Gemeinde aus der Fixierung auf die dominierende Person von Pfarrer Graeber löste und ihren eigenständigen Weg als mündige Gemeinde weiterging, war ein Anliegen von Gustav Heinemann.

Leben im Nationalsozialismus

„Daß in D. (Deutschland, d. Verf.) manches im argen liegt, weiß auch unsereiner ...",[56] schrieb Heinemann wenige Tage vor Kriegsausbruch an seinen im Ausland lebenden Freund Röpke. Als Bergwerksdirektor und stellvertretendes Vorstandsmitglied eines Rüstungsbetriebes hatte er lange vor Ausbruch des Zweiten Weltkrieges Einblick in die tatsächlichen Ziele der Nationalsozialisten. Seine Tätigkeit als Anwalt und sein Einsatz im Kirchenkampf der evangelischen Kirche führten ihm den menschenverachtenden Charakter der Nationalsozialistischen Politik immer wieder vor Augen. Trotzdem ging er nicht den Weg der Konfrontation gegen das Regime. Phantasievoll setzte er seine Möglichkeiten ein, um Veränderungen anzustoßen und Freiräume gegen den totalen Anspruch des Nationalsozialismus zu schaffen. Sein christlicher Glaube war die Triebfeder, ein kalkuliertes Risiko einzugehen und sich an illegalen Handlungen zu beteiligen. Dabei lebte er in der Spannung, selbst innerhalb dieses Systems mitzuarbeiten und gleichzeitig am Widerstand beteiligt zu sein.

Gerade als jemand, der sich nicht als willenloses Werkzeug des Nationalsozialismus mißbrauchen ließ, war er sich der Mitverantwortung am Geschehen in Deutschland bewußt. Dieser Mitverantwortung kann man sich nur angemessen stellen, wenn man gerade im Rückblick das eigene Handeln einer kritischen Prüfung unterzieht. So wollte Heinemann auch die Stuttgarter Schulderklärung verstanden wissen, die er im Oktober 1945 als Mitglied des Rates der Evangelischen Kirche in Deutschland unterschrieb. Nur wenige Zeitgenossen waren nach dem Ende des Zweiten Weltkrieges bereit, sie für sich gelten zu lassen. Das Nachdenken über die Vergangenheit wurde in Gesellschaft und Politik nach dem Krieg weitgehend verdrängt. Rückblickend stellte Heinemann mit Bedauern fest, daß das im Nationalsozialismus Erlebte nicht zu einer kritischen Besinnung über einen demokratischen Neuanfang in Deutschland geführt hatte. „So wurde das in Hybris und Katastrophe, in Gericht und Gnade Erlebte aufs Ganze gesehen nicht ein Anlaß zur Umkehr und neuer Besinnung. Deshalb stehen wir im Grunde genommen auch heute noch zentral vor der Aufgabe, unseren Weg durch die vergangenen Jahre und unsere Lage heute erst einmal im Licht des Wortes Gottes zu sehen und zu begreifen, ehe wir weitergehen können." [57]

Nach Kriegsende bekommt der Satz „Wir leben von Gott, nicht von den Menschen" eine andere Aussage. Unter den Verhältnissen der nationalsozialistischen Diktatur war darin eine polemische Spitze gegen die Machthaber enthalten, die mit ihrer Forderung nach einem unbedingten Gehorsam etwas verlangten, was nach Heinemanns Auffassung ausschließlich Gott zustand. Im Rückblick auf das eigene Handeln in der Vergangenheit zielt diese Aussage darauf, daß der einzelne Mensch nicht auf seine Verantwortung festgelegt bleibt, sondern ihm eine Zukunft zugesprochen wird, die von Gott ausgeht.

[1] Andacht vor der Jahreshauptversammlung des CVJM Essen am 30. Januar 1938; zit. n. Jörg Ettemeyer, Gustav W. Heinemanns Weg im evangelischen Kirchenkampf 1933–1945, Dissertation, Heidelberg 1993, S.218. Im folgenden zitiert als: Jörg Ettemeyer, Heinemanns Weg.

[2] Heinemann in einem Interview mit Günther Klempnauer, Über Lebenschancen. Prominenteninterviews, Wuppertal 1970, S. 8.

[3] Diese Resolution kam aber offenbar aus Rücksicht auf die weitere Zusammenarbeit mit den DC-Anhängern im Presbyterium nicht zur Abstimmung. Aus einer nachträglich dem Protokoll beigefügten Erklärung aller DC-Presbyter geht hervor, daß auch sie sich von den Aussagen der Sportpalast-Kundgebung distanzieren: „Wir bekennen uns ohne Ausnahme zur ganzen Bibel, d.h. zum Alten und Neuen Testament und wünschen nicht, daß irgendwelche Kürzungen vorgenommen werden." Vgl. Jörg Ettemeyer, Heinemanns Weg, S. 62.

[4] Zit. n. Werner Koch, Heinemann im Dritten Reich, [2]1972, S. 47 f. Gemeint ist die Reichstagswahl vom 12.11.1933, die gekoppelt war mit einem Referendum über den Austritt aus dem Völkerbund.

[5] Gedächtnisprotokoll Heinemanns vom 28.12.1933, zit. n. Jörg Ettemeyer, Heinemanns Weg, S. 71.

[6] Ebd.

[7] Vgl. Werner Koch, Heinemann im Dritten Reich, [2]1972, S. 53.

[8] Vgl. Günther van Norden, Der Kirchenkampf im Rheinland, 1933 bis 1934, in: Günther van Norden (Hg), Kirchenkampf im Rheinland. Die Entstehung der Bekennenden Kirche und die Theologische Erklärung von Barmen 1934, Köln 1984 (SVRKG 76), S. 1–188, hier 109.

[9] Tagebuch vom 14.1.34, zit. n. Jörg Ettemeyer, Heinemanns Weg, S. 79 f.; mit „Reibi" ist Reichsbischof Ludwig Müller gemeint.

[10] Zit. n. a.a.O., S. 76.

[11] Tagebuch vom 9.2.1934, zit. n. a.a.O., S. 80.

[12] Vgl. Werner Koch, Heinemann im Dritten Reich, [2]1972, S. 39; vgl. dort auch zum Folgenden.

[13] Vgl. Jörg Ettemeyer, Heinemanns Weg, S. 87.

[14] Protokoll des Bruderrates, zit. n. a.a.O., S. 85.

[15] Schreiben Heinemanns an Dr. Schmidt, vom 13.2.34; zit. n. a.a.O., S. 83.

[16] Zit. n. Werner Koch, Heinemann im Dritten Reich, [2]1972, S. 40 f.

[17] So Pfr. Lemmer an das Evang. Konsistorium der Rheinprovinz , Schreiben vom 8.3.1934, zit. n. Jörg Ettemeyer, Heinemanns Weg, S. 92.

[18] Vgl. Werner Koch, Heinemann im Dritten Reich, [2]1972, S. 41 f.

[19] „Vorwärts", am 29.5.1959, Zit. n. a.a.O., S. 63.

[20] Zit. n. a.a.O., S. 22 f.

[21] Zit. n. a.a.O., S. 22.

[22] Schreiben an Johanna Heinemann, Januar 1934, zit. n. Jörg Ettemeyer, Heinemanns Weg, S. 51 f.

[23] Zit. n. Werner Koch, Heinemann im Dritten Reich, [2]1972, S. 44.

[24] Zit. n. a.a.O., S. 78.

[25] Ebd.

[26] Schriftsatz Heinemanns an das Amtsgericht Essen vom 13.12.1934, zit. n. Jörg Ettemeyer, Heinemanns Weg, S. 127.

[27] Zit. n. Jörg Ettemeyer, Heinemanns Weg, S. 134.

[28] Zit. n. a.a.O., S. 135.

[29] Zit. n. Werner Koch, Heinemann im Dritten Reich, [2]1972, S. 78.

[30] Brief Heinemanns an Oskar Söhngen vom 4.12.1935, zit. n. Jörg Ettemeyer, Heinemanns Weg, S. 148.

[31] Tagebucheintrag vom 18. Januar 1936; zit. n. Werner Koch, Heinemann im Dritten Reich, [2]1972, S. 87.

[32] Zit. n. Jörg Ettemeyer, Heinemanns Weg, S. 156.

[33] Tagebuch vom 16.7.1936, zit. n. Werner Koch, Heinemann im Dritten Reich, [2]1972, S. 103.

[34] Text: Vgl. Jörg Ettemeyer, Heinemanns Weg, S. 167 f.

[35] Zit. n. Werner Koch, Heinemann im Dritten Reich, [2]1972, S. 83.

[36] Unter dem 21. März 1936 erhielt Heinemann folgendes Schreiben: „Sehr geehrter Herr Doktor! Bezugnehmend auf unsere gestrige Unterredung bestätige ich Ihnen, daß der Personalausschuß unseres Aufsichtsrates mit Rücksichtnahme auf Ihre Stellungnahme im Kirchenstreit zu der Entscheidung gekommen ist, auf Ihren Eintritt in unseren Vorstand verzichten zu müssen.
Indem ich meinem Bedauern darüber Ausdruck gebe, daß aus diesem Grunde die erhoffte Zusammenarbeit sich nicht verwirklicht, bin ich mit verbindlichem Gruß
Ihr sehr ergebener gez. Janus" Zit. n. Ebd.

[37] Zit. n. Jörg Ettemeyer, Heinemanns Weg, S. 182.

[38] Zit. n. Werner Koch, Heinemann im Dritten Reich, [2]1972, S. 116; vgl. dort auch zum folgenden.

[39] Ebd.

[40] Gustav Heinemann, Ereignisse um einen Vortrag. Dieses maschinenschriftliche Manuskript ist fast vollständig abgedruckt in: Helmut Lindemann, Gustav Heinemann. Ein Leben für die Demokratie, München 1978, 49–54; hier 54.

[41] Zit n. Joachim Beckmann, Kirchliches Jahrbuch 1933–1944, Gütersloh [2]1976, S. 199.

[42] Tagebuch vom 24. August 1937, zit. n. Werner Koch, Heinemann im Dritten Reich, [2]1972, S. 139.

[43] Zit n. Joachim Beckmann, Kirchliches Jahrbuch 1933–1944, Gütersloh ²1976, S. 232 f.
[44] Vgl zum Folgenden: Jörg Ettemeyer, Heinemanns Weg, S. 219–221.
[45] Vgl. Werner Koch, Heinemann im Dritten Reich, ²1972, S. 151; Tagebucheintrag Heinemanns vom 28. Mai 1938.
[46] Vgl. Joachim Beckmann, Kirchliches Jahrbuch 1933–1944, Gütersloh ²1976, S. 234 f.
[47] Vgl. a.a.O., S. 250–252.
[48] Vgl. Werner Koch, Heinemann im Dritten Reich, ²1972, S. 151 f.
[49] Schreiben vom 18. August 1938, zit. n. Jörg Ettemeyer, Heinemanns Weg, S. 225 f.
[50] Zit n. Joachim Beckmann, Kirchliches Jahrbuch 1933–1944, Gütersloh ²1976, S. 255 f.
[51] Aus der Rücktrittserklärung Gustav Heinemanns, August 1938 / April 1939; zit. n. Werner Koch, Heinemann im Dritten Reich, ²1972, S. 209 f.
[52] Aus der Antrittsrede Gustav Heinemanns als CVJM-Vorsitzender, 4. April 1937; zit. n. a.a.O., S. 212.
[53] Zit. n. a.a.O., S. 189.
[54] Zit. n. a.a.O., S. 168.
[55] Aus der Rücktrittserklärung Gustav Heinemanns, August 1938 / April 1939; zit. n. a.a.O., S. 208.
[56] Brief an Wilhelm Röpke vom 21. August 1939; zit. n. a.a.O., S. 175.
[57] Vortrag am 1. Dezember 1950 in Bern (Schweiz), zit. n. a.a.O., S. 196

Die Stuttgarter Erklärung

Der Rat der Evangelischen Kirche in Deutschland begrüßt bei seiner Sitzung am 18./19. Oktober 1945 in Stuttgart Vertreter des Ökumenischen Rates der Kirchen.

Wir sind für diesen Besuch um so dankbarer, als wir uns mit unsrem Volke nicht nur in einer großen Gemeinschaft der Leiden wissen, sondern auch in einer Solidarität der Schuld. Mit großem Schmerz sagen wir: Durch uns ist unendliches Leid über viele Völker und Länder gebracht worden. Was wir unseren Gemeinden oft bezeugt haben, das sprechen wir jetzt im Namen der ganzen Kirche aus: Wohl haben wir lange Jahre hindurch im Namen Jesus Christi gegen den Geist gekämpft, der im nationalsozialistischen Gewaltregiment seinen furchtbaren Ausdruck gefunden hat; aber wir klagen uns an, daß wir nicht mutiger bekannt, nicht treuer gebetet, nicht fröhlicher geglaubt und nicht brennender geliebt haben.

Nun soll in unseren Kirchen ein neuer Anfang gemacht werden. Gegründet auf die Heilige Schrift, mit ganzem Ernst ausgerichtet auf den alleinigen

Herrn der Kirche, gehen sie daran, sich von glaubensfremden Einflüssen zu reinigen und sich selber zu ordnen. Wir hoffen zu dem Gott der Gande und Barmherzigkeit, daß er unsere Kirchen als Werkzeug brauchen und ihnen Vollmacht geben wird, sein Wort zu verkündigen und seinem Willen Gehorsam zu schaffen bei uns selbst und bei unserem ganzen Volk.

Daß wir uns bei diesem neuen Anfang mit anderen Kirchen der ökumenischen Gemeinschaft herzlich verbunden wissen dürfen, erfüllt uns mit tiefer Freude.

Wir hoffen zu Gott, daß durch den gemeinsamen Dienst der Kirchen dem Geist der Gewalt und der Vergeltung, der heute von neuem mächtig werden will, in aller Welt gesteuert werde und der Geist des Friedens und der Liebe zur Herrschaft komme, in dem allein die gequälte Menschheit Genesung finden kann.

So bitten wir in einer Stunde, in der die ganze Welt einen neuen Anfang braucht: Veni, creator spiritus!

Stuttgart, den 18/19. Okt. 1945

gez.	D. Wurm	Dr. Lilje.	Dr. Heinemann
	Asmussen DD.	Hahn.	Smend D. Dr.
	Held.	Lic. Niesel.	Martin Niemöller.
	D. Meiser.	Dibelius	

(Wiedergegeben nach der ersten von der Kirchenkanzlei der EKiD am 24. Oktober 1945 vervielfältigten Fassung)

III. KAPITEL

Zwischen Protestantismus und Politik

Gustav Heinemanns Weg im Nachkriegsdeutschland 1945 bis 1957

von Ulrich Bayer

Wohl kaum ein anderer evangelischer Christ hat in der deutschen Geschichte des 20. Jahrhunderts gleichermaßen prägend im Protestantismus und in der Politik gewirkt wie Gustav Heinemann.

Besonders intensiv war für Heinemann in dieser Hinsicht das erste Nachkriegsjahrzehnt. In dieser Zeit hat er wichtige Weichenstellungen im Bereich der evangelischen Kirche ebenso beeinflußt wie in der nordrhein-westfälischen Kommunal- und Landespolitik und in der sich formierenden politischen Landschaft der Bundesrepublik. Kirchlich hatte sich Heinemann seit seiner Wahl zum Presbyter der Evangelischen Kirchengemeinde Essen-Altstadt 1933 in der Bekennenden Kirche engagiert.[1]

In seiner beruflichen Laufbahn hatte er es bei den Rheinischen Stahlwerken bis zum Chef der Hauptverwaltung gebracht.

Bei Kriegsende 1945 erkannte Heinemann die Notwendigkeit, sein öffentliches Engagement in den Dienst eines politischen und kirchlichen Neuanfangs zu stellen.

Seine politische Heimat fand Heinemann zunächst bei der CDU, zu deren Mitbegründern in der britischen Besatzungszone er im Sommer 1945 zählte.

Oberbürgermeister in Essen und nordrhein-westfälischer Justizminister

Die britische Besatzungsmacht ernannte Gustav Heinemann im Oktober 1945 zum Bürgermeister von Essen. Bei den ersten demokratischen Kommunalwahlen in Nordrhein-Westfalen nach dem Krieg im Oktober 1946 wurde er als Oberbürgermeister bestätigt.

Die katastrophalen Probleme, mit denen Heinemann als Oberbürgermeister Essens zu kämpfen hatte, waren typisch für die Großstädte Nordrhein-Westfalens. Nahrungsmittelknappheit, Überbevölkerung infolge der Flüchtlingsströme und eine völlig zerstörte Infrastruktur gehörten ebenso dazu wie die Demontage lebenswichtiger Industriewerke im Ruhrgebiet durch die Besatzungsmächte.

„Weitaus chaotischer und lebensfeindlicher als auf dem Lande sah es in den bombenzerstörten Großstädten aus. Siebenmal mehr Bomben waren auf Wohngebiete gefallen als auf Industrieanlagen. Landesweit hatten sie 30 Prozent der Wohnungen total zerstört oder schwerst beschädigt; in Köln lagen 70 Prozent der Wohnungen in Trümmern. Einige Mittelstädte schienen dem Erdboden gleichgemacht; Paderborn, Zülpich, Düren wiesen eine Trümmerrate von 96 bis 99 Prozent auf. Die Großstädte mit über 300 000 Einwohnern hatten insgesamt knapp die Hälfte ihrer Wohnungen verloren ... In den großen Städten wanden sich manche Straßenzüge als Trampelpfade zwischen Schutthügeln und den Außenmauern der Häuser. Viele historische Bauten waren dahingesunken und damit die Orte symbolischer Orientierung ebenso wie Tausende Nachbarschaften, die Orte kleinräumiger mitmenschlicher Beziehungen. Welchen Einschnitt diese Zerstörungen für die geistige und seelische Verfassung der Menschen in der Nachkriegszeit mit sich brachten, läßt sich kaum ermessen."[2]

Bereits zu Beginn seiner Tätigkeit als Essener Stadtoberhaupt widmete sich Heinemann nicht nur Fragen des materiellen Wiederaufbaus, sondern sprach bereits früh die moralischen Folgen der NS-Diktatur und des Zweiten Weltkrieges an. Diese Beschäftigung mit der Schuldfrage zog sich durch das gesamte öffentliche Wirken Heinemanns wie ein roter Faden – vom Stuttgarter Schuldbekenntnis 1945 bis hin zu seiner Amtszeit als Bundesjustizminister und Bundespräsident.

Gustav Heinemann als Oberbürgermeister von Essen 1948; er hilft mit bei der Beseitigung von Kriegstrümmern.

Als Oberbürgermeister und Vorsitzender des Essener CVJM sprach er im Januar 1946 heimkehrenden Soldaten Mut und Zuversicht trotz der furchtbaren materiellen und seelischen Situation zu. In einer für Heinemann typischen Weise verband er dabei die politische Analyse mit christozentrischem Denken:

„Aber für euch hat dieser Zusammenbruch noch eine besondere Tiefe, weil er zugleich euer Innerstes erfaßt, euren Glauben an euch selbst, an das Deutschland, so wie man es euch vorstellte, an eure Ideale und Zukunftserwartungen ... Wir kommen von Weihnachten her. Das Volk Gottes nimmt von hier aus seinen Aufbruch zu der Wanderschaft zwischen den Zeiten ... Ist unsere heutige Situation des so sichtbaren Herausfallens aus aller erwähnten Größe und aus der Geborgenheit einer alten stolzen Tradition nicht in Wahrheit Gottes Gnade inmitten des Gerichtes, das über uns gekommen ist, und damit die Brücke hin zu diesem Kind in der Krippe über alle größte und oft so unerträgliche Not hinweg? ... Ach, daß ihr und wir alle es uns sagen lassen möchten, daß wir gerade in unserer Armut Beschenkte werden sollen durch das Zusammenbrechen aller irdischen Werte."[3]

Nachdem Heinemann durch die ersten freien Kommunalwahlen als Essener Oberbürgermeister im Amt bestätigt worden war, kam für ihn mit dem Hungerwinter 1946/47 eine der schwersten Bewährungsproben. Die allgemeine Versorgungslage erreichte einen Tiefstand, die Zahl der Tuberkulosekranken und Hungertoten stieg unaufhaltsam. In Essen erhielt ein Normalverbraucher in diesem Winter 741 Kalorien pro Tag.[4]

In dieser dramatischen Situation forderte Heinemann immer wieder von den Besatzungsmächten eine Respektierung des Lebenswillens des deutschen Volkes und gleichzeitig eine Förderung der demokratischen Kräfte. Sein besonderer Protest richtete sich gegen die Demontage-Politik der Alliierten: „In einer Zeit, in der wir schlechthin um unsere nackteste Existenz ringen, nimmt man uns Werke, Maschinen und Institute, die für uns lebenswichtig sind."[5]

Wichtig erschien Heinemann für einen demokratischen Neubeginn eine Allianz der Kräfte, die sich ablehnend gegenüber der nationalsozialistischen Diktatur verhalten hatten: „Als die beiden größten Kräfteströme dieser Ablehnung des Nationalsozialismus sehe ich, ohne damit andere in Abrede stellen zu wollen, die Teile der christlichen Kirchen an, die durch allen Terror hindurch zu ihrem gottgegebenen Auftrag standen, und die Teile der Arbeiterschaft, die aus gewerkschaftlicher und politischer Schulung oder aus gesundem Instinkt den Versuchungen des Nationalsozialismus verschlossen blieben." [6]

In einem ersten Rechenschaftsbericht über den Wiederaufbau Essens vom Oktober 1948 konnte Oberbürgermeister Heinemann auf beachtliche Erfolge verweisen. So waren etwa vom Essener Straßennetz bei Kriegsende 700 km nicht mehr befahrbar, Ende 1948 waren davon nur 30 km noch nicht wieder in Betrieb genommen. 1945 waren alle 111 km Straßenbahnlinien zerstört gewesen, davon waren nun 100 km wieder betriebsbereit. Die Mehrheit der Essener Volksschulen war wieder funktionsfähig, und markante Essener Bauten wie die Münsterkirche, das Deutschlandhaus und das Gruga-Ausstellungsgelände waren wiederhergestellt.[7]

Bei den ersten Landtagswahlen in Nordrhein-Westfalen vom April 1947 hatte Heinemann ein Abgeordneten-Mandat errungen. Zwei Monate später bildete Ministerpräsident Karl Arnold in Düsseldorf eine Koalition aus CDU, SPD, Zentrum und KPD. Heinemann sprang für den von der britischen Besatzungsmacht abgelehnten CDU-Politiker Sträter ein und wurde Justizminister. Allerdings machte er von vorneherein klar, daß er für dieses Amt nur für ein Jahr zur Verfügung stehen wollte, um nicht seine Essener Oberbürgermeister-Pflichten zu vernachlässigen. Aus dem gleichen Grunde lehnte er 1948 eine Berufung in den Parlamentarischen Rat ab und zögerte 1949 zunächst, eine ihm von Adenauer angebotene Kandidatur für den Bundestag anzunehmen. Auch als nordrhein-westfälischer Justizminister kritisierte er immer wieder die alliierte Demontage-Politik, unter anderem, weil sie gegen die Regeln der Haager Landkriegsordnung von 1907 verstoße.[8]

In dieser Zeit beschäftigte sich Heinemann auch mit der Frage, was eigentlich die Identität der Deutschen sei. Die USA speisten ihre Identität aus der Unabhängigkeit von 1776, die Franzosen aus der Revolution von 1789, die Briten aus ihrer demokratisch-rechtsstaatlichen Tradition seit der Magna Charta von 1215. Für die Deutschen sei trotz ihres Scheiterns die demokratische Revolution von 1848 eine wichtige Identitätsquelle. Die tatsächlichen Geburtsstunden der Demokratie in Deutschland 1918 und 1945 seien durch militärische Kapitulationen entstanden, was die demokratischen Neuanfänge immer erschwert und den Gegnern der Demokratie Vorschub geleistet habe.[9]

Wachsende Bedeutung bei der sich abzeichnenden Teilung Deutschlands kam in diesen Jahren Berlin zu. Besonders deutlich wurde dies während der Berlin-Blockade 1948/49. In dieser Zeit hielt Heinemann eine Rede vor dem Schöneberger Rathaus, die eine Art deutschlandpolitisches Credo Heinemanns enthielt. Ein frühes Bekenntnis zur Wiederherstellung der deutschen Einheit, das sich später durch das gesamte politische und kirchliche Wirken Heinemanns zog.

Seine Verbundenheit mit Berlin hing damit zusammen, daß Heinemanns rheinische Kirche, in deren Leitung er saß, seit Anfang des 19. Jahrhunderts zur Preußischen Landeskirche gehörte. Über deren Rechtsnachfolgerin, die Evangelische Kirche der altpreußischen Union (seit 1953 Evangelische Kirche der Union) gab es stets enge Verbindungen zwischen den Kirchen im Rheinland und in Westfalen einerseits und den ehemals preußischen Kirchen im Gebiet der DDR andererseits.

Zu Beginn seiner Ansprache vor dem Rathaus Schöneberg am 11. August 1948 ging er erneut der Frage nach, was eigentlich Deutschland sei. Es habe keine Nationalhymne und keine Fahne als Symbol unter den Völkern. „Unser deutsches Volk bleibt stumm im Gespräch der Völker und im letzten Grunde auch gegen sich selbst, weil es keine nationale Regierung hat.“ [10] Einziges Symbol der Einheit sei diese so heftig umkämpfte Stadt Berlin: „Inmitten der Zonenzerrissenheit ist Berlin als Viermächtestadt der Rest von Gesamtdeutschland geblieben ...“[11]

Heinemann verwies im Zusammenhang mit der Teilung Deutschlands darauf, daß sich im Juli 1948, also einen Monat zuvor, Delegierte aus allen evangelischen Landeskirchen und aus allen Besatzungszonen in Eisenach inmitten der sowjetischen Besatzungszone getroffen hätten, um die verfassunggebende Versammlung der EKD abzuhalten: „Die Kirchenversammlung, deren Präsident ich sein durfte, hat dem deutschen Protestantismus zum ersten Mal in seiner vierhundertjährigen Geschichte ein echtes Band der Gemeinschaft gegeben und die sogenannte ‚Evangelische Kirche in Deutschland' als Ausdruck dieser Gemeinschaft mit einer Grundordnung versehen. Die eigentliche Bedeutung dieses Vorganges ist eine kirchengeschichtliche, aber der Vorgang zeigt, daß, wo immer uns die Freiheit dazu gegeben wird, wir überall in Deutschland die Gemeinschaft suchen und festigen."[12]

Hier wurde deutlich, daß Heinemann sein politisches und sein kirchliches Handeln immer als Einheit verstand. So korrespondierte seinem politischen Engagement nach 1945 sein Aufstieg zu einem der wichtigsten Repräsentanten des deutschen Nachkriegs-Protestantismus.

In kirchlicher Verantwortung: Mitglied des Rates der EKD und Präses der EKD-Synode

Im Sommer 1945 war Gustav Heinemann Mitglied der Kirchenleitung der Evangelischen Kirche im Rheinland geworden. In dieser Funktion hatte man ihn Ende August 1945 zur Kirchenkonferenz nach Treysa eingeladen, auf der sich die EKD eine erste provisorische Nachkriegsordnung gab. Dort wurde er als Vertreter des bruderrätlichen Flügels der Bekennenden Kirche um Martin Niemöller in den neugebildeten, zwölfköpfigen Rat der EKD gewählt. Dieser Rat war damals das wichtigste Gremium des deutschen Protestantismus, in ihm saßen Vertreter aller evangelischen Landeskirchen aus allen deutschen Besatzungszonen.[13]

Neben dem Neuaufbau der kirchlichen Strukturen und der Organisation der Hilfe für Flüchtlinge, Ausgebombte und Kriegsheimkehrer hatte der neukonstituierte Rat der EKD im Oktober 1945 ein ebenso sensibles wie bedeutsames Thema zu behandeln: die Frage der deutschen Schuld.

Im Beisein von Vertretern der Ökumene – unter anderem des Generalsekretärs des Ökumenischen Rates der Kirchen Willem Adolf Visser´t Hooft, des englischen Bischofs George Bell aus Chichester und des französischen du môncier général Marcel Sturm – formulierte der Rat damals das von Heinemann mitunterzeichnete sogenannte *Stuttgarter Schuldbekenntnis.* Es war eine Erklärung zur Mitverantwortung der deutschen Schuld aus dem Munde von deutschen evangelischen Kirchenführern – ausgesprochen vor Repräsentanten nicht nur der Ökumene, sondern eben auch aus Ländern, die unsäglich unter der deutschen Kriegsführung und Besatzung gelitten hatten. Darin hieß es unter anderem:

„Mit großem Schmerz sagen wir: Durch uns ist unendliches Leid über viele Völker und Länder gebracht worden ... wir klagen uns an, daß wir nicht mutiger bekannt, nicht treuer gebetet, nicht fröhlicher geglaubt und nicht brennender geliebt haben ... Daß wir uns bei diesem neuen Anfang mit den anderen Kirchen der ökumenischen Gemeinschaft herzlich verbunden wissen dürfen, erfüllt uns mit tiefer Freude.
Wir hoffen zu Gott, daß durch den gemeinsamen Dienst der Kirchen dem Geist der Gewalt und der Vergeltung, der heute von neuem mächtig werden will, in aller Welt gesteuert werde und der Geist des Friedens und der Liebe zur Herrschaft komme, in dem allein die gequälte Menschheit Genesung finden kann.
So bitten wir in einer Stunde, in der die ganze Welt einen neuen Anfang braucht: Veni, creator spiritus!
Stuttgart, 18./19. Oktober 1945“ [14]

Mit dieser wichtigen und heftig diskutierten Erklärung war Heinemann einer breiteren Öffentlichkeit in Deutschland bekannt geworden. Er selbst hat das Stuttgarter Schuldbekenntnis später einmal als den „Dreh- und Angelpunkt“[15] seiner politischen Anschauung bezeichnet.

Heinemann widmete sich seither verstärkt ökumenischen Aktivitäten. 1948 wurde er Mitglied der Kommission für internationale Angelegenheiten des Weltkirchenrates und hatte dadurch ständigen Kontakt mit führenden Vertretern der Ökumene.

Neben den Fragen der Verstrickung des deutschen Volkes in die Verbrechen des Nationalsozialismus und dem Problem der Entnazifizierung auch im Raum der Kirche sparte der Rat der EKD, dessen Mitglied Heinemann war, in jenen Jahren auch nicht mit Kritik an Fehlern der Besatzungsmächte. Im bereits erwähnten Hungerwinter 1946/47 klagte der Rat in einem Wort an die evangelische Pfarrerschaft vom 25. Januar 1947:

„Von unserer Schuld haben wir am 18. Oktober 1945 in Stuttgart gesprochen und bleiben bei diesem Wort ... Nun aber sehen wir unser Volk tagaus, tagein in neue Anfechtungen geführt. Unter der Not des Hungers zerbrechen die letzten sittlichen Bindungen. Ungerechter Erwerb, Schwarzhandel, Diebstahl, Raub und Unzucht greifen immer weiter um sich ... Familien, die kein menschenwürdiges Obdach finden, lösen sich auf. Kinder verwahrlosen ... Wir tragen den Besatzungsmächten diese unsere Nöte immer wieder vor und bitten sie, das Ihre zu tun, daß es besser werde ... Ruft die Gemeinden auf ... den Einsamen und Flüchtlingen zu helfen, für die Gefangenen zu beten und den Hungrigen ihr letztes Stück Brot in Liebe zu brechen."[16]

Im Juli 1948 kam der organisatorische Neuaufbau der Evangelischen Kirche in Deutschland zu einem gewissen Abschluß. Auf der Kirchenversammlung von Eisenach, zu deren Präses Heinemann gewählt worden war, wurde die bis heute gültige Grundordnung der EKD verabschiedet. Dabei verstand es Heinemann durch eine geschickte Leitung der Versammlung, bei den zwischen lutherischen, reformierten und unierten Kirchen strittigen Fragen, etwa beim unterschiedlichen Abendmahls- und Kirchenverständnis, zu einem Kompromiß zu gelangen.

Erstmals hatte sich 1948 der deutsche Protestantismus eine von allen evangelischen Landeskirchen gebilligte Ordnung gegeben, die ohne Druck von außen zustande gekommen war. In Artikel 2 der EKD-Grundordnung wurde ausdrücklich auf die Erfahrungen des Kirchenkampfes in der NS-Zeit Bezug genommen: „In der EKD wird die bestehende Gemeinschaft der deutschen evangelischen Christenheit sichtbar. Mit ihren Gliedkirchen bejaht die EKD die von der ersten Bekenntnissynode in Barmen getroffenen Entscheidungen. Sie weiß sich verpflichtet, als bekennende Kirche die Erkenntnisse des Kirchenkampfes über Wesen, Auftrag und Ordnung der Kirche zur Auswirkung zu bringen."

Heinemann hatte sich als erfolgreicher Moderator in Eisenach als Kandidat für das wichtige Amt eines Präses der EKD-Synode empfohlen.

Die erste Tagung der ersten Synode der EKD fand vom 9. bis 13. Januar 1949 in Bethel statt. Auf dieser Synode wurden zwei wichtige Personalentscheidungen getroffen: Zum neuen Vorsitzenden des Rates der EKD wurde als Nachfolger des württembergischen Bischofs Wurm der Berliner Bischof Otto Dibelius gewählt. Als Präses der EKD-Synode verständigte man sich auf Gustav Heinemann, der für eine Legislaturperiode der Synode, also für sechs Jahre, gewählt wurde. Diese Zeit von 1949 bis 1955 sollte für Heinemann im kirchlichen und politischen Leben ein sehr bewegter Abschnitt werden.

Gustav Heinemann bei der Gründungsversammlung des Ökumenischen Rates der Kirchen in Amsterdam

1949, als das Bonner Grundgesetz verabschiedet wurde und für den 14. August die ersten Bundestagswahlen geplant waren, war Gustav Heinemann eine der bekanntesten protestantischen Persönlichkeiten in Deutschland. So urteilt der Historiker Arnulf Baring: Heinemann war „in der Kritik wie in der Konstruktion – der beste politische Kopf im evangelischen Lager.“ [17]

Dessen war sich auch der Vorsitzende der CDU, Konrad Adenauer, durchaus bewußt, als er Heinemann im Sommer 1949 für eine Bundestags-Kandidatur gewinnen wollte. In auffälligem Gegensatz zu der herablassenden Behandlung, die Adenauer als Bundeskanzler ein Jahr später seinem Kabinettskollegen Heinemann zuteil werden ließ, bemühte sich Adenauer in einem persönlichen Schreiben vom 29. Juni 1949 um dessen Gunst: „Ich bitte Sie dringendst, diese Wünsche unserer Freunde zu berücksichtigen und die Kandidatur anzunehmen. Es sind im evangelischen Lager neuerdings verschiedene Bestrebungen aufgetreten, die entweder Abstinenz von der CDU anraten oder aber sogar die SPD empfehlen, daß ich Sie herzlichst bitte, unter Würdigung aller dieser Umstände zu kandidieren.“ [18]

Nach anfänglichem Zögern erklärte sich Heinemann schließlich zu einer Kandidatur bereit. Nach der Konstituierung des Bundestages und der Wahl Adenauers zum Kanzler wurde Heinemann am 15. September 1949 zum ersten Innenminister der gerade gegründeten Bundesrepublik gewählt.

Der Ausbruch des Korea-Krieges am 25. Juni 1950 führte sehr schnell zu einer heftigen Diskussion über die Notwendigkeit eines deutschen Verteidigungsbeitrages. Binnen kurzer Zeit setzte sich bei den westlichen Besatzungsmächten die Überzeugung durch, einen westdeutschen Militärbeitrag zu fordern oder zuzulassen. Noch zu Beginn des Jahres 1950 war eine Mehrheit der bundesdeutschen Bevölkerung skeptisch gegenüber Adenauers Westkurs gewesen, zudem ließ eine schlechte Wirtschaftslage im Winter 1949/50 die soziale Unzufriedenheit wachsen. Dies änderte sich schlagartig mit Beginn des Korea-Krieges.

Dr. K. ADENAUER

(22c) Rhöndorf/Rhein, den 29. Juni 1949.
Zennigsweg 8a

27/VI

Herrn

Oberbürgermeister
Dr. Heinemann,

<u>E s s e n ,</u>
Schinkelstrasse 34.

Sehr geehrter Herr Heinemann!

Die Frage Ihrer Kandidatur für den Bundestag habe ich mir hin und her überlegt. Ich habe gestern, als wir eine Zusammenkunft von Parteifreunden aus allen drei Zonen hatten, auch die Angelegenheit besprochen. Von evangelischen Parteifreunden,sowohl aus dem Norden wie aus dem Süden, insbesondere aus Hessen und Nordbayern, aber auch aus Niedersachsen, wurde mir nachdrücklichst gesagt, Sie genössen ein solches Ansehen in evangelischen Kreisen, daß man alles versuchen müsse, Sie zur Annahme einer Kanidatur für den Bundestag zu bewegen. Wenn Sie das Oberbürgermeisteramt in Essen aus den von Ihnen mir entwickelten Gründen weiter beibehalten müssen und infolgedessen nicht in der Lage seien, immer im Bundestag anwesend zu sein, so sei doch der Gewinn, den Ihr Name als Bundestagsabgeordneter für die Gesamtpartei bedeute, so gross, dass man deswegen nicht auf Ihre Kandidatur und Mitgliedschaft im Bundestag verzichten dürfe.

Ich bitte Sie dringendst, diese Wünsche unserer Freunde zu berücksichtigen und die Kandidatur anzunehmen. Es sind im evangelischen Lager neuerdings verschiedene Bestrebungen aufgetreten, die entweder Abstinenz von der CDU anraten oder aber sogar die SPD empfehlen, dass ich Sie herzlichst bitte, unter Würdigung aller dieser Umstände zu kandidieren.

Mit vielen Grüssen
Ihr sehr ergebener

Adenauer

(Adenauer)

Am 29. August 1950 hatte Bundeskanzler Adenauer sein berühmtes Sicherheitsmemorandum vorgelegt, in dem er Bereitschaft für ein deutsches Militärkontingent innerhalb einer Europa-Armee signalisierte. Dieses Memorandum war ohne Absprache mit Adenauers Kabinettskollegen entstanden. Die Minister erfuhren erst nachträglich und auch nur auszugsweise davon. Dies führte „zur ersten schweren innenpolitischen Krise der Regierung Adenauer".[19]

Als Zeichen seiner Kritik an dieser Desinformations- und Wiederbewaffnungspolitik Adenauers bot Heinemann am 31. August 1950 seinen Rücktritt an, der von Adenauer am 9. Oktober angenommen wurde.[20]

Der Konflikt vom Sommer 1950 hatte bereits ein kleines Vorspiel, als Adenauer sich darüber verärgert zeigte, daß Heinemann als Präses der EKD-Synode im April 1950 zur Synode in Berlin neben den drei westlichen auch den sowjetischen Stadtkommandanten eingeladen hatte.

Heinemann dachte vor allem gesamtdeutsch, er hielt den Gegensatz zwischen den Systemen in Ost und West für partiell aufhebbar. Deswegen sollte seiner Meinung nach alles, was zu einer definitiven Stabilisierung des bundesdeutschen Teilstaates führen könnte, unterbleiben. Damit befand sich Heinemann in einem unauflösbaren Gegensatz zur Position Adenauers. Dabei war Heinemann – im Gegensatz etwa zu Martin Niemöller – nie ein Gegner der Gründung der westdeutschen Bundesrepublik 1949 gewesen, die er aus ökonomischen und sozialen Gründen für notwendig hielt. In allen entscheidenden Fragen versuchte er jedoch, nicht nur den westdeutschen Partikularinteressen gerecht zu werden. Seine innere Distanz zu den westlichen Siegermächten hatte er nie ganz überwunden. Aus seiner Bereitschaft heraus, deutsche Schuld anzuerkennen, brachte er Verständnis auf für die Sicherheitsinteressen und die Ängste der Sowjetunion, ohne dabei jedoch den totalitären Charakter des sowjetischen Systems zu verkennen.

Heinemann hatte im Sommer 1950 zunächst die Vorgehensweise Adenauers kritisiert und angefragt, warum das Memorandum an seinem Ressort, das klassischerweise für Sicherheitsfragen zuständig war, vorbeigegangen war. In der Erklärung „Warum ich zurückgetreten

CDU-Kundgebung auf dem Essener Burgplatz am 31. März 1946 (Am Tisch von l.n.r.: Heinrich Strunk, Gustav Heinemann, Helene Weber, Mathilde Kaiser, Hans Toussaint. Stehend v.l.n.r.: Josef Aust und Matthias Neschen)

bin" faßte Heinemann seine wichtigsten Kritikpunkte zusammen. Zentral war für ihn vor allem das Argument, daß die Sicherheit der Bundesrepublik in der gegebenen Situation nur von den Besatzungsmächten gewährleistet werden könne. Ebenso wichtig erschien ihm die sozial- und wirtschaftspolitische Begründung für eine Ablehnung eines deutschen Militärbeitrages: „Wenn es bisher nicht gelangt hat, den Ostvertriebenen und Kriegsbeschädigten, den Wohnungslosen und Sozialrentnern, der Jugend und manchen andern Gruppen unseres Volkes zu geben, was ihnen zusteht, so werden Rüstungsausgaben ihre Situation nicht erleichtern." [21]

Am 9. Oktober 1950 hatte Heinemann Adenauer einen Brief zugeleitet, in dem er sich nicht gewillt zeigte, sich in der zentralen Frage einer deutschen Remilitarisierung der Kabinettsdisziplin zu unterwerfen. Noch um 17.45 Uhr des gleichen Tages teilte Adenauer Heinemann mit, daß er dem Bundespräsidenten dessen Entlassung vorschlagen werde, da ihre beiden „Auffassungen von den politischen

Gegebenheiten und der politischen Lage des deutschen Volkes so weit auseinandergehen, daß eine fruchtbringende Zusammenarbeit nicht mehr möglich ist." [22]

In seinen Erinnerungen kommentierte Adenauer den Rücktritt Heinemanns folgendermaßen: „Ich möchte hier über Gottvertrauen an sich und über Frömmigkeit im allgemeinen nichts sagen, aber ich hatte Herrn Heinemann, als er mich beschwor, in der Sache der Verteidigung der Bundesrepublik nichts zu tun, erwidert, daß nach meiner Auffassung Gott uns den Kopf zum Denken gegeben habe und die Arme und Hände, um damit zu handeln." [23]

Dabei war Heinemann keineswegs der weltfremde Schwärmer, als den ihn Adenauer zu karikieren versuchte. Er verstand sich nicht als Pazifist und hatte in seiner Amtszeit die Vorarbeiten zur Aufstellung einer Polizeitruppe, des späteren Bundesgrenzschutzes, betrieben – ein Gegengewicht zur kasernierten Volkspolizei der DDR. Theologisch und politisch war Heinemann in der Ablehnung eines radikalen Pazifismus von Karl Barth beeinflußt, dessen Schrift „Ich bin nicht Pazifist" (1950) ihm besonders wichtig war. Über die Wirkung dieses Barth-Textes auf Heinemann berichtet der Historiker Arnulf Baring ein interessantes Detail: „Als ich Heinemann im Jahre 1965 im Bonner Bundeshaus aufsuchte und nach der Bedeutung fragte, die Barth damals für ihn gehabt habe, zog er wortlos den eben genannten Sonderdruck von ‚Unterwegs' aus der Brieftasche – ein zerlesenes Exemplar, das er fünfzehn Jahre mit sich herumgetragen hatte."[24]

Bundespräsident Heuss schrieb dem aus dem Amt scheidenden Heinemann in versöhnlicher Sprache: „Ich glaube, die inneren Motive Ihrer Entscheidung würdigen zu können und respektiere sie." [25] Der Rücktritt Heinemanns bewegte den deutschen Protestantismus und führte geradezu zu einer Flut von Artikeln über Heinemanns Rücktritt in evangelischen Zeitungen und Zeitschriften.[26] Immer wieder wurde dabei in der Debatte darauf hingewiesen, daß die evangelische Kirche die einzig verbliebene Klammer zwischen Ost und West sei. Die Zeitschrift „Junge Kirche" forderte deshalb im November 1950, daß die EKD „ein steter, verpflichtender Ort der Begegnung von Ost und West ... von links und rechts, von Sozialisten, Liberalen und Konservativen, von Freunden der Aufrüstung und ihren Gegnern“[27] werden solle. Die „Junge Kirche“ bewertete Heinemanns Position ebenso wie die „Stimme der Gemeinde“ und das „Sonntagsblatt“ als richtig, während sich „Christ und Welt“ wie fast die gesamte katholische Presse Heinemann gegenüber ablehnend verhielt.

Heinemanns Konflikt mit Adenauer und sein Rücktritt waren nicht ohne Auswirkungen auf seine wichtige Funktion als Präses der EKD-Synode und Mitglied des Rates der EKD geblieben. Seine Abwahl als Präses 1955 muß als langfristiger Sieg seiner Gegner verstanden werden. Mit Spannung wurde deshalb Heinemanns Auftritt bei der nächsten EKD-Synode in Hamburg im April 1951 erwartet. Gleich zu Beginn der Tagung begründete Präses Heinemann den gesamtdeutschen Anspruch dieser Synode:

„Die hier versammelten 120 Mitglieder der Synode kommen aus dem Saargebiet, aus Westdeutschland und aus Ostdeutschland, und sie repräsentieren die evangelische Christenheit von Saarbrücken bis nach Schlesien hinein ... Rund 40 Millionen evangelischer Christen deutscher Sprache sind durch diese Synode hier beieinander, und die Gemeinden in allen Landen und in allen Teilen Deutschlands tragen dieses Zusammensein mit ihrem Gebet und mit ihrem Vertrauen zu dieser Synode. Das Gespräch, um das die politische Welt immer so mühsam ringt, ist unter uns nicht abgebrochen.“ [28]

Heinemann begann sich nun immer mehr von der CDU zu lösen. Ein erster Versuch, seine politischen Interessen eigenständig weiter zu verfolgen, war die *Notgemeinschaft für den Frieden Europas* Ende 1951. Ihm folgte 1952 das Experiment der *Gesamtdeutschen Volkspartei.*

Vermittlungsversuch im Kalten Krieg: Heinemanns Gesamtdeutsche Volkspartei (GVP)

Gustav Heinemann hatte nach seinem Rücktritt als Bundesinnenminister im Oktober 1950 lange gezögert, konkrete Schritte in Richtung einer eigenständigen deutschlandpolitischen Organisation zu unternehmen. Dies war ihm unter anderem von seinem Freund Martin

BUNDESREPUBLIK DEUTSCHLAND
DER BUNDESKANZLER

BONN 9. Okt. 1950

17.45

Herrn
Bundesminister Dr. Dr. Heinemann
B o n n
Bundesministerium des Innern

Sehr geehrter Herr Heinemann !

Die heutige Besprechung mit Ihnen und der Inhalt Ihrer schriftlichen Erklärung, die Sie mir bei dieser Besprechung übergeben haben, haben in mir die Überzeugung vertieft, daß unsere Auffassungen von den politischen Gegebenheiten und der politischen Lage des deutschen Volkes so weit auseinandergehen, daß eine fruchtbringende Zusammenarbeit nicht mehr möglich ist. Ich kann mich des Eindrucks nicht erwehren, daß Sie sich trotz besten Willens nicht zu der Klarheit des Urteils und daher auch nicht zu der Entschlußkraft haben durchringen können, die ein Bundesminister, zumal ein Bundesminister des Innern, in der gegenwärtigen gefahrvollen Lage besitzen muß. Ich sehe mich daher angesichts der Verantwortung, die ich vor dem deutschen Volke trage, zu meinem Bedauern gezwungen, dem Herrn Bundespräsidenten auf Grund Ihres Rücktrittsgesuches die Entlassung aus Ihrem Ministeramt vorzuschlagen.

Mein Entschluß ist mir im Hinblick auf die Arbeit, die wir in dem vergangenen schweren Jahr gemeinsam geleistet haben,

Blatt 2...

nicht leicht gefallen. Ich verfehle nicht, Ihnen für Ihre Mitarbeit meinen verbindlichsten Dank auszusprechen, und darf der Hoffnung Ausdruck geben, daß die hinter uns liegende Arbeit uns auch in Zukunft verbinden wird.

Mit freundlichen Grüßen

Ihr

Adenauer

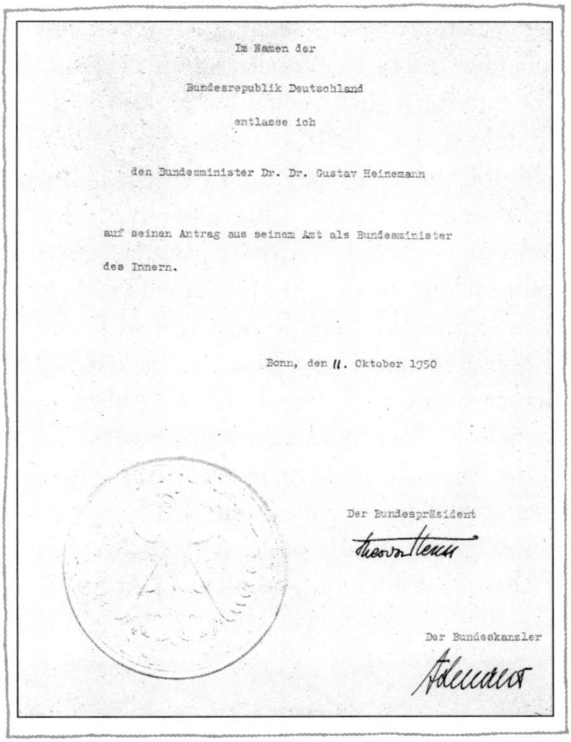

Im Namen der

Bundesrepublik Deutschland

entlasse ich

den Bundesminister Dr. Dr. Gustav Heinemann

auf seinen Antrag aus seinem Amt als Bundesminister des Innern.

Bonn, den 11. Oktober 1950

Der Bundespräsident

Der Bundeskanzler

Niemöller im März 1951 vorgeworfen worden: „Geschehen ist von unserer Seite de facto in den ganzen Monaten seit deiner Krise mit Adenauer überhaupt nichts.“ [29] Weder konnte sich Heinemann dazu entschließen, die CDU zu verlassen, noch war ihm seine weitere Lebensplanung klar, zumal er mehrere Perspektiven hatte, unter anderem eine durch den FDP-Politiker Thomas Dehler vermittelte Kandidatur als Richter beim neugegründeten Bundesverfassungsgericht in Karlsruhe.[30] Schließlich eröffnete Heinemann dann im Laufe des Jahres 1951 in Essen zusammen mit dem späteren nordrhein-westfälischen Finanzminister Diether Posser als seinem Sozius eine Anwaltskanzlei, die gleichzeitig auch eine Art „logistisches Zentrum“ seiner politischen Aktivitäten werden sollte.[31]

Seit dem Goslaer CDU-Bundesparteitag vom Oktober 1950 war Heinemann klar, daß er in der Union kaum noch Einflußmöglichkeiten hatte. Dieser Parteitag hatte mit einem klaren Bekenntnis zu Adenauer als CDU-Vorsitzendem und Bundeskanzler geendet. Die CDU hatte jegliche Unabhängigkeit verloren und war nach Einschätzung des christdemokratischen Politikwissenschaftlers Wulf Schönbohm für lange Jahre zu einem Hilfsorgan von Regierung und Fraktion geworden.[32] Unter diesem Eindruck gründete Heinemann zusammen mit der Zentrums-Vorsitzenden und späteren SPD-Politikerin Helene Wessel im November 1951 die *Notgemeinschaft für den Frieden Europas.* Diese Notgemeinschaft war eine Synthese aus den beiden Traditionslinien Bekennende Kirche, verkörpert in der Person Heinemanns, und dem Links-Katholizismus in der Person Helene Wessels.[33] Die größte Schwäche dieser Organisation war von Anfang an die mangelnde Logistik, kein Apparat, zu wenig Mitglieder, kein eigenes Verbandsorgan. Ihrem Selbstverständnis nach war die Notgemeinschaft eine außerparlamentarische Sammlungsbewegung, die ihre Operationsformen vor allem in Aufrufen und Petitionen sah. Ihr

Tischrunde im Januar 1951, kurz nach Heinemanns Rücktritt als Innenminister (v.l.n.r. unbekannt, Gustav Heinemann, Hans Toussaint (Nachfolger Heinemanns als Essener Oberbürgermeister), Oberstadtdirektor Friedrich Wolf (Essen), Heinz Renner (Vorgänger Heinemanns als Oberbürgermeister in Essen))

Echo in der deutschen Presse und Politik war äußerst gering. Deshalb suchte Heinemann bald nach effektiveren Formen, um seine Vorstellungen eines wiedervereinigten, neutralen Deutschlands in die Politik einzubringen: Im November 1952 kam es zur Gründung *der Gesamtdeutschen Volkspartei (GVP).*

Vorausgegangen war im Frühjahr 1952 eine heftige Debatte um die Bedeutung der berühmten Stalin-Note. Am 10. März 1952 hatte der sowjetische Diktator den Westmächten freie Wahlen für Gesamtdeutschland und den Abschluß eines Friedensvertrages mit einer gesamtdeutschen Regierung angeboten. Die Westmächte und Adenauer waren nicht bereit, auf den Vorschlag einzugehen oder ihn auch nur zu prüfen – die Verhandlungen über den Deutschlandvertrag und die damit verbundene Teil-Souveränität für die Bundesrepublik sollten nicht gefährdet werden.

Die Frage nach der „vertanen Chance" einer Wiedervereinigung durch die Stalin-Note wird bis in die Gegenwart von Historikern unterschiedlich beantwortet. Tatsache bleibt jedoch, daß Adenauer unter keinen Umständen bereit war, über den sowjetischen Vorschlag zu verhandeln. Dies zeigt auch seine Reaktion in der Kabinettssitzung vom 14. März 1952, die der damalige Staatssekretär im Kanzleramt Otto Lenz in seinem Tagebuch festgehalten hat: „Kabinettssitzung. BK (= Bundeskanzler, d. Verf.) stellt fest, daß die Verträge (= Vertrag über die Europäische Verteidigungsgemeinschaft und Deutschlandvertrag, d. Verf.) im wesentlichen fertig verhandelt waren. Hauptstörversuch sei die russische Note, die die Schwäche der französischen Regierung sich zunutze machen wolle. Oberste Pflicht sei es jetzt zu schweigen ... BK besteht darauf, daß im Kabinett einmütig beschlossen worden wäre, daß die Regierung nicht Stellung nähme."[34]

Adenauer hatte in dieser Situation nicht nur Heinemann gegen sich, auch in den eigenen Reihen gab es Kritiker, die forderten, die Stalin-Note zumindest zu prüfen. Dazu gehörten der Minister für gesamtdeutsche Fragen, Jakob Kaiser, und der Berliner CDU-Politiker Ernst Lemmer. Politischen Protest rief auch die sogenannte Bindungsklausel hervor. Sie sah vor, daß die durch die Verträge erfolgte politische und militärische Westbindung der Bundesrepublik sich auch auf ein wiedervereinigtes Deutschland erstrecken sollte. Dies bedeutete ein großes Hindernis bei einer möglichen Wiedervereinigung, denn die Sowjets hätten einer Westbindung eines wiedervereinten Deutschlands in den fünfziger Jahren mit Sicherheit nicht zugestimmt.

Im November 1952 trat Gustav Heinemann aus der CDU aus. Zur gleichen Zeit verließ Helene Wessel die Zentrumspartei. Damit war der Weg frei für die Bildung einer eigenen Partei, der *Gesamtdeutschen Volkspartei (GVP)*. Bis dahin hatten Heinemann und seine Anhänger eine Parteigründung immer wieder abgelehnt, da es das erklärte Ziel war, mit Hilfe der *Notgemeinschaft für den Frieden Europas* Einfluß auf die anderen Parteien auszuüben. In einem Schreiben an seinen Freund Propst Heinrich Grüber hatte Heinemann dargelegt, warum die Gründung einer eigenen Partei unausweichlich sein müßte: Die Gefahr sei zu groß, daß die Mitstreiter Heinemanns „in ihren bisherigen Parteien massakriert werden".[35]

Am 29. und 30. November 1952 erfolgte dann in Frankfurt a. M. die Gründung der GVP. Im Präsidium saß neben Heinemann und Wessel auch Robert Scholl, Vater der Geschwister Scholl und in der Nachkriegszeit Ulmer Oberbürgermeister. Zum Bundesvorstand der Partei gehörten unter anderem auch die späteren Sozialdemokraten Erhard Eppler und Diether Posser, Johannes Rau war ebenfalls Mitglied dieser Partei. Trotz großen Engagements ihrer Mitglieder kam die GVP über eine gewisse Resonanz in evangelisch geprägten Kreisen nicht hinaus. Hinzu kamen Kampagnen seitens der Regierungsparteien, die Heinemann als eine Marionette Moskaus zu diffamieren versuchten.

Was Heinemann im Blick auf die Bundestagswahlen 1953 wirklich wollte und in welchen Punkten er Adenauer widersprach, brachte er in einem Artikel im Juni 1953 zum Ausdruck. Heinemann nahm dabei eine Idee Churchills auf, der am 11. Mai 1953 in einer Rede gefordert hatte, die legitimen Sicherheitsinteressen der Sowjetunion anzuerkennen:

„Auf dem Hintergrund dieser Entwicklungen wird nachgerade das Verhängnis der Deutschlandpolitik des Bundeskanzlers vollends offenbar. Er kann die Einseitigkeit, die seinen Weg seit Jahr und Tag kennzeichnet, nur immer noch überbieten, aber nicht mehr

Gustav Heinemann und die frühere Zentrumspolitikerin Helene Wessel, die im November 1952 die Gesamtdeutsche Volkspartei (GVP) gründeten

auflockern. Seine Erklärung, daß auch ein wiedervereinigtes Deutschland in die westeuropäische Verteidigungsgemeinschaft einzugliedern sei, bedeutet nichts anderes als die Zumutung an die Sowjetunion, die von ihr besetzte Zone Deutschlands zu räumen, auf daß sie gegen die Sowjetunion aufgerüstet werden könne! Auch dem Bundeskanzler ist klar, daß die Sowjetunion dazu nicht zu bewegen sein wird. Seine Forderung heißt deshalb nichts anderes, als die deutsche Wiedervereinigung aufgrund einer baldmöglichsten Verständigung bewußt unmöglich zu machen."[36]

Zur publizistischen Abwehr von Heinemanns GVP und ihres vermeintlichen Einflusses im evangelischen Lager war Anfang 1953 die „Evangelische Verantwortung" gegründet worden, eine Zeitschrift des seit 1952 existierenden Evangelischen Arbeitskreises der CDU/CSU. Dort versuchten evangelische CDU-Politiker wie Hermann Ehlers und Eugen Gerstenmaier gegen Heinemann zu argumentieren. In der heißen Phase des Wahlkampfes kam es zu Ausfällen gegen die GVP, Plakate wurden zerstört oder mit den Aufklebern „Briefträger der Sowjets“ oder „Bezahlt von Moskau“ überklebt, Heinemanns Anhänger als „Amokläufer des Neutralismus“ bezeichnet. Mit 1,2 Prozent Stimmen war das Wahlergebnis für die GVP bei der Bundestagswahl am 6. September 1953 enttäuschend gewesen.

Die Paulskirchenbewegung 1955: Aktionsbündnis gegen Adenauers Wiederaufrüstungspolitik

Heinemann richtete seine Aufmerksamkeit nach seiner Niederlage bei den Bundestagswahlen 1953 nun wieder verstärkt auf die außerparlamentarische Oppositionsarbeit. Als nach dem Scheitern der Europäischen Verteidigungsgemeinschaft die Bundesrepublik im Oktober 1954 Mitglied der NATO geworden war (die Mitgliedschaft begann im Mai 1955) und damit die Aufstellung neuer deutscher Streitkräfte binnen weniger Monate erfolgen würde, riefen Gegner dieser Aufrüstung zu einer großen Kundgebung in die Frankfurter Paulskirche. Getragen war diese Kundgebung am 29. Januar 1955 aus einem breiten Aktionsbündnis aus DGB, SPD und weiten Teilen der evangelischen Kirche. Das dabei verabschiedete „Deutsche Manifest“ plädierte für einen Verzicht auf die deutsche Remilitarisierung. Die Unterzeichner – darunter Erich Ollenhauer, Erich Kästner, Alfred Weber, Ernst Lange, Helmut Gollwitzer und Gustav Heinemann – forderten:

„Die Aufstellung deutscher Streitkräfte in der Bundesrepublik Deutschland und in der Sowjetzone muß die Chancen der Wiedervereinigung für unabsehbare Zeit auslöschen und die Spannung zwischen Ost und West verstärken. Eine solche Maßnahme würde die Gewissensnot großer Teile unseres Volkes unerträglich steigern. Das furchtbare Schicksal, daß sich die Geschwister einer Familie in verschiedenen Armeen mit der Waffe in der Hand gegenüberstehen, würde Wirklichkeit werden ... Die Verständigung über eine Viermächtevereinbarung zur Wiedervereinigung muß vor der militärischen Blockbildung den Vorrang haben. Es können und müssen die

Bedingungen gefunden werden, die für Deutschland und seine Nachbarn annehmbar sind, um durch Deutschlands Wiedervereinigung das friedliche Zusammenleben der Nationen Europas zu sichern. Das deutsche Volk hat ein Recht auf seine Wiedervereinigung."[37]

Hauptredner der Kundgebung war der evangelische Theologieprofessor Helmut Gollwitzer, der selbst fünf Jahre in russischer Kriegsgefangenschaft verbracht hatte und nun vehement für Verhandlungen mit der Sowjetunion eintrat. Gustav Heinemann war ein guter Freund Helmut Gollwitzers. Als der Verfasser 1988 ein Interview mit Gollwitzer in dessen Berliner Wohnung führte, stand auf dessen Schreibtisch ein großes Foto Gustav Heinemanns mit einer persönlichen Widmung an Gollwitzer. Heinemann hatte Gollwitzer für die Paulskirchen-Kundgebung gewonnen und ihn in einem Brief zwei Wochen zuvor über Ziel und Zweck der Kundgebung informiert: „Die Aktion vom 29. Januar muß m. E. ein Doppeltes darstellen: Eine Erweiterung des Kreises der oppositionellen Wortführer und zugleich deren Zusammenrücken zu gemeinsamem Handeln ... die SPD sollte erken-

Gustav Heinemann 1956 in seiner Rechtsanwaltskanzlei in Essen, Reichsbank 14

nen, daß die Frankfurter Veranstaltung auf das deutlichste zugleich als Auftakt zu neuer politischer Gemeinschaft wirken muß, die der breiten Resignation über das starre Gehäuse der alten politischen Parteien begegnet und Mut macht, nun auf eine neue Konstellation zuzugehen! Nicht der GVP muß geholfen werden, sondern einer mehrheitsfähigen Linken bis hinein in die FDP, den BHE (= Block der Heimatvertriebenen und Entrechteten, d. Verf.) und die CDU!"[38]

Zwar hatte die Paulskirchenbewegung und mit ihr Gustav Heinemann ihr unmittelbares Ziel, die deutsche Wiederaufrüstung zu verhindern, nicht erreichen können. Dennoch war sie ein wichtiger Schritt auf dem Wege zu einer offeneren und demokratischeren Gesellschaft in der Bundesrepublik. Für Heinemann persönlich hatte sein politisches Engagement als einer der bekanntesten Kritiker der Adenauerschen Politik bald unmittelbare Folgen für sein Wirken im Bereich der evangelischen Kirche.

Die Abwahl als Präses der EKD-Synode

Unmittelbar nach der Paulskirchen-Kundgebung hatte der Rat der EKD eine Entschließung zur Wiedervereinigung des deutschen Volkes verabschiedet. In ihr wurde eine Entscheidung für oder gegen die Pariser Verträge als eine politische Ermessensfrage bezeichnet. „Das Kirchliche Jahrbuch", ein offizielles Organ der EKD, kommentierte diesen Vorgang mit folgender Einschätzung: „Ob diese aus einer gewissen Verlegenheit heraus geborene Empfehlung in einer Frage hilfreich ist, bei der es um Sein oder Nichtsein geht, wird man bezweifeln dürfen."[39] In ihrer Erklärung hatte sich die EKD von jeder kirchlichen Kritik an Adenauers Politik öffentlich distanziert, dies wirkte sich faktisch als eine Unterstützung eben dieser Politik aus. Unter dem Eindruck dieser Erklärung begann am 6. März 1955 die konstituierende Tagung der neugewählten EKD-Synode in Espelkamp. Im Vorfeld dieser Synode war immer wieder gefordert worden, bei der Neuwahl des Präses keinen Parteipolitiker, sondern einen Unabhängigen zu wählen. Trotzdem kandidierte Heinemann erneut als Präses. Bei der

Wahl unterlag er dem Freiburger Professor für Volkswirtschaft Constantin von Dietze mit 40 zu 77 Stimmen. Immerhin wählte die Synode Heinemann anschließend mit 136 von 141 Stimmen erneut in den Rat der EKD. „War das ein politisches Votum gegen Heinemann? Bei vielen gewiß. Bei anderen war es wohl auch der Wille, einen Wechsel herbeizuführen und jemand als Präses zu bekommen, der weder im Kreuzfeuer der öffentlichen Auseinandersetzungen steht, noch überhaupt durch weitreichende politische Betätigung beansprucht ist."[40] Heinemann selbst hatte seine Abwahl nicht als die Abwahl des Politikers, sondern als die des Oppositionellen bezeichnet.

Wenige Monate später jährte sich zum 10. Mal das Kriegsende und der Zusammenbruch der nationalsozialistischen Unrechtsherrschaft. In einem Artikel in der Zeitschrift „Der Weg" analysierte Heinemann am 8. Mai 1955 den Zusammenhang von Schuld, Niederlage und Befreiung in ähnlicher Weise, wie es der spätere Bundespräsident Richard von Weizsäcker in seiner berühmt gewordenen Rede am 8. Mai 1985 tat. Im selben Artikel ging Heinemann auch kritisch auf den Weg der evangelischen Kirche nach 1945 ein:

„Vor zehn Jahren ging das ‚Tausendjährige Reich' in Not und Elend zu Ende ... Mehr als 50 Millionen Menschen kostete der Krieg das Leben. Ströme von Flüchtlingen durchzogen in Europa und Asien die Lande. Befreiung aus der Hölle der Konzentrationslager und neue Gefangenschaft unter der Gewalt von Siegern lösten einander ab. Ein Wohlstand aus der Arbeit von Generationen lag in Schutt und Trümmern ... Wir sprachen damals von erneuerter Kirche, nachdem ihr Bekenntnis und ihre Blutzeugen wie Pfarrer Paul Schneider oder Bonhoeffer sie auch bei denen wieder glaubwürdig gemacht hatten, die als Randsiedler der Gemeinde dem Evangelium fremd geworden waren. Männerwerk, Akademien und Synoden riefen zur Erfüllung auch einer öffentlichen Verantwortung in Rathäusern und Regierungen. Wir gründeten eine ‚christliche' Partei in der Absicht, einer gerechten Ordnung zu dienen, den Opfern des Krieges zu helfen und den weltanschaulichen Gegensatz in unserem Volk zu überbrücken. Wir hofften auf ‚Europa' als Zusammenschluß der abendländischen Völker aus so viel nationalistischer Zerfleischung. Wir waren waffenlos gemacht

17. Theologische Koferenz in Herborn vom 28. bis 30. März 1951 (1. Reihe v.l.n.r.: Gustav Heinemann, Prof. Karl Barth; 2. Reihe: Lic. Wilhelm Niesel, Moderator des Reformierten Bundes, Prof. Walter Kreck, Prof. Helmut Gollwitzer, Prof. Ernst Wolf, Prof. Otto Weber, Pfarrer Hans-Erich Heß)

worden um deswillen, was wir mit der Waffe angerichtet hatten, und wollten unser Vertrauen nicht mehr auf Waffen setzen. Wir erklärten im Oktober 1945 in Stuttgart bei der ersten Begegnung mit Vertretern ausländischer Kirchen, daß wir uns durch das, was wir getan und unterlassen hatten, mit in die Schuld unseres Volkes verstrickt wußten. Wir fingen an, unsere Landeskirchen neu zu gestalten und eine Evangelische Kirche in Deutschland als Einheit in Christus über die protestantischen Konfessionen hinweg zu suchen ...

Aber sind wir nicht doch enttäuscht darüber, wie schnell und wie tief – aufs Ganze gesehen – alles wieder in alte Geleise zurückgerutscht ist? ... Hat uns nicht längst wieder die gleiche Unlust zu neuen Wegen in Kirche, Staat und Gesellschaft befallen, die uns vor 25 Jahren in das Unglück hineinstolpern ließ? An Erklärungen dafür fehlt es nicht. Wir sind wieder satt, und das Verlangen nach Sicherheit aller provisorischen Existenz steht im Vordergrund. Wir wollen verdienen, wir wollen bewacht sein, wir wollen wieder eine Kirche, die unser Gewissen nicht beunruhigt ... Der 8. Mai dieses Jahres ... wird unsere Besinnung zu dem zurückrufen, was vor zehn Jahren zu letzter Auswirkung gedieh ... Immer noch gibt Gott uns Gnade. Immer noch ist seine Geschichte mit jeglichem unter uns nicht zu Ende. Darum sollten wir endlich hören!"[41]

Heinemanns Weg in die Sozialdemokratie

Nach dem erfolglosen Abschneiden der GVP bei den Bundestagswahlen 1953 begann bei Heinemann allmählich die Erkenntnis zu reifen, daß seine Gesamtdeutsche Volkspartei trotz allem Idealismus weder die personellen noch materiellen Voraussetzungen hatte, um im politischen Wettbewerb bestehen zu können. Mit der Paulskirchen-Bewegung 1955 hatte Heinemann erstmals Erfahrungen in der politischen Zusammenarbeit mit SPD-Politikern gemacht und begonnen, sich für diese Partei zu interessieren. Zunächst hatte er aber zu Beginn des Jahres 1955 noch einmal klargemacht, warum sein Weg sich von dem der Union getrennt hatte: „Ich bin aber der Meinung, daß wesentliche Ansätze der CDU von 1945 verlassen worden sind und daß die Voraussetzungen und die Grenzen einer politischen Zusammenarbeit zwischen Evangelischen und Katholiken erneut zu klären sind ... Als die CDU 1945 entstand, war das verbindende Element zwischen ihren evangelischen und katholischen Mitgliedern das politische Handeln aus persönlicher christlicher Gewissensentscheidung ... Von einem Zwang zur Befolgung interner Mehrheitsmeinungen oder Führungsparolen war ebensowenig die Rede wie von einer christlichen Frontbildung gegen andere."[42]

Der engere Kontakt Heinemanns zur SPD kam über Fritz Erler zustande, einen der wichtigsten SPD-Politiker der Nachkriegszeit, der maßgeblich am Zustandekommen des Godesberger Programms beteiligt war. Dieser hatte bereits in einem Brief vom 26. Februar 1954 Heinemann Avancen in Richtung SPD gemacht.[43] In den folgenden Jahren gab es einen regen Briefwechsel und gelegentliche Gespräche zwischen Erler und Heinemann. Anfang 1957 entstanden Überlegungen für eine Listenverbindung von GVP und SPD für die Bundestagswahl im Oktober 1957. Bald wurde klar, daß sich die SPD als neue politische Heimat für die GVP und ihre Gallionsfigur Heinemann verstand. So schrieb Fritz Erler im März 1957 an einen GVP-Wähler: „Ich möchte Herrn Dr. Heinemann, den ich persönlich schätze und verehre, im Dritten Bundestag sehen. Dafür gibt es eine relativ einfache Möglichkeit: Herr Dr. Heinemann entschließt sich, in diesen Bundestag als Angehöriger der SPD zu gehen."[44]

Der SPD-Parteivorstand beschloß Ende März 1957 auf Antrag Erlers, Heinemann Platz drei der SPD-Landesliste in Niedersachsen anzubieten, Helene Wessel aus dem GVP-Präsidium sollte in Nordrhein-Westfalen ebenfalls einen sicheren Listenplatz erhalten. Auf dem GVP-Parteitag am 18. Mai 1957 plädierte Heinemann für eine Auflösung der GVP und Übertritt zur SPD.[45]

Nach den Bundestagswahlen vom 15. September 1957, bei denen die SPD zwar deutlich Stimmen gewonnen hatte (auch einige hunderttausend GVP-Wähler), eine absolute Mehrheit Adenauers jedoch nicht verhindern konnte, wurde Heinemann in den SPD-Parteivorstand gewählt, zusammen mit anderen Partei-Reformern wie Willy Brandt, Helmut Schmidt, Alex Möller und Käte Strobel. Im SPD-Pressedienst hatte Heinemann am 24. Mai 1957 seinen Schritt zur SPD begründet:

„Dieser Stand der Dinge legte eine Auflösung der Partei (= GVP, d. Verf.) um so mehr nahe, als die SPD sich bündig gegen Atomrüstung in Deutschland ausgesprochen hat und aus der Einseitigkeit der bisherigen Bonner Europapolitik einen Ausweg sucht, welcher auch die Wiedervereinigung unseres Volkes wirklich zu fördern geeignet ist ... Wenn man mich fragt, ob meinem jetzigen Weg zur SPD nicht meine Zugehörigkeit zu leitenden Organen der evangelischen Kirche entgegenstehe, so antworte ich, daß es nicht angeht, aus der Entfremdung weiter Teile unseres Volkes gegenüber der Botschaft der Kirche eine Anklage gegen die SPD zu machen. Bei dieser Entfremdung haben Ursachen mitgewirkt, welche wahrscheinlich nicht zuletzt in dem politischen Verhalten der Kirche, d.h. in einseitigen Bindungen

Parteitag der Gesamtdeutschen Volkspartei (GVP) in Essen am 18. Mai 1957, bei dem die Auflösung der Partei beschlossen wurde (v.l.n.r.: Gustav Heinemann, Adolf Scheu, Diether Posser)

an konservative Interessen und Gruppen, zu suchen sind. An dem geistigen Zerbruch unseres Volkes ist das lange Kapitel ‚Thron und Altar' unserer Kirchengeschichte erheblich beteiligt. Die CDU hat die unselige Spaltung wieder aufgegriffen, seitdem sie sich als ‚christliche Einheitsfront' gebärdet und eine Politik entwickelt, deren Bezeichnung als ‚christlich' einen Mißbrauch des Namens darstellt ... Mit der Auflösung der GVP ist der Übertritt vieler ihrer christlichen Mitglieder zur SPD verbunden. Sie wollen unserem Volk sowohl durch eine andere Deutschland- und Europapolitik zu seiner staatlichen Wiedervereinigung als auch durch Überwindung alter weltanschaulicher Gräben zu einem inneren Zueinanderfinden helfen."[46]

Heinemanns Weg im Deutschland der Nachkriegszeit ist ein Teil der Geschichte von Kirche und Gesellschaft in diesen Jahren. In der durch Konformität und restaurative Tendenzen geprägten Adenauer-

Ära wurde Gustav Heinemann durch seine mutigen öffentlichen Stellungnahmen für eine friedliche Wiedervereinigung, gegen Wiederaufrüstung und Atombewaffnung ein Symbol für politische Glaubwürdigkeit. Heinemanns späteres Engagement, sowohl als Bundesjustizminister und auch als Bundespräsident, für eine offene Bürgergesellschaft war durch seine Erfahrungen im Nachkriegsdeutschland entscheidend mitgeprägt worden.

---

1 Vgl. hierzu das vorhergehende Kapitel.

2 Gerhard Brunn/Jürgen Reulecke, Kleine Geschichte von Nordrhein-Westfalen 1946–1996. Schriften zur politischen Landeskunde Nordrhein-Westfalens. Bd. 10, Köln/Stuttgart/Berlin 1996, S.17–19.

3 Gustav W. Heinemann, Den heimkehrenden Soldaten!, in: Gustav W. Heinemann, Es gibt schwierige Vaterländer ... Aufsätze und Reden 1919–1969. Hg. von Helmut Lindemann, München 1988, S. 25 f.

4 Vgl. Rat der Stadt Essen an die Bevölkerung. Bekanntmachung vom 30. April 1947, in: Heinemann, Es gibt schwierige Vaterländer, S. 33.

5 Gustav W. Heinemann: Antrittsrede als Oberbürgermeister, gehalten vor dem Gemeinderat in Essen am 30. Oktober 1946, in: Heinemann, Es gibt schwierige Vaterländer, S. 27–31, 29.

6 Heinemann, Antrittsrede als Oberbürgermeister, S. 28.

7 Vgl. Gustav W. Heinemann, Zwei Jahre Gemeindearbeit in Essen. Aus dem Rechenschaftsbericht des Oberbürgermeisters über den Wiederaufbau der Stadt. Erschienen in den „Essener Mitteilungen" vom 9. Oktober 1948, in: Heinemann, Es gibt schwierige Vaterländer, S. 34–38.

8 Vgl. Gustav W. Heinemann, Die entscheidende Rechtsfrage. Erschienen in „Die Welt" vom 15. November 1947, in: Heinemann, Es gibt schwierige Vaterländer, S. 42–45.

9 Vgl. Gustav W. Heinemann, Wahlrede zur Landtagswahl April 1947, in: Heinemann, Es gibt schwierige Vaterländer, S. 52–69.

10 Gustav W. Heinemann, Rede vor dem Schöneberger Rathaus. 11. August 1948, in: Heinemann, Es gibt schwierige Vaterländer, S. 69–74, 70.

11 Heinemann, Rede vor dem Schöneberger Rathaus, S. 70.

12 Heinemann, Rede vor dem Schöneberger Rathaus, S. 72.

13 Vgl. dazu Jörg Thierfelder, Die Kirchenkonferenz von Treysa 1945, in: Gerhard Besier/Hartmut Ludwig/Jörg Thierfelder (Hg.), Der Kompromiß von Treysa. Die Entstehung der Evangelischen Kirche in Deutschland (EKD). Eine Dokumentation. Bearbeitet von Michael Losch, Christoph Mehl, Hans-Georg Ulrichs, Weinheim 1995, S. 32–44.

14 Text nach Martin Greschat (Hg.), Im Zeichen der Schuld. 40 Jahre Stuttgarter Schuldbekenntnis. Eine Dokumentation. Mit einem Geleitwort von Wolfgang Huber, Neukirchen-Vluyn 1985, S. 45 f.

15 Martin Greschat (Hg.), Die Schuld der Kirche. Dokumente und Reflexionen zur Stuttgarter Schulderklärung vom 18./19.Oktober 1945, München 1982, S. 314.

16 Wort des Rates der EKD an die evangelische Pfarrerschaft vom 25. Januar 1947, in: Karl Herbert, Kirche zwischen Aufbruch und Tradition. Entscheidungsjahre nach 1945, Stuttgart 1989, S. 111.

17 Arnulf Baring, Im Anfang war Adenauer. Die Entstehung der Kanzlerdemokratie, München 1984^3, S. 357.

[18] Schreiben Adenauers an Heinemann vom 29. Juni 1949, mit Paraphe Heinemanns 2. Juli 1949, in: Nachlaß Heinemann. Allgemeine Korrespondenz Januar–August 1949, Archiv der sozialen Demokratie Bonn-Bad Godesberg.

[19] Johanna Vogel, Kirche und Wiederbewaffnung. Die Haltung der Evangelischen Kirche in Deutschland in den Auseinandersetzungen um die Wiederbewaffnung der Bundesrepublik 1949–1956. AKIZ Reihe B. Bd.4, Göttingen 1978, S. 120.

[20] Die ausführlichste Darstellung des Rücktritts Heinemanns findet sich bei Diether Koch, Heinemann und die Deutschlandfrage, München 1972, S.70 ff. Eine neuere Analyse des Konflikts bietet Hans-Erich Volkmann, Gustav W. Heinemann und Konrad Adenauer. Anatomie und politische Dimension eines Zerwürfnisses, in: GWU 38 (1987), S. 10–32.

[21] Gustav W. Heinemann, Warum ich zurückgetreten bin. Memorandum über die deutsche Sicherheit vom 13. Oktober 1950, in: Heinemann, Es gibt schwierige Vaterländer, S. 97–107, 102.

[22] Schreiben Adenauers an Heinemann vom 9. Oktober 1950, 17.45 Uhr, mit Paraphe Heinemans, in: Nachlaß Heinemann. Allgemeine Korrespondenz 1.–15. Oktober 1950, Archiv der sozialen Demokratie Bonn-Bad Godesberg.

[23] Konrad Adenauer, Erinnerungen 1945–1953, Stuttgart 1965, S. 374.

[24] Baring, Im Anfang war Adenauer, S. 358, Anm. 7. Die Barth-Schrift „Ich bin nicht Pazifist" ist abgedruckt in: Karl Barth, Der Götze wackelt. Zeitkritische Aufsätze, Reden und Briefe von 1930–1960, hg. von Karl Kupisch, Berlin 1961, S.150 ff; ursprünglich war der Aufsatz im Jahr 1950 in der Zeitschrift „Unterwegs" erschienen.

[25] Schreiben von Heuss an Heinemann vom 11. Oktober 1950, in: Nachlaß Heinemann. Allgemeine Korrespondenz 1.–15. Oktober 1950, Archiv der sozialen Demokratie Bonn-Bad Godesberg.

[26] Vgl. dazu Ulrich Bayer, „Als wenn es keinen Eisernen Vorhang gäbe". Die Deutsche Frage im Spiegel katholischer und protestantischer Presse 1949 bis 1955. Diss. theol. Tübingen 1995, S. 82–91.

[27] Um Evangelium und Kirche, in: Junge Kirche 11 (1950), Nr. 11/November 1950, S. 651 ff., 652 (Hervorhebung im Original).

[28] Hamburg 1951. Bericht über die dritte Tagung der ersten Synode der Evangelischen Kirche in Deutschland vom 1.–5. April 1951, hg. im Auftrag des Rates von der Kirchenkanzlei der Evangelischen Kirche in Deutschland, Hannover o.J., S. 10.

[29] Schreiben Niemöllers an Heinemann vom 1. März 1951, in: Nachlaß Heinemann. Allgemeine Korrespondenz Januar bis März 1951, Archiv der sozialen Demokratie Bonn-Bad Godesberg.

[30] Dehler hatte sich in dieser Angelegenheit einmal offiziell als Bundesjustizminister (31. Mai 1951), das andere Mal in einem persönlichen Schreiben ohne ministeriellen Briefkopf an Heinemann gewandt (11. Juni 1951), in: Nachlaß Heinemann. Allgemeine Korrespondenz April–Juni 1951, Archiv der sozialen Demokratie Bonn-Bad Godesberg.

[31] Darüber berichtet Diether Posser in seiner Autobiographie Anwalt im Kalten Krieg. Ein Stück deutscher Geschichte in politischen Prozessen, München [2]1991.

[32] Vgl. Wulf Schönbohm, Die CDU wird moderne Volkspartei. Selbstverständnis, Mitglieder, Organisation und Apparat 1950–1980, Stuttgart 1985, S. 31.

[33] Vgl. Josef Müller, Die Gesamtdeutsche Volkspartei. Entstehung und Politik unter dem Primat nationaler Wiedervereinigung 1950–1957. Beiträge zur Geschichte des Parlamentarismus und der politischen Parteien. Bd. 92, Düsseldorf 1990, S. 115.

[34] Im Zentrum der Macht. Das Tagebuch von Staatssekretär Lenz 1951–1953. Bearbeitet von Klaus Gotto u.a. Forschungen und Quellen zur Zeitgeschichte. Bd. 11, Düsseldorf 1989, S. 276.

[35] Schreiben Heinemanns an Heinrich Grüber vom 31. Oktober 1952, in: Nachlaß Grüber. I. HA Rep. 92, Geheimes Staatsarchiv Preußischer Kulturbesitz Berlin-Dahlem.

[36] Gustav W. Heinemann, Die entscheidende Frage der Deutschlandpolitik. Artikel in den „GVP-Nachrichten" vom 12. Juni 1953, in: Heinemann, Es gibt schwierige Vaterländer, S. 137–139, 138.

[37] Rolf Steininger, Deutsche Geschichte 1945–1961. Darstellung und Dokumente in zwei Bänden. Bd. 2, Frankfurt a. M. 1987, S. 474 f.

[38] Schreiben Heinemanns an Helmut Gollwitzer vom 18. Januar 1955, in: Nachlaß Heinemann. Allgemeine Korrespondenz Januar–Februar 1955, Archiv der sozialen Demokratie Bonn-Bad Godesberg.

[39] Kirchliches Jahrbuch für die Evangelische Kirche in Deutschland 1955. Begr. von Johannes Schneider, hg. von Joachim Beckmann. 82. Jahrgang, Gütersloh 1956, S. 20.

[40] Kirchliches Jahrbuch 1955, S. 39.

[41] Gustav W. Heinemann, Ungenutzte Chancen? Artikel in „Der Weg" vom 8. Mai 1955, in: Heinemann, Es gibt schwierige Vaterländer, S. 151–153.

[42] Gustav W. Heinemann, Die „christliche" Partei. Ein Wort an den Evangelischen Arbeitskreis der CDU. „Stimme der Gemeinde" vom 1. Januar 1955, in: Heinemann, Es gibt schwierige Vaterländer, S. 218–227, 218 f.

[43] Vgl. Schreiben Erlers an Heinemann vom 26. Februar 1954, in: Nachlaß Heinemann. Allgemeine Korrespondenz Januar–Juli 1954, Archiv der sozialen Demokratie Bonn-Bad Godesberg.

[44] Hartmut Soell, Fritz Erler – Eine politische Biographie. Bd. 1, Berlin/Bonn-Bad Godesberg 1976, S. 287.

[45] Vgl. Soell, Fritz Erler, S. 288.

[46] Gustav W. Heinemann, Warum zur SPD? „SPD-Pressedienst" vom 24. Mai 1957, in: Heinemann, Es gibt schwierige Vaterländer, S. 254–256, 255 f.

IV. KAPITEL

Christus und die Menschenwürde

Eckpfeiler der politischen Ethik des Justizministers und Bundespräsidenten Gustav Heinemann

von Wolfgang Vögele

Die politische Ethik und die Rechtsethik Gustav Heinemanns werden weithin immer noch unterschätzt. Was er über Grundgesetz und Menschenwürde, über Gerechtigkeit und Strafe, über das Verhältnis von Demokratie und Kirche, über Bürger und Laien, über Synode und Parlament zu sagen hatte, war von enormer Wichtigkeit, denn es prägte bestimmte Richtungen des Protestantismus und führte in zentralen Fragestellungen weit über die traditionelle evangelische Theologie und Sozialethik hinaus. Zudem setzte er einen ganz eigenen Akzent in den Jahren des Wiederaufbaus und des Wirtschaftswunders: Heinemanns Eintreten für Menschenrechte, Demokratie und Freiheit ragten heraus aus einer Zeit, in der unkritischer Obrigkeitsgehorsam noch nicht völlig überwunden war und spießbürgerliche Behäbigkeit den Ton angab. Darum ist es wichtig und nicht nur von historischer Bedeutung, Grundlinien der politischen Ethik Heinemanns im Zusammenhang mit seiner politischen Biographie herauszuarbeiten und nach ihrer bleibenden Aktualität zu fragen.

Der Weg zur Präsidentschaft

Der Jurist Gustav Heinemann war ebensosehr in der evangelischen Kirche wie in hohen politischen Ämtern zu Hause. 1933 hatte Heinemann zum Christentum gefunden, er engagierte sich daraufhin in Essen in der Bekennenden Kirche und im lokalen CVJM. Heinemann lernte Karl Barth kennen und befreundete sich später mit ihm. Nach dem Krieg gehörte er zu den Mitunterzeichnern des Stuttgarter Schuldbekenntnisses und hatte als Mitglied des Rates der EKD und als Präses ihrer Synode höchste kirchliche Ämter inne. Gleichzeitig lag ihm die ökumenische Bewegung am Herzen: So nahm er an den Weltkirchenkonferenzen in Amsterdam (1948) und in Evanston (1954) teil und arbeitete in wichtigen ökumenischen Gremien und Ausschüssen mit.

Politisch engagierte sich Heinemann 1945 als Mitbegründer der CDU in Essen. Dort war er Oberbürgermeister und später Innenminister im Kabinett Adenauer. Nach Differenzen mit ihm erklärte er seinen Rücktritt und gründete die Gesamtdeutsche Volkspartei (GVP). Diese löste sich 1957 auf, und Heinemann trat zusammen mit einigen Freunden, darunter Johannes Rau und Erhard Eppler, in die SPD ein. Für die SPD zog er nach den Wahlen in den Deutschen Bundestag ein. 1958 wurde er durch eine Rede berühmt, in der er seinen antikommunistischen Kritikern zurief: „Es geht um die Erkenntnis, daß Christus nicht gegen Karl Marx gestorben ist, sondern für uns alle." Theologisch spricht daraus die unbedingte Verpflichtung gegenüber der christologisch begründeten Gleichheit aller Menschen. Beides prägte ihn in seinem Reden und Handeln. An beidem läßt sich verfolgen, welche Überlegungen ihn leiteten und welche praktischen Konsequenzen er daraus zog.

Schon in jener Zeit war Heinemann gelegentlich heftigen Angriffen aus der Kirche ausgesetzt. Lutheraner wie der Bischof der Hannoverschen Landeskirche Hanns Lilje warfen Heinemann vor, insbesondere durch sein deutschlandpolitisches Engagement Politik und

Gustav Heinemann privat, November 1960

Theologie in unzulässiger Weise zu verquicken. Ähnliche Vorwürfe kamen in der folgenden Zeit immer wieder auf.

1966 wurde Heinemann als Vertreter der SPD Justizminister im Kabinett der Großen Koalition unter Bundeskanzler Kiesinger – der erste sozialdemokratische Justizminister, seit Gustav Radbruch dieses Amt in der Weimarer Republik innehatte.

1969 wird Heinemann als erster Sozialdemokrat zum Bundespräsidenten gewählt. Als Bundespräsident setzte er sich für die Aussöhnung mit den Nachbarn, für die Vertiefung republikanischen und demokratischen Bewußtseins sowie insbesondere für Minderheiten in der Gesellschaft ein. Heinemann wollte nicht Staats-, sondern Bürgerpräsident sein.

Es ist bekannt, daß Heinemann in diesen Jahrzehnten intensiven politischen Engagements Wert darauf legte, die Trennung von Kirche und Staat sozusagen in eigener Person zu vollziehen. Er bestand beispielsweise darauf, daß auf Wahlplakaten seine kirchlichen Ämter nicht genannt wurden. Politikwissenschaftler haben im Rückblick darauf von einem „mißglückten Kunstgriff" gesprochen. Aber diese Kritik trifft Heinemann nur äußerlich. Denn selbstverständlich war bekannt, daß der Politiker Heinemann hohe kirchliche Ämter bekleidet hatte, auch wenn sie in seiner politischen Biographie nicht ausdrücklich genannt wurden.

Zu fragen ist statt dessen nach den Absichten, die Heinemann mit dieser Trennung verfolgte: Ihm lag nichts daran, seine religiöse Überzeugung zum Vehikel eines politischen Kalküls zu machen; er wollte sachliche und persönliche Ebene auseinanderhalten. Seiner Überzeugung nach war beides konsequent zu unterscheiden. Und diese Unterscheidung war das Ergebnis einer ganz bestimmten, ausdrücklich theologischen Überlegung. Eine Fülle von Schriften und Aufsätzen zeugt davon, daß Heinemann über das Verhältnis von Christentum und Politik, von Staat und Kirche, aber auch über Rechtstheologie und Rechtsethik intensiv nachdachte. Daß er damit seiner Zeit weit voraus war und daß seine Überlegungen zum Teil bis heute noch nicht richtig aufgenommen worden sind, zeigen Heinemanns Überlegungen zu Grundgesetz und Menschenwürde.

Heinemann hatte es als Essener Oberbürgermeister abgelehnt, Mitglied des Parlamentarischen Rates zu werden und so Einfluß auf das entstehende Grundgesetz zu nehmen. Im nachhinein muß man dies bedauern. Zwar hätte er im Parlamentarischen Rat die CDU repräsentiert und nicht den Protestantismus oder die evangelische Kirche. Dennoch wäre es mit Heinemann im Parlamentarischen Rat sicherlich gelungen, den Einfluß der evangelischen Kirchen auf eine andere Weise geltend zu machen, als das dann faktisch geschah. Es bestand in der evangelischen Kirche kein besonderes Interesse an der Mitwirkung bei der politischen und juristischen Ausgestaltung des neuen Grundgesetzes. Das war in der katholischen Kirche ganz anders: Der Kölner Prälat Böhler sicherte durch vielfältige Kontakte und Interventionen den Einfluß der katholischen Kirche. Diese fehlende Repräsentanz des Protestantismus spiegelte sich in der Folgezeit darin wider, daß die evangelische Kirche einige Schwierigkeiten hatte, ein eigenes Verhältnis zur Bonner Demokratie und zum freiheitlichen Rechtsstaat des Grundgesetzes zu gewinnen. Gustav Heinemann gehört zu den ersten, die eine kritische Distanz der evangelischen Theologie zum Grundgesetz überwanden.

Ganz besonders deutlich macht das ein Vortrag, mit dem sich Heinemann, damals Justizminister, 1967 in Bonn für die Ehrenpromotion durch die theologische Fakultät bedankte. Schon diese Auszeichnung ist bemerkenswert und wirft ein Licht auf die Qualität, die man den theologischen Überlegungen Heinemanns zuerkannte.

Heinemann stellte zunächst fest, daß sich die erste deutsche Demokratie in Weimar nur schwer gegen das etablierte lutherische Obrigkeitsdenken der evangelischen Kirchen, gegen deren „Patriarchalismus“ und gegen deren „staatskirchliche Privilegien“ durchsetzen konnte. Auch die zweite demokratische Verfassung Deutschlands, das Grundgesetz der Bundesrepublik von 1949, war für ihn nach Inhalt, Zielen und Grundgedanken gegen das Obrigkeitsdenken gerichtet. Das Grundgesetz stellte weder den Staat noch den Gesetzgeber, sondern den Bürger und die Bürgerin in den Mittelpunkt. Diese zentra-

Gustav Heinemann wird für seine Leistungen vielfach ausgezeichnet. Hier erhält er 1974 die Ehrendoktorwürde der New School for Social Research, New York

le Stellung findet darin ihren Ausdruck, daß die Menschenwürde zum Mittelpunkt und Ausgangsprinzip der Verfassung gemacht wird.

Heinemann versuchte in der Folge, die damalige autoritätsfixierte lutherische Staatstheologie aufzubrechen, indem er zwischen dem Christentum und den im Grundgesetz geschützten Werten und Rechten Verbindungslinien aufzeigte. Aber dafür erhob er keinen Ausschließlichkeitsanspruch. Genauso war es ihm möglich, Verbindungslinien zwischen Grundgesetz und Humanismus, zwischen Grundgesetz und Aufklärung zu ziehen. Heinemann beanspruchte kein „christliches Monopol" für die Interpretation der Verfassung. In den Bestimmungen des Grundgesetzes war für Heinemann der Minimalkonsens festgelegt, den eine pluralistische Gesellschaft zu ihrer Selbsterhaltung benötigt. Das bedeutete für ihn keine Abgrenzung zwischen Christentum und Politik, sondern vielmehr eine außerordentliche positive Verbindung, durch die sich Monopolansprüche verhindern lassen.

Gleichwohl kann sich Heinemann diese Verbindung nicht so vorstellen, wie sie im katholischen Naturrechtsmodell realisiert ist. Das Naturrecht hatte durch katholische Politiker aus der CDU und die Hirtenbriefe katholischer Bischöfe auf die Entstehung des Grundgesetzes großen Einfluß. Heinemann jedoch lehnt die Fixierung Gottes in „zeitlose Ordnungsnormen oder Wesensbestimmungen" ab. Genau das aber geschieht im Naturrecht. Gottes Gebote können für Heinemann nicht unter Absehung von der Geschichte bestimmt werden. Es gilt, in jeder Situation neu zu fragen, was es heißt, Gott gehorsam zu sein, und diesen Gehorsam versteht Heinemann als Wagnis, als Risiko. Die situationsethisch begriffene Freiheit des einzelnen steht für Heinemann höher als die unbedingte Orientierung an universal erkennbaren Normen, wie sie im Naturrecht gefordert wird. Ein harmonisierendes Verständnis von Naturrecht, das die Differenzen zwischen katholischer und evangelischer Kirche überbrückt, lehnte Heinemann ausdrücklich ab.

Rechtstheologische Erwägungen müssen berücksichtigen, daß das Grundgesetz die Existenz einer pluralistischen Gesellschaft zur Voraussetzung hat. Gleichwohl reicht auch ein bloßer Gesetzespositivismus zur Verständigung über die gemeinsamen Werte einer Gesellschaft nicht aus; vielmehr ist im Grundgesetz eine bestimmte Normengrundlage benannt, an der sich die divergierenden Kräfte einer pluralistischen Gesellschaft orientieren können. Die im Grundgesetz verbürgten Menschenrechte waren für Heinemann nicht ausschließlich Produkt der Ideen von 1789, nicht nur Produkt eines atheistischen Liberalismus. Vielmehr sind sie sehr wohl auch einer christlichen bzw. theologischen Interpretation zugänglich, obwohl die Bibel Begriffe wie Menschenrechte, Menschenwürde und Demokratie gar nicht kennt. Von kirchlicher Seite hatte man an den Menschenrechten häufig kritisiert, sie setzten einen antitheologischen Liberalismus voraus. Gegen diese Verbindung argumentierte Heinemann. Er überwand diese Position durch seinen Vorschlag einer theologischen Interpretation der Menschenrechte.

Diese skizzierte Heinemann mit wenigen Strichen. Er stellte zunächst fest, daß der Mensch durch seinen Ungehorsam vor Gott jedes Recht verwirkt habe. Gott aber richtet an Stelle der Menschen seinen eigenen Sohn. In der Auferweckung von den Toten wird Christus als Weltenherrscher ins Recht gesetzt. Darum muß für Heinemann das „Daseins- und Lebensrecht des Menschen“ auf die vorausgehende Güte Gottes zurückgeführt werden. Der Mensch hat Würde, weil er zuvor von Gott gewürdigt wurde. Diese Würde kommt dem Menschen nicht von Natur zu, sondern wird ihm erst durch das Geschehen von Kreuz und Auferweckung vermittelt.

Aus diesem christologischen Verständnis der Menschenwürde folgen unmittelbare ethische Konsequenzen: Weil der Mensch von Gott gewürdigt ist, darf er unter keinen Umständen erniedrigt, mißbraucht oder entwürdigt werden.

Auf dieser Überlegung bauten für Heinemann die Grundrechte auf: Sie waren für ihn keine „Magna Charta menschlicher Autonomie“, sondern vielmehr Schutzinstrumente gegen Mißbrauch und Entwür-

Bundesjustizminister Gustav Heinemann 1968 bei einem Besuch in Israel vor der Westmauer des Tempels in Jerusalem (der sog. Klagemauer)

digung. Und Heinemann folgerte: Wenn das richtig ist, dann müssen sich auch Christen an Schutz und Bewahrung der Grundrechte beteiligen. Es ist eine gemeinsame Aufgabe zu verhindern, daß „der Mensch zum Objekt staatlicher Macht gemacht wird."

Dies zeigt auch die praktisch-politische Arbeit Heinemanns als Justizminister in den Jahren 1966 bis 1969 im Kabinett der Großen Koalition unter Bundeskanzler Kiesinger. Heinemann war als Justizminister gut vorbereitet, denn er hatte lange als Justitiar und Anwalt praktiziert, unter anderem Kriegsdienstverweigerer, Zeugen Jehovas und unter dem politischen Strafrecht Angeklagte verteidigt. Schon als Anwalt hatte er sich also um den Schutz von Minderheiten verdient gemacht.

Die wichtigste Aufgabe, die Heinemann als Justizminister in Angriff nahm, war die Reform des Strafrechts, die schließlich im Achten Strafrechtsänderungsgesetz von 1968 Gestalt annahm: In ihm wurde das politische Strafrecht erheblich eingeschränkt. Bagatellstraftaten wurden zu bloßen Ordnungswidrigkeiten herabgestuft. Vor allem aber leitete Heinemann damit eine Reform des Strafvollzugs ein. Deren oberstes Ziel war die Resozialisierung von Tätern, die ihre Haft verbüßt hatten, und ihre Wiedereingliederung in die Gesellschaft. Auch die Würde des gefangenen Menschen galt Heinemann als unantastbar. Darum wurde die Zuchthausstrafe abgeschafft. Außerdem durften nur noch in Ausnahmefällen Freiheitsstrafen unter sechs Monaten Dauer verhängt werden. Heinemann mußte sich während der Verabschiedung dieser Reform immer gegen das Mißverständnis wehren, die Änderungen würden eine Verharmlosung oder Verweichlichung des Strafvollzugs bedeuten. Gegen solche Argumente aus den Reihen der Opposition oder des christdemokratischen Koalitionspartners wußte sich Heinemann jedoch immer zur Wehr zu setzen.

In einem weiteren Gesetz erreichte er, daß Ehebruch und Homosexualität unter Erwachsenen nicht mehr strafrechtlich verfolgt wurden. Diese Gesetze verteidigte Heinemann regelmäßig mit dem Hinweis auf die notwendige Unterscheidung zwischen Moral und Recht: „Nicht alles, was sittlich unerlaubt ist, muß in der freiheitlichen Demokratie auch bestraft werden."

In Heinemanns Zeit als Justizminister fiel auch die Verabschiedung der umstrittenen Notstandsgesetze. Das führte zu Konflikten mit den Freunden und Weggenossen in der Kirche, insbesondere mit Helmut Gollwitzer. Was die Notstandsgesetze betraf, so wollte Heinemann das Feld nicht einfach den Konservativen überlassen, er befürwortete den Kompromiß, der unter sozialdemokratischer Beteiligung zustande gekommen war. Trotz dieser Meinungsverschiedenheiten suchte Heinemann immer den Dialog mit den Studenten, mit der Außerparlamentarischen Opposition und mit den Freunden in der Kirche, die gegen diese Gesetze protestierten und demonstrierten.

Einsatz für Menschenwürde und Grundrechte

Heinemanns Praxis als Justizminister lebte von den politisch-ethischen Grundentscheidungen, denen er als evangelischer Christ verpflichtet war. Der unermüdliche Einsatz für Menschenwürde und Grundrechte, für den Schutz von Minderheiten und politisch Benachteiligten, steht in der Theologie der fünfziger und sechziger Jahre einzigartig dar. Heinemanns Überlegungen sind ganz untypisch für die evangelische Rechtstheologie der ersten Jahrzehnte der Bundesrepublik, die auf das entstehende Grundgesetz kaum Einfluß nahm und sich in den folgenden Jahren eher mit abstrakten Fragen der Institutionentheorie als mit den realen Verhältnissen in der Bundesrepublik beschäftigte.

Heinemann ging es um die Kritik einer in Deutschland tief in der politischen Mentalität verankerten Untertanenmentalität, die nicht zuletzt von einer autoritätsgläubigen konservativen Theologie inspiriert wurde. An die Stelle der Untertanen trat für Heinemann der mündige Bürger und die mündige Bürgerin. In seiner schon erwähnten Bonner Rede führte er aus: Der Rechtsstaat darf nicht auf ein „System formaler Rechtstechnik" reduziert werden; daneben muß die Staatsmacht begrenzt und die Freiheit der Bürger geschützt werden. Damit kann das patriarchalische Staatsverständnis der älteren lutherischen Theologie nicht in Einklang gebracht werden. Diese verstand den Staat im Anschluß an Römer 13 als Stiftung Gottes, dem von seinen Untertanen unbedingter Gehorsam zu leisten sei.

Heinemann setzte dem die fünfte These der Barmer Theologischen Erklärung entgegen, die an die Verantwortung von Regierenden und Regierten erinnert. Das passive, autoritätshörige Untertanendasein entspricht für Heinemann nicht der Menschenwürde; ihm geht es statt dessen um „eine aktive Einordnung der Bürger in die Gemeinschaft eines freiheitlichen Rechtsstaates“, welcher von allen in „staatsbürgerliche(r) Mitverantwortung“ getragen wird.

Schließlich kam Heinemann zu dem Ergebnis, der Rechtsstaat lasse sich „sehr wohl nicht nur in seinen Grundrechten, sondern auch im ganzen als die Bemühung um ein gutes Verhältnis zwischen Macht und Recht, daß heißt um die Mäßigung der Macht durch das Recht und durch staatsbürgerliche Mitverantwortung zugunsten der Würde des Menschen christlich interpretieren“.

An dieser Begründung der Grundrechte und der Menschenwürde ist mehreres bemerkenswert: Heinemann setzt christologisch ein. Der Mensch hat nicht Würde wegen seiner vorgegebenen Gottebenbildlichkeit, sondern weil er zuvor durch das Heilsgeschehen in Kreuz und Auferstehung Jesu Christi gewürdigt worden ist. Würde wird also nicht wie im Naturrecht ontologisch verstanden. Um der Würde des einzelnen Menschen willen muß die Macht der Exekutive an eine rechtliche Ordnung gebunden sein.

Mit dieser Begründung ist zumindest indirekt ein Zusammenhang zwischen der Freiheit des Glaubens und den Freiheiten der Grundrechte geschaffen. Denn die Grundrechte kommen dem einzelnen, deshalb zu, weil Jesus Christus auch für ihn gestorben und auferstanden ist. Ob der einzelne daran glaubt oder nicht, spielt keine Rolle. Die für das obrigkeitliche Verständnis des Staates entscheidende Funktionsbestimmung, das Böse einzudämmen, wird von Heinemann aufgenommen und auf die Institution der Grundrechte übertragen: Sie gewährleisten dem einzelnen Schutz vor staatlichen Übergriffen, die ihn zum Untertan degradieren. Die traditionell positive theologische Bewertung des Staates wird aufgegeben; an ihre Stelle tritt Ambivalenz: Es ist möglich, daß der Staat seiner Aufgabe, für Recht und Frieden zu sorgen, gerecht wird, ebenso ist es möglich, daß der Staat –

Gustav Heinemann mit Coretta Scott-King, Witwe von Martin Luther King

wie im Nationalsozialismus – diese Aufgabe verfehlt und sich gegen diejenigen wendet, die er eigentlich schützen sollte. Der unbedingte Obrigkeitsgehorsam verwandelt sich in eine reflektierte Loyalität gegenüber dem demokratischen Rechtsstaat, die auf der Einsicht des mündigen Bürgers beruht.

Würde beinhaltet nach Heinemann nicht nur Freiheit, sondern auch Gleichheit. Auch dies wird gegen eine bestimmte Tradition protestantischer Theologie betont, die vom „Ungleichheitsdenken" ausging. Mit Jesus Christus ist für Heinemann eine Gleichheit aller Menschen gegeben, die allen bestehenden Ungleichheiten entgegensteht. Das hat für Heinemann Auswirkungen auf das Recht: Menschliches Leben darf nicht als lebensunwert mißachtet werden. Beispielsweise setzte er sich dafür ein, daß uneheliche Kinder ehelichen Kindern rechtlich gleichgestellt werden. Wer die Debatten um die Kindschaftsrechtsreform verfolgt hat, erkennt, wie sehr diese mehr als dreißig Jahre alten Thesen Heinemanns noch heute aktuell sind, denn die endgültige Gleichstellung von ehelichen und unehelichen Kindern verwirklichte der Gesetzgeber erst mit der Reform vom Sommer 1998.

Papst Paul VI. verabschiedet den Bundespräsidenten Gustav Heinemann im Vatikan

Heinemann versucht sich in seinen Überlegungen an einer christlichen Rechtsbegründung, die jenseits von (katholischem) Naturrecht und machtfixiertem Rechtspositivismus steht. Er überwindet die Machtfixierung der alten Obrigkeitstheologie. Obrigkeit ist für Heinemann gleichzeitig ein politischer und ein theologischer Begriff. Der Staat sieht sich selbst als Obrigkeit. Das ist die politische Selbstbeschreibung, und die Kirche nimmt dieselbe Perspektive ein: Sie akzeptiert den Staat als Obrigkeit.

Für Heinemann jedoch ist der Staat gerade nicht mehr Obrigkeit, dem Gehorsam zu leisten ist, sondern eine demokratische Gemeinschaft von Bürgerinnen und Bürgern. Damit nimmt Heinemann Grundentscheidungen vorweg, die in der evangelischen Kirche erst zwei Jahrzehnte später auf breiter Ebene aufgenommen wurden. Diese Neuorientierung findet ihren Ausdruck in der wichtigen Demokratie-Denkschrift der EKD von 1985.

Dieses sich nach Heinemanns Tod ausbreitende Verständnis für seine Ausführungen darf aber nicht darüber hinwegtäuschen, wie umstritten seine Überlegungen in den fünfziger und sechziger Jahren gerade in der evangelischen Kirche waren. Das gilt um so mehr, als Heinemann mit seinem christologisch bestimmten Verständnis der Menschenwürde auch half, die in der evangelischen Theologie verbreitete Skepsis gegenüber dem Grundgesetz und der Demokratie zu überwinden. Denn diese theologische Skepsis gründete gerade in einem übersteigerten Naturrechtsverdacht. Heinemann trug hier dazu bei, zwischen Naturrecht und Grundgesetz zu differenzieren.

Das Verhältnis von Kirche und Staat

Dieselben Kontroversen zeigen sich auch an seinem Verständnis der Kirche und an seinen Überlegungen zum Verhältnis von Kirche und Staat. Diese hat Heinemann in mehreren großen Reden entfaltet, die fast alle in seine Zeit als Bundespräsident gehören.

Heinemann wurde am 5. März 1969 in Berlin von der Bundesversammlung im dritten Wahlgang zum Bundespräsidenten gewählt. Willy Brandt hatte Monate zuvor über den Kandidaten Heinemann gesagt: „Dieser Mann wird als Bundespräsident das politische Gewissen unseres Vaterlandes verkörpern und auch einer jungen kritischen Generation dabei helfen können, ihre Rolle in dieser Zeit und in diesem Staat erkennen zu können. Die fast puritanische Schmucklosigkeit unseres ... Bundesjustizministers, der so viele Jahre seines Lebens in den Dienst der Kirche gestellt hat, mag manchmal unterkühlt wirken. Wir, die ihn kennen, wissen nicht nur um seinen trockenen Humor, sondern auch um seine herzliche Menschlichkeit."

Brandts Worte zeigen schon an, daß sich Heinemann auch im Amt des Bundespräsidenten in seinen Prinzipien und Tugenden treu blieb. Heinemann war der erste Sozialdemokrat im Amt des Bundespräsidenten. Er wollte ein Bürgerpräsident sein, kein „Staatsschauspieler".

In der Bundesrepublik leitete seine Wahl den Wechsel von der Großen zur sozialliberalen Koalition ein, von Bundeskanzler Kiesinger zu Bundeskanzler Brandt. In Heinemanns Zeit fiel auch das gescheiterte konstruktive Mißtrauensvotum durch den Oppositionsführer Rainer Barzel sowie der Rücktritt Willy Brandts als Bundeskanzler als Folge der Guillaume-Affäre.

Heinemann erfüllte getreulich die Pflichten des Amtes, von den Empfängen über die Ordensverleihungen bis zu den Staatsbesuchen. Doch wo es möglich war, trotzte er dem präsidialen Zeremoniell seine Freiheiten ab. Er gab sich nicht steif und hochherrschaftlich, sondern nüchtern und bescheiden. Er scheute den Konflikt mit der Etikette nicht. Die Anekdoten und Legenden darüber sind Legion. Das brachte ihm den Respekt und die Anerkennung der Bürgerinnen und Bürger ein. Er wollte Bürgerpräsident sein, und als solcher wurde er gesehen.

Im Gegensatz zu seiner Zeit als Justizminister wirkte der Bundespräsident Heinemann nicht so sehr durch politische Aktionen und Initiativen. Das Grundgesetz legt dem Bundespräsidenten in dieser Hinsicht enge Grenzen auf.

Wirkung erzielte Heinemann vor allem durch seine Reden. Nicht zuletzt wegen dieser Reden nannte Heinrich Böll Gustav Heinemann 1974 in einem Zeitungsartikel einen „Radikalen im öffentlichen Dienst".

Betrachtet man Heinemanns Zeit als Bundespräsident, dann fällt auf, wie wenige theologische Äußerungen sich aus dieser Zeit bei ihm finden. Das wird – so kann vermutet werden – zwei Gründe haben: zum einen das erwähnte Bestreben Heinemanns, kirchliche und staatliche Ämter möglichst strikt zu trennen, zum anderen das Bewußtsein, daß der höchste Repräsentant eines Staates, der sich als „Heimstatt aller Bürger" und darum als weltanschaulich neutral versteht, in religiösen Dingen Zurückhaltung zu üben habe.

Doch auch die wenigen Reden, die Heinemann im Zusammenhang

Gustav Heinemann im Gespräch mit Willy Brandt bei der Bundesversammlung in Berlin am 5. März 1969, die Heinemann zum Bundespräsidenten wählte (v.l.n.r.: 1. Hilda Heinemann, 3. Außenminister Willi Brandt, 5. Gustav Heinemann)

mit dem Themenfeld Kirche – Glaube – Politik gehalten hat, ergeben ein klares Bild. Wie in der Rede aus Anlaß der Ehrenpromotion in Bonn offenbaren die Ausführungen eine breite historische Kenntnis des Verhältnisses von Staat und Kirche nicht nur der Bundesrepublik, sondern auch anderer Länder. Das landesherrliche Kirchenregiment vor 1918, die Barmer Theologische Erklärung, die Zeit der Bekennenden Kirche im Nationalsozialismus, die Stuttgarter Schulderklärung, die Ost-Denkschrift der EKD: das alles ist Heinemann vertraut. So sehr er für die Unterscheidung von Staat und Kirche eintrat, so vehement er gegen eine Staatskirche plädierte, so prinzipienfest er an der weltanschaulichen Neutralität der Verfassung der Bundesrepublik festhielt, so sehr ermunterte Heinemann die Kirchen, in politischen Fragen Stellung zu nehmen und dabei Konflikte nicht zu scheuen: „Die Kirche", sagt Heinemann im Blick auf die Ost-Denkschrift der EKD von 1965, „sollte sich nicht verführen lassen, zu allem und jedem Stellung zu nehmen. Sie darf jedoch nicht schweigen, wo das Evangelium ihr gebietet zu reden." Heinemann forderte die Kirchen auf, gerade zu in der Öffentlichkeit ausgegrenzten und wenig beachteten Problemen Stellung zu beziehen, und nannte als Beispiel die Diskriminierung von Minderheiten und die Behandlung der „Gastarbeiter". Kirche soll das Wort ergreifen gegen „Spekulanten", sie soll sich für die Resozialisierung straffällig Gewordener einsetzen, für die Alten, die Behinderten, die Kranken, kurz, für alle diejenigen Minderheiten, deren Stimme nicht gehört wird und die darum stellvertretendes Reden und Handeln benötigen. Wo die Kirche in Zweifel gerät, ob sie vom Evangelium her das Wort ergreifen soll, da rät Heinemann zur Freimütigkeit und erinnert daran, daß „die Versuchung für die Kirche zu schweigen stets größer war als die, offen und frei zu reden und zu bekennen." Heinemann ging an diesem Punkt als Bundespräsident entschieden weiter als etwa sein Nachfolger Karl Carstens, und er steht darin Richard von Weizsäcker sehr viel näher als seinem Parteifreund Helmut Schmidt. Alle vier genannten Politiker haben auf ihre Weise das Verhältnis von evangelischer Kirche und Politik reflektiert. Heinemann und Weizsäcker treffen sich insbesondere in der Ermunterung der Kirchen zu aktivem Engagement in der politischen Kultur. Dieses Engagement schließt ausdrücklich kritische, unbequeme Positionen mit ein. Die Kirchen sind nicht auf ein Instrument der Integration der Gesellschaft zu reduzieren. So gegensätzliche Politiker wie Schmidt und Carstens treffen sich demgegenüber genau in der Skepsis, was dieses politische Engagement der Kirchen angeht.

Obwohl er den Staat als weltanschaulich neutral verstand, konnte Heinemann von der „Kirchenfreundlichkeit" des Staates sprechen, und er meinte damit einen Staat, der Freiheit gewährt für Verkündigung und Gottesdienst, für die selbständige und selbstverantwortete Organisation der Kirchen und für diakonische Maßnahmen – unter Einschluß der politischen Diakonie. Der Staat billigt den Kirchen gleiche Freiheiten zu, aber um der weltanschaulichen und religiösen Neutralität willen benutzt er sie nicht für politische Zwecke.

Seine warmherzigen Seiten gab Gustav Heinemann nur selten preis.

Heinemann, der Bürgerpräsident, vertrat ein Modell der differenzierten Zuordnung von Staat und Kirche. Dazu gehören als Voraussetzungen die weltanschauliche Neutralität des Staates und des Grundgesetzes, gleichzeitig die Ermunterung der Kirchen zu politischem Engagement, zu gesellschaftlicher Diakonie und nicht zuletzt die prinzipielle Kirchenfreundlichkeit des Staates, welche kirchlichem Einsatz und Engagement keine juristischen Steine in den Weg legt. Dieser Neuansatz der differenzierten Zuordnung war für Heinemann die notwendige Konsequenz aus den Fehlern der autoritätshörigen Obrigkeitstheologie, die das landesherrliche Kirchenregiment kennzeichnete und die sich im Kirchenkampf so verhängnisvoll auswirkte. Gegen sie hat Heinemann gekämpft, und an deren Stelle knüpfte er an die Barmer Theologische Erklärung, die Tradition der Bekennenden Kirche und die Theologie Karl Barths an, dem er freundschaftlich verbunden war.

Den Wechsel vom autoritären Obrigkeitsstaat zum Staat als der Gemeinschaft von Bürgerinnen und Bürgern konnte Heinemann um so leichter vollziehen, als er auch die Kirche nicht als autoritär geleitete Bischofskirche begriff, sondern sich immer vehement für ihre synodale Verfassung eingesetzt hat. Die Synode repräsentierte für ihn das Element des Demokratischen in der Kirche. Das Eintreten für die synodale Verfassung ist auch ein Spiegel des dauernden Einsatzes für die stärkere Repräsentation der Laien und Nichttheologen in der Kirche, insbesondere in der Kirchenleitung. Heinemann forderte, die Kirche müsse sich weniger als Behörde und mehr als Gemeinde verstehen. Auch in dieser Umorientierung sah er vor allem das demokratische Element. Nur so konnten für ihn Seelsorge und der Dialog der kirchlichen Gruppen untereinander gestärkt werden. Und nur so wurde die Kirche für ihn innerhalb der Gesellschaft und für andere gesellschaftliche Gruppen gesprächsfähig.

Drei Punkte zeichnen – zusammenfassend – die politische Ethik Heinemanns entscheidend aus. 1. Er legt als einer der ersten evangelischen Christen eine theologische Interpretation der Menschenwürde vor. Der Mensch hat Würde, weil er zuvor von Gott gewürdigt wurde. 2. Der Staat wird nicht als Obrigkeit, sondern als „Helfer zu ei-

nem geordneten gemeinschaftlichen Leben freier Bürger" verstanden.
3. Kirche muß sich von ihren eigenen Obrigkeitsstrukturen befreien. Sie hat einen politischen Auftrag, der sich nicht im Formulieren von Konsensen und gemeinsamen Überzeugungen erschöpft, sondern besonders auch auf den Einsatz für Minderheiten erstreckt, die sich politisch sonst keine Stimme verschaffen können.

In einer Gesellschaft, die zunehmend pluralistischer wird und in der der Einfluß der Kirche abnimmt, müssen diese drei Punkte als Aufgaben verstanden werden, denen sich die evangelische Kirche immer wieder zu stellen hat. Nur so kann sie ihrem Auftrag gerecht werden. Heinemann hat aus diesen Prinzipien politisch-theologischer Ethik gedacht und geredet. Er hat dafür als engagierter Laie in der Kirche, als Anwalt und Justizminister sowie als Bundespräsident überzeugende Beispiele praktisch-politischer Umsetzung geliefert.

KAPITEL

An der Seite ihres Mannes

Hilda Heinemann

von Ursula Salentin

Als Gustav Heinemann am 5. März 1969 nach einem dramatischen Kopf-an-Kopf-Rennen mit dem damaligen CDU-Kandidaten, dem Bundesverteidigungsminister Gerhard Schröder, die Wahl zum Bundespräsidenten knapp gewann, war dies nach 20jähriger CDU-Vorherrschaft nicht nur ein Signal zum politischen Klima-, sondern tatsächlich ein Stück Machtwechsel. Von dem ersten Präsidenten aus den Reihen der SPD erwartete man einen neuen Stil der Amtsführung: Bürgernähe und Schlichtheit waren angesagt.

Hilda Heinemann hatte die für ihren Mann entscheidenden Stunden auf der Tribüne der Ostseehalle in Berlin verbracht. Die in der Öffentlichkeit bis dahin wenig bekannte weißhaarige ältere Dame ant-

Hilda und Gustav Heinemann bei der festlichen Verabschiedung von Bundespräsident Heinrich Lübke auf Schloß Brühl 1969

wortete damals auf die Frage eines Reporters nach dem Grund ihrer Anwesenheit, sie wolle am Ort des Geschehens sein, um „notfalls auch den Schmerz der Niederlage“ mit ihrem Mann zu teilen. Und weiter gab sie zu verstehen, daß sie seine Aktivitäten immer begleitet, seine Arbeit nicht nur respektiert, sondern mitgelebt habe. Die enge Verbundenheit des Ehepaares brachte es mit sich, daß Hilda Heinemann im Laufe der fast 60 Jahre Gemeinsamkeit ein empfindsames Sensorium für Anerkennung oder Mißachtung entwickelt hatte, die man ihrem Mann entgegenbrachte. Sein eigenwilliger politischer Lebensweg – vom CDU-Innenminister unter Adenauer (1949/50) zum Mitbegründer der Gesamtdeutschen Volkspartei (1952) und schließlich zum SPD-Justizminister unter dem Kanzler der Großen Koalition Kurt-Georg Kiesinger (1966 bis 1969) – führte zu manchen Mißdeutungen. In diesen bewegten Jahren, in denen Gustav Heinemann sowohl Zustimmung als auch Ablehnung, vor allem aber Unverständnis entgegengebracht wurde, stand Hilda Heinemann immer eindeutig auf seiner Seite. Sie war sicher, daß ihr Mann aus christlicher Verantwortung so und nicht anders handelte. Deshalb war ihr seine Wahl zum Bundespräsidenten eine tiefe Genugtuung, die sinnvolle Krönung seines Lebens, ja, mehr noch ein Hinweis darauf, daß sich das demokratisch-republikanische Bewußtsein in der Bundesrepublik allmählich festigte.

Für Gustav und Hilda Heinemann – damals siebzig und dreiundsiebzig Jahre alt – begann mit der Übernahme der Präsidentschaft das letzte Kapitel ihres gemeinsamen Lebens. Als Bundespolitiker hatte Gustav Heinemann die Woche über in seinem Bonner Appartement gelebt und war nur an den Wochenenden zu Frau und Kindern nach Essen in die Schinkelstraße 34 gekommen. Hilda Heinemann hingegen hatten Kinder, später Enkelkinder dort in die Pflicht genommen. Dem Umzug nach Bonn sah deshalb vor allem Hilda Heinemann mit Spannung entgegen, eröffnete ihr doch die Position ihres Mannes die Möglichkeit – befreit von allen familiären Verpflichtungen –, ihren Neigungen in kulturellen und sozialen Bereichen nachzugehen und, wie sie hoffte, für alle Fragen mitbürgerlichen Denkens und praktischer Nächstenliebe offen zu sein.

Die neue Präsidentenfrau war durch Erziehung, Ausbildung und bisherigen Lebensweg auf die Aufgaben einer First Lady – eine Bezeichnung, die sie ablehnte, sie wurde lieber als Frau Heinemann apostrophiert – gut vorbereitet. Väterlicherseits stammte sie aus einer angesehenen Bremer Kaufmannsfamilie, die sich seit Generationen vom Getreide- und Salzhandel ernährte, und mütterlicherseits aus schweizerischem Patriziat. Ihr Großvater war Berner Münsterpfarrer. Zu ihren Vorfahren gehörte eines der letzten Universalgenies: der Arzt, Naturforscher, Philosoph und Dichter Albrecht von Haller. Der Lebenszuschnitt der deutsch-schweizerischen Familie Ordemann, die in Bremen in einer Jugendstilvilla wohnte, war betont schlicht. Gediegener Reichtum verbarg sich hinter Bescheidenheit und Zurückhaltung. Ideale der Kaiserzeit wie konservativ-liberale und nationale Gesinnung, ausgeprägte Ehr- und Pflichtvorstellungen, aber auch Bremer

Tugenden wie Zurückhaltung, Zuverlässigkeit und nüchterner Sinn wurden hochgehalten. Letztbestimmend und mehr als alle weltlichen Maximen aber galt die streng protestantische Erziehung, die zum unveräußerlichen Besitz in Hilda Heinemanns Leben wurde.

Daß Hilda Heinemann dennoch von frühster Jugend an mit Not, Leid und Ungerechtigkeit dieser Welt in Berührung kam, verdankte sie ihrer älteren Schwester Gertrud, die die eigene Familie und deren gesellschaftliches Umfeld immer skeptisch beobachtete und sich früh in linksprotestantischen Kreisen engagierte, religiöse Sozialistin wurde und in der Gefangenenfürsorge aktiv mitarbeitete.

Bei Ausbruch des Ersten Weltkriegs war Hilda Heinemann eine achtzehnjährige „höhere Tochter", die begriff, daß ein sinnvoller Beruf für ihre Generation vermutlich zur Lebenserfüllung werden würde. Sie entschloß sich deshalb 1916, das Abitur zu machen, zu studieren und Lehrerin zu werden. Die Nachkriegswirren verzögerten den Studienbeginn. Erst 1921 kam Hilda Ordemann als Studentin des ersten Semesters nach München und belegte Germanistik und Geschichte. Nach zwei Semestern wechselte sie nach Marburg, um den Theologen Rudolf Bultmann zu hören. Dessen Aussage, daß der Mensch seiner eigentlichen Bestimmung nach von Gott zur Freiheit von Angst, Sünde und Vergänglichkeit bestimmt sei und der Glaube Unabhängigkeit von der Welt bedeute, entsprachen ihren Vorstellungen vom Wesen und Ziel des Menschen und der Kraft des Glaubens.

Das Jahr 1922 und Marburg wurden für die junge Frau lebensbestimmend: Zum einen, weil sie von nun an ihr Studium vornehmlich an religiösen Fragen orientierte, und zum anderen, weil sie anläßlich einer studentischen Adventsfeier den 23jährigen Dr. rer. pol. und Gerichtsreferendar Gustav Heinemann kennenlernte. Von Anfang an verbanden Hilda Ordemann und Gustav Heinemann neben spontaner Zuneigung gleiche Interessen an den politischen, sozialen und kulturellen Fragen ihrer Zeit. „Wir laufen auf einem Gleis", äußerte sich später Hilda Heinemann über ihre Ehe. Im Jahre 1922 allerdings trennten die jungen Leute noch ganz entschieden weltanschauliche Positionen. Der gläubigen Protestantin begegnete

Hilda Ordemann (2. Reihe, 3.v.l.) und Mitstudentinnen in Marburg

in ihrem künftigen Mann ein in kirchlichen Fragen gleichgültig gesinnter Mensch, der sich den Gedanken Ernst Haeckels verbunden fühlte und Mitglied des Monistenbundes war.[1]

Im Herbst 1926 heirateten Hilda und Gustav Heinemann in der Liebfrauenkirche in Essen. Zuvor hatte Hilda Ordemann ihre Referendarprüfung in Theologie, Deutsch und Geschichte abgelegt, war Dr. Gustav Heinemann Partner in einer angesehenen Essener Anwaltskanzlei geworden. Hilda Heinemann wurde von dieser Zeit an zu einer jener bürgerlichen Frauen, denen Ehe und Familie trotz ab-

[1] Der Monismus (griech. Monos – allein, einzig) lehrt im Unterschied zu Dualismus und Pluralismus, daß die Vielgestaltigkeit der Welt auf ein einziges Prinzip zurückzuführen ist. Folglich wird im Monismus die Trennung von Geist und Materie sowie die Vorstellung eines persönlichen Gottes abgelehnt. Unter dem Einfluß Ernst Haeckels entwickelte sich diese weltanschaulich-kulturpolitische Strömung zu Beginn des 20. Jahrhunderts zu einer diesseitigen, naturwissenschaftlichen Weltanschauung, die christlich-dogmatische Überzeugungen verneint und dem Materialismus nahesteht.

geschlossener Berufsausbildung zum Lebensmittelpunkt wurden und die ihre in der Ausbildung erworbenen Kenntnisse und Befähigungen bei der Erziehung ihrer Kinder und in der Partnerschaft mit ihrem Mann – nicht aber in einem eigenen Beruf – weiterreichten. Dies besagte in vielen Fällen und besonders bei Hilda Heinemann nicht, daß diese Frauen unemanzipiert waren, will man Emanzipation nicht nur auf die materielle Unabhängigkeit vom Mann einengen, sondern in ihr vor allem Selbständigkeit im Denken und Handeln sehen.

In den dreiundvierzig Jahren als Hausfrau hat sich Hilda Heinemann ausgefüllt und bestätigt gefühlt und ihre Eigenständigkeit stets bewahrt. Sie hat sich mit Freude ihren Aufgaben gestellt. Ihr Einfluß auf ihre vier Kinder und dreizehn Enkel und die auf gegenseitige Toleranz, Harmonie und Gerechtigkeit gegründete Ehe gaben ihr die Gewißheit, den richtigen Weg gewählt zu haben. Während Gustav Heinemann die äußere Lebensgestaltung der Familie bestimmte und seine Autorität unangezweifelt galt, war Hilda Heinemann für das Zusammenleben, die Atmosphäre, den Familienzusammenhalt zuständig. Daß „Madamchen", wie Gustav Heinemann seine Frau liebevoll nannte, sich lieber mit philosophischen, künstlerischen und vor allem theologischen Problemen als mit Küche und Keller beschäftigte, hat niemanden gestört. Der äußere Zuschnitt im Hause Heinemann war und blieb immer sehr einfach. Hier verbanden sich bremisches Understatement mit der Sparsamkeit des aus Aufsteigerkreisen stammenden Gustav Heinemann.

Was letztendlich Gustav Heinemann Ende der zwanziger Jahre zum bewußten Protestanten werden ließ, läßt sich heute nicht mehr eindeutig zurückverfolgen. Sicher hat ihn das praktische Christentum seiner Frau, die Kraft, die ihr der Glaube für das Alltagsleben gab, zur Revision der eigenen Position angeregt. Das Mitwirken des Ehepaares Heinemann in der Gemeinde Essen-Altstadt – bei der Organisation von Bibelkursen, Vorträgen und praktischer Arbeit – , in der der evangelisch-reformierte Gemeindepfarrer Friedrich Graeber wirkte, wurde jedenfalls zum Ausgangspunkt des engagierten Christentums des späteren Bundespräsidenten. Als Mitglieder der Bekennenden Kirche scheuten Heinemanns nicht die Auseinandersetzung mit dem

NS-Staat. Bis zum drohenden Verrat wurden in ihrem Keller die „Grünen-Blätter“ hergestellt, die als „Briefe zur Lage“ über die herausragenden Ereignisse der Bekennenden Kirche berichteten. Obwohl sich also Gustav und Hilda Heinemann während der NS-Zeit gegen das Dritte Reich gestellt und sich als Mitglieder der Bekennenden Kirche Verfolgung und Inhaftierung ausgesetzt hatten, beruhigte dies ihr Gewissen nicht. Die zwölf Jahre Nationalsozialismus erhöhten vielmehr ihre Sensibilität gegenüber den Fragen der Moral in der Politik. Ganz im Sinne Hilda Heinemanns heißt es in der Stuttgarter Schulderklärung vom Oktober 1945: „Wir klagen uns an, daß wir nicht mutiger bekannt, nicht treuer gebetet, nicht fröhlicher geglaubt und nicht brennender geliebt haben.“

Daß nun mit Gustav und Hilda Heinemann ein Präsidentenpaar an die Spitze des Staates gelangte, das sich nur seinem Gewissen verpflichtet fühlte, sich stets treu geblieben und ohne braunen Makel war, läßt sich als einen Glücksfall für unsere Demokratie bezeichnen.

Die Amtszeit Gustav Heinemanns fiel in die ersten fünf ereignisreichen Jahre der sozialliberalen Koalition. In diesen stürmischen Zeiten erwies sich der Präsident als Anwalt des Maßes und der Vernunft. Gustav Heinemann wollte keine heile Welt repräsentieren. Unerschrocken wies er auf die schmerzlichen Ereignisse der Vergangenheit und Gegenwart hin. Er wandte sich vor allem denjenigen zu, die in unserer Wohlstandsgesellschaft zu kurz gekommen waren. Von Anfang an engagierte sich Hilda Heinemann ganz in seinem Sinne. „Türen öffnen“ nannte sie ihre Tätigkeit, der sie kein festes Programm zugrunde legte. Mit Hilfe ihrer persönlichen Referentin, der Journalistin Ruth Bahn-Flessburg, und zweier Sekretärinnen wurde ihr Büro bald zu einem Zentrum der Initiativen für die Hilflosen und Benachteiligten unserer Gesellschaft. Wie ihr Mann handelte auch sie aus dem Empfinden heraus, für das Recht der Benachteiligten eintreten zu müssen. So benutzte sie beispielsweise die sogenannten Damenprogramme dazu, auf die Elendsecken unserer Gesellschaft aufmerksam zu machen. An die Stelle der üblichen Besichtigungen wohlgeratener Vorzeigeobjekte traten Besuche bei Strafgefangenen, Drogenabhängigen, Behinderten und Kranken. Um Mißstände zu beseitigen, prangerte sie diese vor der Öffentlichkeit an. Als Zeugen verpflichtete Hilda Heinemann oftmals die zuständigen offiziellen Würdenträger, die es selten unterließen, der Frau des ersten Mannes im Staat später über die erfolgreiche Beseitigung ihrer Beanstandungen zu berichten.

Hilda Heinemann, die bisher nie einen Beruf ausgeübt und sich in der Rolle der „Frau an seiner Seite" wohlgefühlt hatte, lernte in kürzester Zeit, ihre neuen Pflichten mit ganzem Engagement zu ergreifen, sie in den Mittelpunkt ihres Denkens und Handelns zu stellen und sich mit ihnen zu identifizieren. Immer wirkte sie dabei voller Anteilnahme, bewegte sich selbstverständlich und natürlich in dem für sie fremden Milieu. Selbst als sie 1973 bei einem Besuch der Eltern-Kind-Gruppen in Bethanien (Berlin-Kreuzberg) von aufgehetzten Jugendlichen mit Eiern beworfen wurde, bemühte sie sich um Worte des Verständnisses.

Das bekannteste Werk des „Staatssekretärs ehrenhalber", wie Gustav Heinemann seine Frau nannte, aber war die „Hilda-Heinemann-Stiftung", die den Bau von Wohn- und Werkstätten für geistig behinderte jugendliche Erwachsene förderte. Im Laufe der ersten vier Jahre wurden mit Hilfe der Stiftung vier Wohnheime für diese Gruppe der Behinderten eröffnet, elf weitere waren 1974 im Bau. Nach Gustav Heinemanns Tod im Jahre 1976 gingen sie in die „Bundesvereinigung Lebenshilfe für geistig Behinderte e.V." über.

Hilda Heinemann haben die fortgesetzten Hinweise auf die Schattenseiten der bundesdeutschen Realität allerdings nicht nur Anerkennung und Freundschaft eingebracht. Ihre Aktivitäten mobilisierten auch Abwehr und Spott. Oft wurden ihre Bemühungen als „linkes Getue" als „verspätete Profilierungssucht" eingestuft. Hilda Heinemann blieb derartigen Anwürfen gegenüber gelassen. Als erlebnisbereiter, als mitfühlender und hilfsbereiter Mensch wuchs sie an ihren Aufgaben, auch an Widerständen. Daß ihre selbstgewählten Pflichten vor ihrem Gewissen Bestand hatten, war allein entscheidend für sie.

Ganz allgemein stand in diesen Jahren die Villa Hammerschmidt aber nicht nur den Bedrängten und Leidenden offen, sondern war auch zu einem Ort geworden, an dem moderne Kunst – vornehmlich bildende Kunst und Musik – gefördert wurde. Hilda Heinemann hatte nach ihrem Einzug in die Präsidentenvilla kurz entschlossen die noch aus

Heuss' Zeiten verbliebenen Gobelins und Gemälde gegen Werke der Klassischen Moderne, die ihr aus Privatsammlungen und Museen überlassen wurden, ausgetauscht. Wenig später setzte sie sich für die zeitgenössische Kunst ein und förderte junge Künstler. Sie besuchte sie in ihren Ateliers oder Tonstudios, traf eine Auswahl aus ihren Werken und verhalf diesen zur Beachtung in der Öffentlichkeit, indem sie die Türen der Villa Hammerschmidt öffnete.

Von 1970 an fanden alle zwei Monate dort Kunstausstellungen statt, luden der Bundespräsident und seine Frau zu Konzerten. Materiell waren alle diese Unternehmen sehr bescheiden ausgestattet. Doch wurden sie für viele junge Künstler zum Sprungbrett.

Fast ein Jahr nachdem das Präsidentenpaar Abschied von Bonn genommen hatte, ehrte am 23. Juni 1975 die Stadt Kiel Hilda Heinemann mit ihrem Kulturpreis. In der Urkunde heißt es: „Sie ehrt damit eine Frau, die unterwegs war und ist zu den Ratlosen, die die Möglichkeit ihrer Stellung unerschrocken genutzt hat im Dienst für den Mitmenschen und die daneben durch ihr Eintreten für den künstlerischen Menschen beispiel-

Feier des 75. Geburtstages des Schriftstellers Carl Zuckmayer am 4. Januar 1972 in Amriswil, Schweiz (1. Reihe: v.l.n.r. 3. Gustav Heinemann, 4. Hilda Heinemann, 5. Carl Zuckmayer, 2. Reihe: 1 v.r. der österreichische Bundeskanzler Bruno Kreisky)

haft die Öffentlichkeit darauf hingewiesen hat, welche Bedeutung der Kunst in einer vorwiegend von ökonomischen und technologischen Interessen bestimmten Gegenwart zukommt."

In ihrer Erwiderung zog Hilda Heinemann Parallelen zwischen ihrem sozialen Engagement und der Förderung moderner Kunst, indem sie sagte: „Wie die Kunst uns hilft und erfreut in unserem Leben, so macht sie auch Aussagen über die gegenwärtige Zeit, oft sehr krasse und befremdliche. Ich kann solche Aussagen nicht nur ästhetisch zur Kenntnis nehmen. Sie weisen hin auf die großen Nöte unserer Zeit ... Ich wollte Mut machen den künstlerisch Schaffenden wie auch den durch Krankheit, Umwelt, eigenes oder fremdes Unglück Benachteiligten. Das war mein Versuch, die mir durch das Amt meines Mannes gegebene Chance wahrzunehmen."

Pflichtbewußt und mit Würde und Charme hat Hilda Heinemann ihr Amt, das letztlich keines ist, ausgefüllt. Als man sie am Ende, nun auch eine Frau von achtundsiebzig Jahren, fragte, ob ihr die Aufgaben Spaß gemacht hätten, antwortete sie: „Spaß ist nicht das richtige Wort. Ich habe die Aufgabe an der Seite meines Mannes gern erfüllt. Ich hoffe, weitgehend zufriedenstellend."

Hilda und Gustav Heinemann vor ihrem Wohnhaus in der Essener Schinkelstraße am 1. Juli 1974, dem Tag der Verabschiedung als Bundespräsident

Im offiziellen Bonn hat man Hilda Heinemanns Wirken richtig bewertet: Das Protokoll gestattete ihr als erster Frau eines Bundespräsidenten, an der Seite ihres Mannes und nicht auf der Zuschauertribüne der Amtseinführung des neuen Präsidenten beizuwohnen.

ERINNERUNGEN UND BEGEGNUNGEN

KAPITEL I.

Plädoyer für den demokratischen Rechtsstaat

von Diether Posser

Meine erste Begegnung mit Gustav Heinemann liegt über sechzig Jahre zurück und fällt in die Zeit des Kirchenkampfes zwischen den „Deutschen Christen" und der Bekennenden Kirche. Alsbald nach der Machtübernahme wünschte Hitler die Zusammenfassung der 28 evangelischen Landeskirchen zu einer Deutschen Evangelischen Reichskirche. Die erst 1932 gegründete und nationalsozialistisch orientierte Bewegung „Deutsche Christen" ergriff Anfang April 1933 in Berlin die Initiative. Sie forderte nicht nur die von Hitler gewünschte einheitliche evangelische Reichskirche, sondern auch die Einführung des Führerprinzips in dieser Kirche, die Entlassung von Pfarrern „artfremden Blutes" und die vorbehaltlose politische und soziale Mitarbeit. Hitler berief den Königsberger Militärpfarrer Ludwig Müller zu seinem Vertrauensmann in Kirchenfragen. Dieser setzte die Verabschiedung einer Reichskirchenverfassung vom 11. Juli 1933 durch, die durch Reichsgesetz vom 14. Juli 1933 bestätigt wurde. Die daraufhin für den 23. Juli angesetzten Kirchenwahlen brachten den Deutschen Christen, die von der NSDAP und Hitler persönlich massiv unterstützt wurden, fast überall überwältigende Mehrheiten. Am 27. September 1933 trat in Wittenberg die neue Nationalsynode zusammen und wählte erwartungsgemäß Ludwig Müller einstimmig zum Reichsbischof. Hitlers Plan schien geglückt.

Bei den Kirchenwahlen am 23. Juli 1933 begann für Gustav Heinemann die aktive kirchliche Tätigkeit. Auf der Vorschlagsliste der Arbeitsgemeinschaft „Evangelium und Kirche" wurde er in das Presbyterium der Gemeinde Essen-Altstadt gewählt, das mit jeweils 14 Stimmen von den „Deutschen Christen" und der Liste „Evangelium und Kirche" besetzt war. Folgerichtig hatte auch der Kreissynodalvorstand eine paritätische Besetzung. Nach der Berliner Sportpalast-Kundgebung der „Deutschen Christen" am 13. November 1933 verlor diese Gruppe zunehmend an Einfluß in der evangelischen Kirche. Die Teilnehmer der Sportpalastkundgebung hatten u.a. die Befreiung „von allem Undeutschen im Gottesdienst und Bekenntnis, insbesondere vom Alten Testament und seiner jüdischen Lohnmoral", gefordert und „einer heldischen Jesusgestalt als Grundlage eines artgemäßen Christentums" das Wort geredet. Die Empörung über derartige Forderungen war so allgemein, daß sich sogar die zu den „Deutschen Christen" gehörenden Presbyter der Essener Altstadt-Gemeinde in der Presbyteriumssitzung vom 27. November 1933 von den Kernaussagen der Sportpalast-Veranstaltung distanzierten und zu Protokoll gaben: „Wir bekennen uns ohne Ausnahme zur ganzen Bibel, d.h. zum Alten und Neuen Testament, und wünschen nicht, daß irgendwelche Kürzungen vorgenommen werden." In der Pfarrerschaft sank die Zahl der „Deutschen Christen" beträchtlich: Ende 1933 stellten sie nur noch 5 der insgesamt 54 evangelischen Geistlichen in Essen. Essen wurde eine Hochburg der Bekennenden Kirche, die für die herkömmliche presbyterial-synodale Kirchenordnung eintrat und den am 5. Oktober 1933 im Alter von 38 Jahren zum Bischof ernannten Führer des Oberrheingaues der Deutschen Christen, den Pfarrer und SA-Sturmführer Heinrich Oberheid, ablehnte.

Die herausragenden Köpfe unter den Geistlichen im Presbyterium waren die Pfarrer Friedrich Wilhelm Graeber und Wilhelm Busch, der eine eigenständige Jugendarbeit in der Essener Altstadt-Gemeinde leitete, die weit über Essen hinaus als vorbildlich angesehen wurde. Es waren diese beiden Pfarrer, die unter den ersten waren, die in Schwierigkeiten mit dem deutsch-christlichen Kirchenregiment gerieten. Gleichzeitig interessierte sich die politische Polizei für sie und nahm sie wiederholt in Schutzhaft. Der Presbyter Gustav Heinemann, der neben seinem Hauptamt als Leiter der Rechtsabteilung der Rheinischen Stahlwerke in einer Essener Anwaltskanzlei tätig war, übernahm jeweils die juristische Betreuung der Inhaftierten. Am 20. Februar 1934 verurteilte der deutsch-christlich beherrschte Rechtsausschuß der Kirchenprovinz Rheinland Friedrich Graeber zur Amtsenthebung. Als das Presbyterium Essen-Altstadt mit großer Mehrheit Graeber am 2. März 1934 aufforderte, seine Amtstätigkeit fortzusetzen, löste der Provinzialkirchenrat das Presbyterium auf. Graeber durfte am folgenden Sonntag, dem 4. März 1934, den Gottesdienst in „seiner" Pauluskirche nicht mehr abhalten. Ein Ersatzpfarrer wurde für ihn benannt. Die Pauluskirche war an diesem Sonntag kurz vor 10 Uhr bis auf den letzten Platz (nahezu 2 000 Gottesdienstbesucher) gefüllt. Auf die Nachricht, daß Graeber dort nicht predigen dürfe, verließen alle die Kirche und eilten in das am Essener Hauptbahnhof gelegene „Hotel Vereinshaus", in dessen großem Saal Gottesdienst und Abendmahlsfeier durch Graeber abgehalten wurden. Als Antwort leitete das deutsch-christliche Konsistorium in Koblenz ein neues „Verfahren auf Entziehung der Rechte des geistlichen Standes" gegen Graeber ein. Heinemann hatte vorsorglich von der Stadt Essen einen Saal in der „Börse" gegenüber dem Hauptbahnhof gemietet sowie 800 Stühle nebst Harmonium und Predigtkanzel besorgt. Hier fanden dann sonntags Gottesdienste und mittwochs Bibelstunden statt. Außer der Ortsgemeinde hatten sich um Graeber aus anderen Bezirken der Stadt Essen und darüber hinaus Christen gesammelt, die sich „Freie Evangelische Presbyterianer Gemeinde zu Essen" nannten. Zu dieser Gemeinde gehörten auch meine Eltern, die sich seit Beginn des Kirchenkampfes auf Graebers Seite gegen die „Deutschen Christen" engagierten. Mein Vater hatte schon im „Christlich-sozialen Volksdienst“, einer kleinen, aus aktiven Christen bestehenden Partei, die sich in den frühen dreißiger Jahren an Gemeinde-, Landtags- und Reichstagswahlen beteiligte, Heinemann kennengelernt und begleitete sein Wirken mit großer Sympathie und Anerkennung. Es imponierte meinem Vater sehr, wie mutig und erfolgreich Heinemann in Schutzhaft genommene Pfarrer vertrat, ihren Familien beistand und – zusammen mit Wilhelm Busch – durch geschickte Operationen die evangelische Jugendarbeit im Essener „Weiglehaus“ sicherte. Als juristischer Vertrauensmann des Bruderrats der rheinischen Bekennenden Kirche nahm Heinemann als einer der zwölf Abgesandten der Rheinprovinz und neben Karl Barth als einer der Laienvertreter an der Bekenntnissynode der Deutschen Evangelischen Kirche in Wuppertal-Barmen vom 29. bis 31. Mai 1934 teil.

Es war für meine Eltern selbstverständlich, daß ich im März 1936 im großen Saal der Essener Börse – einem sehr „weltlichen“ Ort, wie einige Verwandte rügten – von Pfarrer Graeber konfirmiert wurde.

Gustav Heinemann und Diether Posser

Einer der Presbyter war Dr. Heinemann, der nach der Konfirmation die eingesegneten Mädchen und Jungen mit Handschlag begrüßte. Ich war glücklich über diesen ersten persönlichen „Kontakt" mit dem von meinen Eltern so hochgeschätzten Mann; auch jetzt noch, über 62 Jahre später, sehe ich diese erste Begegnung genau vor mir.

Durch auswärtiges Studium, Militärzeit und Kriegsgefangenschaft bedingt, traf ich Heinemann erst 1948 wieder, bemerkenswerterweise am Krankenbett von Pfarrer Graeber im Essener Huyssens-Stift. Ich hatte von der Erkrankung meines Konfirmators gehört und besuchte ihn. Als ich die Tür öffnete, sah ich an seinem Bett Gustav Heinemann und seine Tochter Christa, die spätere Schwiegermutter von Johannes Rau, sitzen. Es ergab sich ein längeres Gespräch, bei dem ich auf Fragen über mein Studium und dessen voraussichtliche Beendigung Ende 1948 berichtete. Bei der Verabschiedung meinte Heinemann, damals Oberbürgermeister der Stadt Essen, ich solle gelegentlich von mir hören lassen. In der Folgezeit sah ich ihn bei Gottesdiensten, die Graeber in der Kapelle des Huyssens-Stiftes hielt. Nach Gründung der Bundesrepublik Deutschland war Heinemann Innenminister im ersten Kabinett des Bundeskanzlers Adenauer geworden. Die Referendare des Landgerichtes Essen besuchten eine Plenarsitzung des Bundestages, und der Innenminister kam zu einem kurzen Gespräch zu unserer Gruppe, nachdem er von unserer Anwesenheit gehört hatte. Wenige Monate später erregte Heinemanns Rücktritt starkes Aufsehen, weil er Adenauers Angebot, westdeutsche Soldaten für eine westeuropäische Armee zur Verfügung zu stellen, für verhängnisvoll hielt. Ich meldete mich sofort bei ihm und fragte, ob ich ihm irgendwie helfen könne. Er bat mich zu sich und sagte, er wolle mit seiner Frau für einige Wochen in die Schweiz fahren. Dann gab er mir die Hausschlüssel und ermächtigte mich, die eingehende Post zu öffnen sowie die vielen Anfragen nach Vorträgen über die Gründe seines Ausscheidens aus der Bundesrepublik zu sortieren. Als ich ihn Jahre später fragte, wie ein solcher Vertrauensvorschuß mir gegenüber, den er doch kaum kannte, zu erklären sei, antwortete Heinemann, Graeber habe ihm versichert, daß er mir voll vertrauen könne.

Im Frühjahr 1951 fand in Essen eine Ausstellung statt, die wir ohne vorherige Absprache gleichzeitig besuchten. Es war wenige Monate vor meinem Assessorexamen, das ich im November 1951 ablegte. Ich hatte mich für den Eintritt in den Auswärtigen Dienst beworben und sollte nach dem Examen in die Schule nach Speyer einberufen werden. Heinemann fragte mich nach meinen beruflichen Plänen, die ich ihm nannte. Daraufhin meinte er bedauernd, das sei schade, denn er wolle zum 1. November 1951 eine Anwaltspraxis in Essen eröffnen und mich fragen, ob ich sein Sozius werden wolle. Ich war einen Augenblick fassungslos: Das Angebot, Heinemanns Sozius zu werden, war für mich wie das Erfüllen eines Traumes; dagegen verblaßten alle anderen beruflichen Möglichkeiten. Ich sagte sofort mit großer Freude zu. Nach den damaligen Ausbildungsvorschriften mußte ich zunächst für ein halbes Jahr Anwaltsassessor bei Heinemann werden, dann wurde ich für 8 Jahre sein alleiniger Sozius, bis in den Folgejahren weitere junge Juristen in die Sozietät eintraten, darunter sein Sohn Peter und der spätere Bundesminister und langjährige Präses der EKD-Synode Jürgen Schmude.

Der nahezu tägliche Umgang mit diesem von mir so bewunderten und verehrten Mann war für meine weitere berufliche Entwicklung von größter Bedeutung. Im Laufe unserer Zusammenarbeit erzählte Heinemann bei abendlichen Gesprächen viel aus seiner Familiengeschichte. Insbesondere konnte er fesselnd über die Revolutionsjahre 1848/49 berichten. Zwei Brüder seines Urgroßvaters, Karl und Friedrich Walter, hatten in Baden mitgekämpft. Karl Walter starb nach schwerer Verwundung in der Nähe von Rastatt; seinem Bruder gelang die Flucht in die USA als Mitstreiter von Carl Schurz, der in den USA zum Senator und Innenminister aufstieg. Wie sehr demokratisch-freiheitliches Denken die mütterliche Familie Heinemanns prägte, ist auch daran zu erkennen, daß seine Mutter, die keine Brüder hatte, ihrem Erstgeborenen neben dem Vornamen Gustav ihren Familiennamen Walter gab, der also nicht als zweiter Vorname gesehen werden darf. Folgerichtig betrieb er die Einrichtung einer „Erinnerungsstätte für die Freiheitsbewegungen in der deutschen Geschichte", die er – eine seiner letzten Amtshandlungen – im Juni 1974 in Rastatt eröffnen konnte. Wie sehr ihm die Erinnerung an die Freiheitsbewegungen in der deutschen Geschichte am Herzen lag, zeigt auch der Brief, den er am Morgen seines Todestages diktiert hatte, in dem es um eine Erweiterung der Rastatter Erinnerungsstätte ging. Den Brief konnte er nicht mehr unterschreiben, weil er alsbald nach dem Diktat verstarb. Heinemann war, auch unter dem Einfluß seines Vaters, von Jugend an ein überzeugter Demokrat. Als zwanzigjähriger Student schrieb er Zeitungsartikel, in denen er die Notwendigkeit begründete, für die demokratische Weimarer Republik einzutreten und sie vor ihren Feinden zu schützen. Beim Kapp-Putsch im März 1920 stellte Heinemann sich als Kurier für republiktreue Verbände zur Verfügung.

Als sein Sozius erlebte ich schnell mit, welch brillanter und vielseitiger Jurist Heinemann war, was sich auch in zahlreichen Artikeln für juristische Fachzeitschriften niederschlug. Aus Vorlesungen, die Heinemann als Lehrbeauftragter für Wirtschafts- und Bergrecht neben-

Zwei alte Weggefährten von Gustav Heinemann: Finanzminister Diether Posser (l.) und Ministerpräsident Johannes Rau im Landtag von Nordrhein-Westfalen amtlich zwischen 1933 und 1939 an der Universität Köln hielt, entstanden beachtliche Veröffentlichungen, darunter das „Handbuch des deutschen Bergwesens" und der Kommentar „Der Bergschaden", der – wie sein Kommentar zum Kassenarztrecht – mit neuen Auflagen auf aktuellem Stand gehalten wurde. Im Jahr 1954 drängte der Verlag, es müsse der längst vergriffenen Auflage bald eine neue folgen, die Schrifttum und Rechtsprechung aus den inzwischen vergangenen zwölf Jahren auswerte. Heinemann unterzog sich dieser Aufgabe im Juli 1954, als er nach Rückkehr von seiner ersten Reise in die Sowjetunion, die auf Einladung des Patriarchen der Russisch-Orthodoxen Kirche erfolgte, für wenige Wochen in Essen war, bevor er zur Weltkirchenkonferenz nach Evanston bei Chicago in die USA flog. Charakteristisch für ihn war die Tatsache, daß er, der in über zwanzigjähriger Tätigkeit in Führungspositionen der Wirtschaft und der Politik gelernt hatte, Aufgaben zu delegieren, ohne Murren daran ging, die ganze einschlägige Judikatur und Literatur in der Essener Bergbaubücherei selbst herauszusuchen und durchzuarbeiten, weil vorübergehend kein Mitarbeiter mit ausreichendem Spezialwissen zur Verfügung stand.

Um die USA-Reise nach Evanston hatte es übrigens einigen Ärger gegeben. Während Heinemann noch in der Sowjetunion war, ging in unserer Kanzlei die Nachricht ein, daß die amerikanische Regierung ihm ohne Angabe von Gründen das Einreisevisum für Evanston verweigert hätte. Ich verständigte sofort Martin Niemöller als den Leiter des Außenamtes der EKD und in den USA den Bankier und demokratischen Politiker James P. Warburg. Beide antworteten mir umgehend. Warburg sagte zu, über Freunde auf die amerikanische Regierung einzuwirken, und Niemöller erklärte, er werde auch nicht nach Evanston fahren, wenn Heinemann die Einreise in die USA verweigert werde. Niemöllers bedingte Absage wirkte in den maßgeblichen kirchlichen Kreisen Amerikas wie ein Schock: Niemöller verfügte in den USA über ein Ansehen wie nur wenige Ausländer, nicht zuletzt, weil er seit dem 1. Juli 1937 bis Kriegsende im Gefängnis und in den Konzentrationslagern Sachsenhausen und Dachau wegen seines Glaubens seiner Freiheit beraubt war. Rechtzeitig vor der Abreise bekam

Heinemann den zunächst verweigerten Sichtvermerk im Reisepaß, allerdings eingeschränkt „only to attend Church Meeting – Church World Conference" (nur zum Besuch der Weltkirchenkonferenz). Es hätte sicher großes Aufsehen erregt, wenn Heinemann als Präses der gesamtdeutschen EKD-Synode von der nach Amsterdam 1948 zweiten Vollversammlung des ökumenischen Weltkirchenrates hätte fernbleiben müssen, an der Vertreter von 160 Kirchen aus 48 Ländern teilnahmen. Die EKD entsandte 35 Delegierte nach Evanston. In Amerika angekommen, erhielt Heinemann alsbald ein unbeschränktes Visum und konnte nach der Konferenz einige Tage in Washington nicht nur Gespräche mit leitenden Beamten der Deutschlandabteilung des Außenministeriums führen, sondern auch mit führenden Senatoren beider Parteien, darunter dem späteren demokratischen Präsidenten Johnson und dem Republikaner Flanders, der kurz zuvor den Tadelsantrag gegen McCarthy im Senat eingebracht hatte, der am 5. Dezember 1954 mit 75 : 12 Stimmen angenommen wurde und die politische Laufbahn McCarthys beendete.

Die Schwerpunkte der Tätigkeit des Rechtsanwalts Heinemann waren vor und nach dem Zweiten Weltkrieg verschieden. Standen vor 1945 die im weitesten Sinne zivilrechtlichen Prozesse, Gutachten und Aufsätze im Vordergrund, so gewannen später verfassungs- und strafrechtliche Verfahren und Veröffentlichungen immer mehr an Bedeutung, als er nach seinem Ausscheiden aus der Bundesregierung 1951 seine Anwaltspraxis eröffnete. Wenn man sein Wirken seit dieser Zeit unter einem Leitgedanken werten will, wird man es als Plädoyer für den demokratischen Rechtsstaat würdigen müssen. Dabei ging es ihm um das Ernstnehmen der Grundrechte, vor allem beim Schutz politischer und religiöser Minderheiten, um das nach jahrhundertelangem Gegenüber von Obrigkeit und Untertan sich nur mühsam entwickelnde entmythologisierte Verhältnis der Bürger zu den staatlichen Institutionen, um die Rechtsordnung des politischen Kampfes und die verfassungsgerechte Abgrenzung von Meinungsfreiheit und Ehrenschutz im Kampf um politische Macht. Heinemann engagierte sich nachdrücklich im politischen Strafrecht, wo das Spannungsverhältnis zwischen staatlichem Strafanspruch und staatsbürgerlicher Freiheit am

Gustav Heinemann bei seiner Reise in die Sowjetunion im September 1964 vor der Basiliuskathedrale auf dem Roten Platz in Moskau

stärksten sichtbar wurde. Deshalb war er sofort bereit, die Verteidigung seines ehemaligen Marburger Kommilitonen Dr. Viktor Agartz zu übernehmen, der wegen seiner Verbindungen zum Gewerkschaftsbund der DDR und wegen seiner kritischen Artikel zur Politik der Bundesrepublik vor dem Bundesgerichtshof unter dem Vorwurf der

Staatsgefährdung angeklagt war. Es ging dabei um die verfassungskonforme Grenzziehung zwischen der berechtigten Strafverfolgung gegen die Feinde der Demokratie und der illegitimen Strafverfolgung gegen die politisch unbequemen Gegner der jeweiligen Regierung.

Es war für mich ein großes Erlebnis, neben ihm vor dem Bundesgerichtshof auftreten zu können. Gemeinsam gelang es auch, daß das Bundesverfassungsgericht mehrere Straftatbestände des politischen Strafrechts entweder für verfassungswidrig erklärte oder eine verfassungskonforme Auslegung verlangte. Es gab eine Reihe von Beispielen, in denen Heinemanns zunächst verworfene Rechtsansicht später von höheren Gerichten als richtig anerkannt wurde. Heinemann hielt beispielsweise die Behandlung der Zeugen Jehovas insoweit für verfassungswidrig, als sie wegen ihrer Weigerung, anstelle des Wehrdienstes den zivilen Ersatzdienst zu leisten, wiederholt zu Freiheitsstrafen ohne Bewährung verurteilt wurden, wenn sie nach Verbüßung ihrer Strafe erneut einer Einberufung zum Ersatzdienst keine Folge leisteten. Der Zweite Senat des Bundesverfassungsgerichtes entschied am 7. März 1968, daß die Mehrfachbestrafung verfassungswidrig sei, weil „dieselbe Tat" im Sinne des Grundgesetzes auch vorliege, wenn die wiederholte Nichtbefolgung einer Einberufung zum Ersatzdienst auf die ein für allemal getroffene und fortwirkende Gewissensentscheidung des Täters zurückgehe. Diese Entscheidung trägt auch insofern einmaligen Charakter, weil der aus drei Bundesverfassungsrichtern bestehende Vorprüfungsausschuß des Ersten Senates am 24. Mai 1966 die gegenteilige Auffassung vertreten und die Annahme einer gleichgelagerten Verfassungsbeschwerde abgelehnt hatte. Auch hier zeigte sich das untrügliche Gespür Heinemanns für die verfassungsgerechte Lösung.

Es war ein Glück für die Rechtsentwicklung in Deutschland, daß Heinemann bei der Bildung der Großen Koalition Bundesjustizminister wurde und eine breit angelegte Reformpolitik durchsetzen konnte, insbesondere beim politischen Strafrecht, wobei er die tatkräftige Unterstützung des CDU-Abgeordneten und früheren Generalbundesanwalts Max Güde fand, der als Vorsitzender des „Sonderausschusses für die Strafrechtsreform" weitgehend mit Heinemann über-

In der Zeit des Justizministers. Hilda und Gustav Heinemann auf der Bonner Rosenburg, dem damaligen Justizministerium einstimmte. Ohne die enorme Einschränkung des politischen Strafrechts wäre außerdem die friedliche Wiedervereinigung Deutschlands nicht erreichbar gewesen. Auch in Heinemanns Bonner Zeit kam er – wann irgend möglich – zum Wochenende nach Essen. Bei unseren Spaziergängen diskutierten wir aufgekommene Rechtsfragen, wobei er Wert auf meine Meinung als Rechtspraktiker legte. Das alles ist für mich unvergeßlich, und ich lernte viel für meine eigene berufliche und politische Entwicklung.

Wer von Gustav Heinemann als sein Weggefährte über viele Jahre berichtet, muß auch seine Frau Hilda erwähnen und ihren Beitrag zu seiner erfolgreichen Tätigkeit würdigen. Als er nach fast fünfzigjähriger Ehe starb, hatten sie viele gemeinsame Jahre gegenseitiger Bereicherung verbracht. Hildas größtes Verdienst war die Bekehrung des Freidenkers Heinemann zu einem aktiven und bekennenden Christen. In demselben Jahr 1922, als der Referendar Heinemann Hilda Ordemann in Marburg kennenlernte, wo sie Deutsch, Geschichte und evangelische Theologie studierte, schrieb er in sein Tagebuch: „Ich bin mir hinlänglich bewußt, ein ‚religiös unmusikalischer' Mensch zu sein. Ich habe kein frommes Gefühl, kein demutsvolles Empfinden vollendeter Abhängigkeit und Bedingtheit ... Ich kann nicht in Andacht ein Mysterium erleben, sondern ich will wissen und erkennen und seien es schließlich nur Grenzen, über die hinaus es kein Weiterdringen mehr gibt."

Seine Hinwendung zum Christentum einige Jahre später war kein spontaner Schritt nach einem außergewöhnlichen Erlebnis, sondern das Ergebnis des geduldigen Einflusses seiner Frau und daneben die Bekanntschaft mit dem Essener Pfarrer Friedrich Graeber, der ein begnadeter Prediger und auch in sonstigen Lebensfragen ein vorzüglicher Ratgeber war. Graeber gewann Heinemann im Jahre 1930 als regelmäßigen Gottesdienstbesucher und dann auch für die kirchliche Gemeindearbeit. 1933 wurde der ehemalige Freigeist zum Presbyter der Evangelischen Kirchengemeinde Essen-Altstadt gewählt. Hilda Heinemann blieb auch die treue Stütze und Helferin, als ihr Mann nach seinem Ausscheiden aus der Bundesregierung 1950 maßlosen Angriffen als „moskauhöriger Landesverräter" und vergleichbar massiven Schmähungen ausgesetzt war. Sie schnitt jahrelang ihren Mann betreffende Artikel in Zeitungen und Zeitschriften aus und begründete damit das umfangreiche Archiv, das jetzt bei der Friedrich-Ebert-Stiftung betreut wird. Mit dankbarer Freude erlebte sie mit, wie die Reformüberlegungen ihres Mannes im Bereich des Rechtes eine breite Mehrheit fanden und vor allem die Deutschland- und Ostpolitik, die Heinemann seit 1950 vertrat, eine große Unterstützung im In- und Ausland gewann, die schließlich in der Wiedervereinigung des durch den Kalten Krieg geteilten Deutschlands ihren Höhepunkt fand.

II. KAPITEL

Parteiwechsel statt Überzeugungswechsel

von Erhard Eppler

Der nüchterne Westfale

Nach dem Zweiten Weltkrieg waren die vier Besatzungszonen erst einmal säuberlich voneinander getrennt. Wenn ich von Schwäbisch Hall nach Tübingen fahren wollte – mit dem Fahrrad, denn andere Verkehrsmittel gab es nicht –, dann mußte ich die Grenze zwischen der amerikanischen und französischen Zone passieren, und das konnte gelingen oder auch nicht. So wußten wir auch wenig davon, was etwa in der britischen Zone, im hohen Norden, vor sich ging. Daß es in Essen einen Oberbürgermeister namens Heinemann gab, erfuhr ich erst, als ich das unermeßliche Glück hatte, über ein Stipendium in der Schweiz studieren zu dürfen. Ausgerechnet in Bern begegnete ich zum ersten Mal Gustav Heinemann. Eingeladen von Berner Freunden, sprach in der Heilig-Geist-Kirche ein ziemlich unscheinbarer, bescheidener Herr aus Deutschland. Es war wohl 1948, also im selben Jahr, in dem Karl Barth im Berner Münster seinen berühmten Vortrag über „die Kirche zwischen Ost und West" gehalten hatte.

Vor der Wahl zum Bundesinnenminister, September 1949

Aber der ausgemergelte Mann aus dem zerbombten Ruhrgebiet sprach nicht über Ost und West, Kommunismus und Kapitalismus, sondern über den Wiederaufbau an der Ruhr, über die fleißigen Menschen, die, allen Widrigkeiten zum Trotz, ihre Städte wiederaufbauten. Er tat dies ohne Weinerlichkeit, ohne Selbstmitleid, aber nicht ohne Hoffnung: Er wußte, daß die Deutschen nicht nur sich selbst ruiniert hatten. Der Mann, der so gar nichts aus sich machte, gefiel mir. Erst ein gutes Jahr später wieder in Deutschland horchte ich auf, als im Herbst 1949 Konrad Adenauer diesen Mann zu seinem Innenminister machte. Er war der einzige aus der neuen Bundesregierung, den ich schon gesehen und gehört, zu dem ich Vertrauen gefaßt hatte. Aber schließlich mußte ich mein Studium abschließen, hatte also wenig Zeit für das, was da in Bonn geschah. Um so härter traf es mich, als Gustav Heinemann, noch kein Jahr danach, als Bundesinnenminister zurücktrat. Da konnte doch wohl etwas nicht stimmen. Was war geschehen?

Der neue Bundeskanzler hatte, ohne seine Minister zu konsultieren, ja, ohne sie zu informieren, den Westalliierten deutsche Soldaten für eine europäische Armee angeboten. Der Jurist Heinemann war nicht nur empört über das Verfahren, er war auch in der Sache anderer Meinung. Da das übrige Kabinett, gerne oder knurrend, Adenauer folgte, trat Heinemann zurück. Damit begann in der Bundesrepublik ein Jahrzehnt der inneren Polarisierung; Adenauer, der für seine Politik 1953 nachträglich eine klare Mehrheit der Wähler gewann, wollte die Bundesrepublik ohne Rücksicht auf die Auswirkungen auf die DDR ins westliche Bündnis führen, Heinemann wollte, ebenso wie die Mehrheit der Sozialdemokraten, erst alle Möglichkeiten einer deutschen Einheit außerhalb der Militärblöcke ausgelotet wissen. Als am 10. März 1952 Stalin genau dies vorschlug, entbrannte der Streit darüber, ob dies ernst gemeint sei. Heinemann meinte, dies lasse sich nur in Verhandlungen herausbringen. Adenauer wollte genau diese Verhandlungen nicht, wahrscheinlich, weil er begriff, daß für die Sowjetunion ein neutrales, nicht kommunistisches Gesamtdeutschland erträglicher war als eine NATO bis zur Elbe.

Auch die Sozialdemokraten drangen damals auf eine Prüfung der Stalin-Note. Aber es blieb immer offen, ob sie im Zweifel ein bündnisfreies Gesamtdeutschland für verantwortbar hielten. Für die Unionsparteien war dies alles „Neutralismus". Aus einer sehr pragmatischen Überlegung wurde so eine Ideologie. Man war entweder für den Westen, für die Freiheit oder – bewußt oder unbewußt – für Unfreiheit und Kommunismus. Wer für Heinemann eintrat, mußte mit dem Etikett des kommunistischen Mitläufers rechnen.

Schwieriger Neuanfang

Heinemann begann mit einem Verein, der nur wenige Mitglieder haben sollte, damit eine kommunistische Unterwanderung ausgeschlossen blieb. Es war die *Notgemeinschaft für den Frieden Europas.* Sie sammelte 1951 Unterschriften gegen die Wiederaufrüstung – der Erfolg war nicht überwältigend. Den Unterschriftensammlern wurde nicht selten von verängstigten Hausfrauen die Haustüre vor der Nase zugeschlagen.

Im Frühsommer 1952 stellte sich zum ersten Mal die Frage, ob aus der Notgemeinschaft eine Partei werden solle, die im September 1953 für die Bundestagswahl kandidieren konnte. Damals, drei Jahre nach Gründung der Bundesrepublik, stand das Parteiensystem noch nicht auf so festen Beinen, daß eine Neugründung von vornherein erfolglos sein mußte. So lud Heinemann seine Anhänger nach Frankfurt zu einer Konferenz ein.

Es war eine recht bunte Mischung, die im Juni 1952 in Frankfurt zusammenkam. Da waren ein paar Theologen, Barthianer, die noch am ehesten bereit waren, die Chancen einer Partei nüchtern abzuwägen. Aber da waren auch Pazifisten der alten Schule, denen es einfach darum ging, ihre Botschaft zu verbreiten, nicht zuletzt „Nationalgesinnte", etwa aus der Deutschen Volkspartei Gustav Stresemanns, denen es vor allem um die deutsche Einheit ging. Einer davon ließ uns an seiner Begeisterung teilhaben darüber, wie konsequent der Weg von Dr. Gustav Stresemann zu Dr. Gustav Heinemann sei.

Als ich mich von Heinemann verabschiedete, sagte ich nur: „Sie werden doch mit diesen Leuten keine Partei gründen!" Heinemann lächelte. Von diesem Augenblick an konnten wir uns aufeinander verlassen. Als Ende November – mit anderen Leuten – dann doch eine Partei, die *Gesamtdeutsche Volkspartei (GVP)* gegründet wurde, ließ Heinemann mich in den Bundesvorstand wählen, obwohl ich gar nicht dabei sein konnte und daher vielen Gründern gar nicht bekannt war.

Auch die Parteigründung Ende November war nicht Heinemanns Werk. Adolf Scheu, der schwäbische Wirtschaftsberater aus Wuppertal – und Entdecker von Johannes Rau –, hatte mit Charme und Energie die Sache in die Hand genommen. Heinemann ging es immer mehr um die Sache als um die kleine Partei, der er wohl nie eine große Zukunft gab.

Trotzdem war und blieb Gustav Heinemann der Repräsentant der Partei. An ihm, weit mehr als an Helene Wessel, der katholischen Zentrumspolitikerin, orientierten sich die Anhänger. Sie fanden sich meist in den Teilen der evangelischen Kirchen, die gegen Hitler und seine

GESAMTDEUTSCHE VOLKSPARTEI
DAS PRÄSIDIUM

ESSEN, DEN 30. Juli 1953
AN DER REICHSBANK 14
TELEFON 31630

Herrn
Dr. Eppler
Tübingen
=========
Keplerstr. 20

Lieber Herr Eppler!

Sie werden am 2. August wahrscheinlich den schwersten Stand haben, wie ich aus vielerlei Briefen aus dem Südweststaat ersehe. In den letzttätigen Verhandlungen mit dem BdD haben wir die GVP-Position in vielerlei Hinsicht wesentlich verbessert: insbesondere soll jeder Kandidat vor Aufstellung eine politische Erklärung unterschreiben, die sehr viel von dem Widerspruch auffangen wird. Herr Bodensteiner wird in Freudenstadt sein. Am 3. August wird in Düsseldorf abschliessend geklärt, ob die Mannheimer Vereinbarung beiderseits anerkannt bleibt. Es müssten also vorsorglich die auf der Liste erscheinenden BdD-Kandidaten nur mit der Massgabe aufgestellt werden, dass sie im Falle der Nichtdurchführung des Mannheimer Abkommens ausscheiden und die Nachfolgenden aufrücken.
Ich überlasse es Ihnen, ob Sie sich selbst in Düsseldorf für Ihren Landesverband beteiligen wollen. Persönlich würde ich es begrüssen.
Völlig widerspruchsvoll ist das Verhalten von Prof. Noack, er rebelliert gegen das Abkommen und will gleichzeitig Spitzenkandidat bei Ihnen sein. Falls Ihr Parteitag es wünscht, bin ich bereit, auf Ihrer Liste zu kandidieren, wobei Sie dann freilich damit rechnen müssen, dass ich im Falle der Wahl dort annehme, weil Nordrhein-Westfalen nicht alle vier beiderseitigen Parteihäuptlinge allein

einer von den beiden anderen Genannten gegebenenfalls hier annehmen würden.

Mit freundlichen Grüssen,

Ihr

(Dr. Heinemann)

PS. Soeben erfahre ich durch Ihre Frau von Ihrem Unglücksfall und bin darüber sehr bestürzt, sowohl um Ihretwillen als auch um der Aufgabe willen, die für den 2. August auf Ihnen liegen sollte. Nun wünsche ich Ihnen zunächst Genesung. Lassen Sie sich durch nichts bewegen oder aufregen. Gottes Weltregiment bleibt, auch wenn Mitspieler ausscheren. Ich wäre dankbar, wenn Ihre Frau mir gelegentlich Näheres über Ihr Befinden mitteilen möchte.

Mit herzlichem Gruss von uns allen hier,

Ihr

„Deutschen Christen" opponiert hatten. Dies ging der CDU ans Mark, weil es ihre Legitimation aus dem gemeinsamen Widerstand der Christen beschädigte. So kamen von dort die bittersten Anklagen und wohl auch die übelsten Verdächtigungen. Während der organisierte Katholizismus sich in den fünfziger Jahren fast ausnahmslos hinter Adenauer scharte, wurde die politische Polarisierung innerhalb der evangelischen Kirchen mit großer Leidenschaft ausgetragen, auf Kirchentagen und Synoden, auch in der EKD-Synode, deren Präses Gustav Heinemann – zum Ärger Adenauers – blieb.

Gustav Heinemann auf dem SPD-Parteitag in Bad Godesberg 1959, auf dem sich die SPD ein neues Parteiprogramm gab

In den Schuhen des Gegners

Das Wort „Leidenschaft" paßt auf Gustav Heinemann kaum, denkt man nur an seine Art, zu reden, zu argumentieren, zu pointieren. Da war, anders als bei Kurt Schumacher, keine feurige Rhetorik, keine mitreißende Körpersprache. Heinemann sprach immer ruhig, fast trocken. Er appellierte an die Vernunft, reihte Argument an Argument. Im äußersten Fall leistete er sich ein paar zugespitzte Bonmots, etwa: „Bei den Politikern ist es wie beim Salat, entweder wird ein Kopf daraus oder er schießt." Oder, weniger humorvoll, die drei Leitsätze der neuen bundesrepublikanischen Gesellschaft: „Viel verdienen, Soldaten, die es verteidigen, und Kirchen, die beides segnen." Aus dem Munde eines Mannes, der kurz zuvor noch Syndikus der Vereinigten Stahlwerke gewesen war, klang dies überraschend. Es zeigte die tiefe Verbitterung darüber, daß das Wirtschaftswunder alle Zweifel am politischen Weg der Deutschen abdrängte. Heinemann war nie ein Klassenkämpfer, aber er litt unter der Flucht ins Ökonomische, die mit dem Wirtschaftswunder verbunden war.

Für die politischen Saubermänner im Kielwasser McCarthys galt Gustav Heinemann als Krypto-Kommunist. Dabei war er ein durch und durch westlich geprägter Mensch. Die politischen Wurzeln seiner Familie reichten zurück bis zur bürgerlichen Revolution von 1848. Wäre der Begriff des Liberalismus inzwischen nicht so verbogen und belastet, könnte man Heinemann als sozial engagierten christlichen Liberalen beschreiben. Er war auch alles andere als ein Nationalist. Hätte Adenauer den Deutschen gesagt, was er offenbar dachte: Wir, die Bundesrepublik, müssen uns mit dem Westen verbünden, damit kein Deutschland jemals mehr in die Versuchung kommt, andere Völker zu beherrschen oder gegeneinander auszuspielen auch auf die Gefahr hin, daß die Kommunisten Ostdeutschland noch lange beherrschen, Heinemann hätte wohl nicht zugestimmt, aber verständnisvoll zugehört. Was ihn zum schärfsten Gegner Adenauers machte, war die propagandistische Begleitmusik zu Adenauers Kurs der Westintegration. Denn sie wurde als der beste und direkteste Weg zu einer Wiedervereinigung gepriesen, die bis Tilsit und Kattowitz reichen sollte.

Sie sollte der deutsche Beitrag sein zu einer Politik der Stärke, wie sie vor allem der amerikanische Außenminister John Foster Dulles versuchte: Verzicht auf reale Chancen der Einheit, verbunden mit nationalistischer Rhetorik, das war für Heinemann nicht nur unredlich, es war auch gefährlich.

Heinemann waren auch die innenpolitischen Folgen dieser Politik zuwider. Noch heute wundern wir uns, warum die Diskussion über den Holocaust, vor allem aber über die Verbrechen von SS und Wehrmacht in Osteuropa, nicht unmittelbar nach dem Krieg, also in den fünfziger Jahren, begann. Die Antwort ist einfach: Damals ging es den Alliierten darum, deutsche Divisionen für die NATO aufzustellen. Sie mußten notwendig von Offizieren befehligt werden, die sich im Zweiten Weltkrieg bewährt hatten. Also ließen sogar die Amerikaner damals Offiziere frei, die sie vorher für Kriegsverbrechen lebenslang hinter Gitter gebracht hatten. Was Adenauer mit Zustimmung der Alliierten den Westdeutschen anzubieten hatte, war die Chance, gegen den Kommunismus nachzuholen, was sie gegen den Nazismus versäumt hatten, im Kampf gegen den anderen Totalitarismus die Meriten zu verdienen, die sie gegen den einen, selbstgemachten, entbehrten. Wer heute deutsche Reden aus den fünfziger Jahren nachliest, dürfte aus dem Staunen darüber nicht herauskommen, von welch hohem Roß moralischer Überlegenheit damals der Osten verurteilt wurde. Und genau das fand der Christ Heinemann schwer erträglich. Wer laut einwandte, wir dürften doch nicht vergessen, was die Völker Osteuropas erlitten haben mußten, daß sie sich lieber Stalin beugten, als noch einmal eine Invasion zu riskieren, geriet sofort in den Verdacht des „fellow-travellers". Wer es wagte, vom Sicherheitsbedürfnis der Sowjetunion zu reden, erntete meist nur Hohn. Heinemann mußte sich vorwerfen lassen, ihm sei die Sicherheit der Sowjetunion wichtiger als die unsere vor den sowjetischen Panzerarmeen. Seine Fähigkeit, sich in die Schuhe des Gegners zu stellen – für Bismarck ein Merkmal des fähigen Politikers –, wurde als Verrat denunziert.

Die SPD-Politiker Herbert Wehner, Gustav Heinemann, Willy Brandt und Alfred Nau (Schatzmeister der SPD)

Gescheitertes Experiment

Kompliziert wurde Heinemanns Position dadurch, daß es die vom Osten, von der SED gesteuerte „Friedensarbeit" tatsächlich gab. Zu den vielen Organisationen, die solche Dienste leisteten, gehörte auch der „Bund der Deutschen" (BdD), der sich später „Deutsche Friedens-Union" nannte. Als im Sommer 1953 klar wurde, daß die Organisation der GVP nicht ausreichte, einen Bundestagswahlkampf zu führen, bot sich der „Bund der Deutschen" als Bündnispartner an. Heinemann war skeptisch, aber Helene Wessel und manche anderen sahen keinen Ausweg. Im Bundesvorstand prallten die Meinungen hörbar aufeinander. Als Sprecher für den Südwesten plädierte ich dagegen. Heinemann schlug mich, den 26jährigen Referendar, als eine der acht Personen vor, die in den Abschlußverhandlungen acht Ver-

Erhard Eppler, einer der frühen politischen Weggefährten von Gustav Heinemann, 1977

tretern des Bundes der Deutschen gegenüber saßen. Ich solle ruhig harte Forderungen stellen, meinte er. Das tat ich auch, offenbar zu Heinemanns Freude. Aber die Verhandlung platzte nicht. Im Zweifel blickte die BdD-Führung nach einem ehemaligen Obersten der Wehrmacht, Josef Weber. Nickte er, so gab man nach. Und er nickte. Nicht erst seit 1990 ist klar, wessen Vertrauensmann er war. Die SED wollte offenbar das Bündnis um jeden Preis. Damit war das Experiment GVP praktisch gescheitert. Das ausgeklügelte Bündnis zerstörte trotz optimaler Bedingungen die ohnehin geringe Hoffnung, hier könne eine unabhängige Kraft wirksam werden. Für beide Parteien zusammen entschieden sich wenig mehr als 1% der Wähler.

Schon in der ersten Sitzung des Bundesvorstandes nach der Wahl, sie war in Darmstadt, regte ich die Auflösung der Partei und den Übertritt zur SPD an. Heinemann war nicht empört, aber er lehnte ab. Schließlich mußte er, sollte es je soweit kommen, möglichst viele mitnehmen. Und dazu war die Zeit noch nicht reif. Als er mir auch zwei Jahre später noch den gut schwäbischen Rat gab: „Reifa lassa", trat ich im Januar 1956 zusammen mit einem Kollegen aus Baden-Württemberg der SPD bei. Und im Frühjahr 1957 waren es wieder GVP-Leute aus dem Nordschwarzwald, die sich in ein Auto setzten, nach Essen fuhren und Heinemann zu verstehen gaben, nun sei es genug. Im Mai 1957 wurde die Partei aufgelöst, Gustav Heinemann, Helene Wessel, Diether Posser, Adolf Scheu und Johannes Rau traten mit einigen hundert GVP-Mitgliedern der SPD bei.

Ein kluger Beobachter hatte schon 1953 gemeint, Heinemanns GVP bestehe aus Offizieren ohne Soldaten. Daß es sich so verhielt, zeigte sich, als die Anhänger Heinemanns, wie er selbst, in der Sozialdemokratie heimisch wurden. Natürlich wäre das Godesberger Programm von 1959 auch ohne Heinemann und die Seinen gekommen. Aber daß es vor allem in der evangelischen Kirche als Beweis für die Öffnung der Partei ernstgenommen und als Angebot für die Mitarbeit angenommen wurde, war vor allem seinem Übertritt zu verdanken.

KAPITEL III.

Leidenschaft für das Grundgesetz

Interview mit Helmut Simon

Herr Simon, welche persönliche Erinnerungen haben Sie an Gustav Heinemann, wo haben Sie ihn kennengelernt, und auf welche Weise hat er Sie beeindruckt?

Noch bevor ich Gustav Heinemann persönlich kennenlernte, war ich Anhänger seiner politischen Linie. Ich gehörte zum Freundeskreis um die Gesamtdeutsche Volkspartei (GVP), meine Einstellung war bestimmt durch mein Studium 1946/47 in der Schweiz, durch Bekanntschaft mit Karl Barth und mein Engagement bei den kirchlichen Bruderschaften im Rheinland, die aus dem Kirchenkampf hervorgegangen waren. Mitte der 50er Jahre wurde ich zum Stellvertreter von Gustav Heinemann im Öffentlichkeitsausschuß der rheinischen Kirche berufen. In der Folgezeit entwickelte sich ein immer intensiverer

Kontakt, insbesondere in einem Gesprächskreis mit alten GVP-Leuten wie Diether Posser, Johannes Rau und Adolf Scheu. Wir trafen uns regelmäßig im Rheinland in unterschiedlichen Wohnungen und besprachen die politische Lage; nach dem Scheitern der gesamtdeutschen Volkspartei auch die Frage: Wo soll Heinemann sich künftig engagieren? Daß er weiter politisch aktiv sein wollte, war ganz klar. Es war aber nach meinem Eindruck anfangs nicht ganz eindeutig, daß sein Weg zur SPD führen würde. Als liberaler Bürger hatte er damals durchaus gewisse Sympathien für die FDP. Daß er sich schließlich für die SPD entschied, geschah wohl wegen deren sozialen Ausrichtung.

Sie sprachen von der politischen Linie Heinemanns, können Sie diese etwas näher charakterisieren?

Seine politische Linie war grundsätzlich bestimmt durch das, was man christlichen Realismus nennen könnte. Einerseits war er überhaupt kein Illusionist, kein Utopist, andererseits war spürbar maßgebend für sein Verhalten persönlich und politisch die Überzeugung: Gott sitzt im Regiment. Vom Weltregiment Gottes hat er immer wieder deutlich gesprochen, nicht mit großen Worten, aber nachhaltig und im Vertrauen darauf, daß – wie er es einmal formulierte – diese Welt auch dann nicht aus Gottes Hand fällt, wenn die Mitspieler ausfallen. Dieser Hintergrund erklärt den politischen Werdegang, angefangen von seiner Mitwirkung als Rechtsberater der Bekennenden Kirche und später etwa im Blick auf die Ostpolitik. Bei aller scharfen Ablehnung des totalitären Staates und der kommunistischen Ideologie setzte er sich entschieden und ohne Ängstlichkeit für Versöhnung mit den östlichen Nachbarn ein, auch aus der Einsicht in die deutsche Schuld angesichts der schrecklichen Verbrechen, die Deutsche begangen hatten. Als einer der Väter der „Stuttgarter Erklärung" hatte er sich schon 1945 zur „Solidarität der Schuld" und zur Absage an den Geist der Gewalt und der Vergeltung bekannt. Daraus folgte konsequent die Ablehnung von Wiederbewaffnung und atomarer Aufrüstung. Er war nicht etwa ein prinzipieller Pazifist. Das verhinderten schon seine Erfahrungen im Dritten Reich mit Machtmenschen wie Hitler und sein christlicher Realismus, der mit dem Mißbrauch von Gewalt rechnet und der Dämme gegen Gewalttäter für nötig hält. Die Wiederbewaffnung lehnte er auch deshalb ab, weil sie mit der Integration in den Westen die Wiedervereinigung aussichtslos machte und den Frieden mehr gefährdete als sicherte.

Zur politischen Linie Heinemanns gehörte weiter die Überbrückung des Grabens zwischen Sozialdemokratie und Kirchen. Wie wichtig das war, habe ich selber erfahren. Ich stamme aus dem oberbergischen Pietismus. Ein Onkel, der früher wöchentlich meine Mutter im gemeinsamen Elternhaus besuchte, hat das für lange Zeit eingestellt, als er erfuhr, daß man im Hause Simon die SPD wählte, was er als oberbergischer Pietist für ganz schlimm hielt. Dies Beispiel zeigt, wie weit der Weg war, den Heinemann beispielhaft überbrückt hat. Sowohl für den deutschen Protestantismus als auch für die deutsche Sozialdemokratie und die gesamte bundesdeutsche Kultur war das von erheblicher Bedeutung. Zu seinen denkwürdigen Aussprüchen gehört seine Antwort auf einen Zwischenruf im Bundestag: „Christus ist nicht gegen Karl Marx, sondern für uns alle gestorben."

Später als Bundestagsabgeordneter, als Justizminister und Bundespräsident trat eine dritte Linie hervor, mit der ich mich voll identifizieren konnte: die Leidenschaft für das Grundgesetz, das er als großes Angebot und als Sternstunde unserer Geschichte würdigte. Er war ein besonders überzeugendes Exemplar eines Verfassungspatrioten.

Was hat Sie, als Sie Heinemann kennenlernten, besonders beeindruckt? War es seine Menschlichkeit oder waren es seine Ideen und Vorstellungen, die Sie miteinander verbanden?

Es ist nachträglich schwer zu sagen, was am Anfang gewirkt hat. Im Ergebnis möchte ich zusammenfassen: Gustav Heinemann war für mich ein großer Aufrechter, einer der wenigen überzeugenden Persönlichkeiten, die ich – ähnlich wie Karl Barth – wirklich verehrt habe. Daher muß ich Sie warnen, ich bin in meinen Äußerungen nicht unparteiisch, sondern zu seinen Gunsten befangen. Er hat mich durch eine eigentümliche Mischung beeindruckt. Einerseits war er ein nüchterner Realist mit spröder, man kann fast sagen wortkarger Sachlichkeit. Die Gespräche mit ihm liefen so: Er äußerte sich kurz und prä-

Justizminister Gustav Heinemann, 1969

zis, hörte zu, machte sich Notizen, aber das Gespräch lief schnell aus, wenn nicht ein Dritter dabei war, mit dem man vor ihm als aufmerksamem Zuhörer reden konnte. Diese wortkarge Nüchternheit erschwerte natürlich Gespräche, obwohl er andererseits in hohem Maße hörfähig war. Er hörte zu und bewies eine große Gesprächsbereitschaft jungen Menschen gegenüber. Zu seinen Eigenschaften gehörte ferner Freude am Humor, aber eine verhaltene, die sich in knappen Aussprüchen ausdrückte wie etwa: „Es gibt schwierige Vaterländer, eins davon ist Deutschland“ oder: „Ich liebe nicht den Staat, sondern meine Frau“ oder: „Ein halber Christ ist ein ganzer Unsinn.“ Bei einem Besuch kurz vor seinem Tod zeigte er mir genußvoll eine Karikaturensammlung über sich selber. Eine gemeinsame Freundin, Carola Stern, mit der ich Heinemann gelegentlich im Urlaub im Hotzenwald besuchte, hat berichtet, er habe Wärme und Güte ausgestrahlt. Das ist richtig, aber das wurde erst bei näherer Freundschaft voll spürbar; nach außen wirkte er mehr als der streitbare und unbequeme Mann mit klarem Profil. Mit seinen Freunden und solchen, von denen er sich Anregungen versprach, hielt er gerne Kontakt und hat durchaus unter der Isolierung als Bundespräsident gelitten. Als Rainer Barzel sich einmal offiziell darüber beklagte, Heinemann habe am Abend einer Landtagswahl kurzerhand die SPD-Parteizentrale in Düsseldorf aufgesucht, beanspruchte Heinemann das Recht, auch als Bundespräsident bei solchen Anlässen mit Freunden zusammensein zu dürfen und nicht allein im Präsidialamt hocken zu müssen.

Was hat den jungen Juristen Simon an dem Juristen Heinemann fasziniert?

Heinemann war ein begabter, kompetenter, klar denkender Jurist mit starken Bezügen zur Wirklichkeit. Besonders beeindruckt hat mich die Übereinstimmung von Denken und Handeln, die ihn als glaubwürdig auszeichnete. Auch faszinierte mich, wie entschieden Heinemann jede Obrigkeitsmentalität verwarf. Diese Mentalität ist heute kaum noch verständlich, war aber in den 50er Jahren noch nicht ausgestorben. Heinemann karikierte sie gerne mit der Erzählung von jenem Schneider, der seinen Fürsten mit dem Spruch huldigte: Unter deinen

Flügeln kann ich ruhig bügeln. Ihm kam es auf den Bürger an, nicht auf staatliche Institutionen. Er hatte eigentlich überhaupt keinen Sinn für staatlichen Glanz, sondern war voll und ganz der „Bürgerpräsident", der außerordentlich bescheiden und geradezu anspruchslos lebte. Seine Frau fragte einmal zweifelnd, ob eigentlich ein Mann Bundespräsident sein könne, der am liebsten die Orden im Wege der Selbstverleihung vergeben würde.

Nach seiner Wahl fand zur Verabschiedung seines Vorgängers Heinrich Lübke ein großer Zapfenstreich, also eine ganz feierliche Veranstaltung statt. Hinterher warf er im kleinen Freundeskreis die Frage auf, was bei seiner Verabschiedung geschehen solle, ein großer Zapfenstreich komme nicht in Frage. Wir einigten uns schließlich auf eine Rheinschiffahrt, mit der dann auch seine Amtsperiode endete. Nach meiner Wahl als Verfassungsrichter und anschließender Vereidigung fragte er mich, wann das Verfassungsgericht endlich den Eid abschaffen werde. Die eidliche Bekräftigung war ihm zuviel Pathos, zuviel Ominöses.

Hilda und Gustav Heinemann in ihrer Essener Wohnung, 1968

Auf welche Weise ist Heinemanns Verfassungspatriotismus zu verstehen?

Vor allem ging es ihm, wie ich schon angedeutet habe, um demokratische Mitwirkung der Bürger in der Politik und im Staatsapparat und eine klare Absage an Obrigkeitsmentalitäten. Das demokratische Element war für ihn eines der zentralen Bestandteile der grundgesetzlichen Ordnung. Mit Nachdruck erinnerte er an die freiheitlichen und demokratischen Traditionen in unserer Geschichte. Bewußt verlebte er seinen Urlaub im Hotzenwald, an einem Ort freiheitlicher Aufstände. Die Rastätter Erinnerungsstätte für freiheitliche Bewegungen ist von ihm angeregt und gefördert worden. An den Veranstaltungen im Frühjahr 1998 zur 150jährigen Wiederkehr der badischen Revolution hätte er seine helle Freude gehabt.

Ein zweiter zentraler Bestandteil seines Verfassungspatriotismus war die Idee der Rechtsstaatlichkeit. Dies war um so wichtiger, als der Rechtsstaat in der protestantischen Tradition bis in die 60er Jahre ein sehr blasser Begriff geblieben war. Das hatte sich beispielsweise in den Auseinandersetzungen um die Spiegelaffäre gezeigt. Damals wurde auch in kirchlichen Kreisen viel über den Verlust an staatlicher Autorität geklagt, aber kaum darüber, daß es um massive Verstöße gegen Rechtsstaatlichkeit ging. Ich selber habe damals einen polemischen zornigen Artikel geschrieben: „Ist in der evangelischen Theologie Platz für den Rechtsstaat?", denn ich hatte die gesamte politische Ethik durchgearbeitet und den Rechtsstaat nur an zwei Stellen erwähnt gefunden, einmal bei Karl Barth positiv und bei einem lutherischen Theologen kritisch. Auch heute ist immer noch die Vorstellung verbreitet, ein Rechtsstaat sei der Staat, der Recht durchsetzt und etwa bei den Castortransporten mit Polizeigewalt durchpaukt. Daß aber der Bürger den geltenden Gesetzen gehorchen muß, das galt schon im Polizeistaat und selbstverständlich auch im Rechtsstaat. Dessen Lebenswert ist aber in allererster Linie die Mäßigung und Kontrolle staatlicher Machtausübung. Heinemann hat Wesentliches dazu beigetragen, daß rechtsstaatliches Denken in diesem Sinn auch in den kirchlich-protestantischen Bereich aufgenommen wurde. Zusammen haben wir schon Anfang der 60er Jahre mitgewirkt an einer Tagung der kirchlichen Bruderschaften „Der Rechtsstaat – Angebot und Aufgabe". Heute wird gerne vergessen, daß es der Linksprotestantismus war, der als erster die Rechtsstaatsidee theologisch aufgearbeitet hat. Einer der Wortführer war damals Gustav Heinemann, der unter anderem vor dem SPD-Parteivorstand über den demokratischen Rechtsstaat als theologisches Problem referiert hat.

Als Drittes ist im Zusammenhang mit dem Sozialstaatsgebot des Grundgesetzes Heinemanns Eintreten für Randgruppen und Benachteiligte zu nennen. Er hat als Justizminister darauf gedrängt, daß das Unehelichenrecht endlich verbessert und verfassungskonform gestaltet wurde. Er hat auf die Reform des Strafvollzuges gedrängt und auf einen angemessenen Schutz der Kriegsdienstverweigerer, vor allem der Zeugen Jehovas als Totalverweigerer, also auch für Menschen, deren Position er nicht teilte, aber deren Gewissensfreiheit er respektierte.

Wenn Heinemann sich so für Bürgerrechte eingesetzt hat, galt das auch für die Bürgerrechte innerhalb der Kirche? Gibt es bei ihm Anstöße zu mehr Demokratie innerhalb der Institution Kirche?

Heinemanns Verhältnis zur Kirche und sein Verhalten gegenüber der Kirche war anders als gegenüber politischen und staatlichen Organisationen. Er konnte als Innenminister zurücktreten, als gegen seine Überzeugung die Wiederbewaffnung eingeführt wurde. Er hat aber nie daran gedacht, sich aus der Kirche zurückzuziehen. Es war zwar für ihn eine schwere Enttäuschung, als er in den 50er Jahren als Präses der EKD-Synode abgewählt wurde. Das war auch ein schlimmer Vorgang, den konservative Kreise, denen seine politische Linie nicht paßte, damit begründet hatten, Heinemann könne als aktiver Politiker diese Funktion nicht ausüben, obwohl man ihn vorher als Innenminister der CDU-Regierung zum Präses gewählt hatte. Aber solche Erfahrungen haben ihn nicht veranlaßt, sich aus der Kirche zurückzuziehen. Er war ein selbstverständliches Glied der protestantischen Glaubensgemeinde der Kirche. Darin wurde er bestärkt von Freunden wie Karl Barth und Helmut Gollwitzer, die sich zwar kritisch ihrer Kirche gegenüber verhielten, ihr aber selbstverständlich treu blieben und auf eine Erfüllung ihres Auftrages drängten. Ob Heinemann auch demokratische Strukturreformen der Kirche anstrebte, kann ich eigentlich nicht sagen. Das war nicht Thema unserer Gespräche. Er kam ja aus der rheinischen Landeskirche, die im Kirchenkampf zerstört worden war und nach dem Krieg ein bruderrechtliches System entwickelt hatte, das nicht eigentlich demokratisch, sondern eher

Gustav Heinemann und Professor Helmut Gollwitzer, die eine lange Freundschaft verband

von Kirchenleitungsvorstellungen beeinflußt war. Heinemann paßte da eigentlich schlecht hinein. Er würde das allerdings, denke ich, bezweifeln und dagegen halten, die rheinische Kirche sei synodal organisiert, sie verstehe sich von der Synode her und lebe unter synodalem Einfluß. Das hat – so vermute ich – Gustav Heinemann als demokratischer Ausweis genügt. Er wollte die so strukturierte Kirche in ihrem inhaltlichen Verhalten, in ihrer demokratischen Mitverantwortung weiterbringen, nicht unbedingt im organisatorischen Aufbau. Innerkirchlich setzte er sich dafür ein, das Laienelement zu stärken und konfessionelle Enge zu überwinden. Demgemäß wirkte er schon früh beim Kirchentag mit.

Haben wir Sie richtig verstanden, daß Gustav Heinemann sich schon in den 50er Jahren für ein verändertes kirchliches Verständnis von Staat und Demokratie eingesetzt hat? Die Evangelische Kirche in Deutschland hat sich erst 1985 in der Denkschrift „Evangelische Kirche und freiheitliche Demokratie" dazu geäußert.
Damit kein Mißverständnis entsteht: Man muß genau unterscheiden zwischen Demokratisierung des Staates und politischer Mitverantwortung der Kirche und der Christen auf der einen Seite und Demokratisierung der Kirche selbst in ihren Strukturen auf der anderen Seite. An diesem zweiten Punkt waren wir in den 50er Jahren gar nicht so arg interessiert. Uns ging es darum, daß die Christen und ihre Kirche die Demokratie als verbindliches Verfassungselement des Staates begriffen und die damit verbundenen politischen Möglichkeiten für politische Diakonie mitverantwortlich nutzten. Das war unser Interesse, und auf dieser Linie liegt auch die spätere Denkschrift der EKD.

Was die davon zu unterscheidende Demokratisierung der Kirche anbelangt, so erinnere ich mich an eine Tagung der rheinischen Bruderschaft Anfang der 60er Jahre. In meinem Referat über Demokratisierung der Kirche mußte ich mich unter anderem mit skeptischen Thesen von Martin Niemöller auseinandersetzen. Ich habe meinerseits daran erinnert, daß auch die staatliche Verfassungsordnung keine unbegrenzte Demokratisierung vorsehe. Zwar entschieden in der Fülle der Streitfragen die demokratisch gewählten Repräsentativorgane, aber es bleibe ein Bereich des Unabstimmbaren in Gestalt der Grundrechte. Dieser Bereich des Unabstimmbaren sei in der Kirche besonders groß, er umfasse die Verkündigung des Evangeliums, über die nicht durch Mehrheitsbeschlüsse entschieden werden könne. Unter dieser Voraussetzung konnte eine Demokratisierung der Kirche in evangelischer Sicht akzeptiert werden. Schon das ging deutlich über die katholische Sicht hinaus. Damit konnte man sich begnügen und um so nachdrücklicher für eine Abkehr von Obrigkeitsmentalitäten, für Demokratie im Staat, für Beteiligung der Bürger und Durchsetzung ihrer Rechte, wie Meinungsfreiheit, Pressefreiheit, Demonstrationsfreiheit, streiten. Da schlugen unsere Herzen höher.

Welcher Tradition ist Heinemann in seinem Denken am stärksten verpflichtet gewesen? Einer theologischen Linie, für die das Befreiungshandeln Gottes im Mittelpunkt steht und damit auch Vorbild für menschliches Handeln ist, oder einer politischen Argumentation, die aus der demokratischen Bewegung sowie der Revolution von 1848 stammt?
Ich denke, bei Gustav Heinemann greift beides ineinander. In den freiheitlichen Traditionen der 48er Revolution lebte er schon aus familiärer Überlieferung – Vorfahren mütterlicherseits waren daran beteiligt. Zugang zum christlichen Glauben und zur Kirche hatte er verhältnismäßig spät gefunden. Erst im Alter von etwa 30 Jahren ist er durch seine Frau und durch einen begnadeten Prediger seiner Gemeinde, der gleichzeitig ein sozial aktiver und politisch engagierter Mann war, mehr und mehr in das christliche Denken hineingewachsen. Bald darauf begann der Kirchenkampf, den er auf der Seite der Bekennenden Kirche und kritisch gegenüber dem Staat erlebte. Ich denke, im Laufe seiner Entwicklung haben sich Glaubenseinsicht und politische Einsicht miteinander verwoben. Für grundlegend hielt er die Barmer Theologische Erklärung. Wo im übrigen seine Wurzeln liegen, ist schwer zu sagen.

Gustav Heinemann: in Gedanken versunken

Der Name Heinemann ist sehr stark mit der Strafrechtsreform in den 60er Jahren verbunden. War Heinemann Sprecher einer größeren Bewegung, die diese Strafrechtsreform vorantrieb?
In den 60er Jahren war ein großer Reformstau entstanden. So waren auf dem Gebiet der Sexualdelikte überholte, seit langem ausgehöhlte Regelungen mitgeschleppt worden, die als moralisierende Heuchelei wirkten. Hier lag einer der Schwerpunkte der Strafrechtsreform, bei der nach Heinemanns Überzeugung nach dem Grundsatz verfahren werden sollte, daß in der glaubensneutralen pluralistischen Gesellschaft nicht alles bestraft werden müsse, was sittlich mißbilligt werde. Reformbedürfnisse waren mindestens ebenso deutlich beim politischen Strafrecht angewachsen, das Anfang der 50er Jahre im Kalten Krieg sehr verschärft und weit vorverlagert worden war und dessen schädliche Wirkungen Heinemann als Anwalt erlebt hatte. Es handelte sich also weniger um die Durchsetzung einer Reformbewegung, sondern um das Anpacken von Aufgaben, die in der Luft lagen. Schon zu Beginn der großen Koalition und erst recht in der sozial-liberalen Koalition wurde von den neuen Ministern berichtet, diese stürzten sich unverbraucht in ihre Aufgaben und hätten Lust, aufgeschobene Probleme aufzuarbeiten. Das zeigte sich besonders deutlich bei der Reform des Nichtehelichenrechts, die von der Verfassung schon seit langer Zeit vorgeschrieben war, aber erst von Heinemann in Angriff genommen wurde. Im Bereich der Religionsdelikte trat er dafür ein, überlebte und wiederholt mißbrauchte Verbote der Gotteslästerung auf einen Schutz des religiösen Friedens zu reduzieren.

Es waren ja auch die Jahre, in denen die Studenten mit der außerparlamentarischen Opposition Reformen anmahnten. Wie stand Heinemann gegenüber dieser studentischen Bewegung?
Heinemann war ungewöhnlich hörfähig und nachdenklich. Er hatte ein Gespür dafür, daß diese rebellische junge Generation, die sich gegen so mancherlei Tradiertes auflehnte, in den Staat des Grundgesetzes integriert werden müßte. Von einer Generation wie der unseren, die auf soviel Nachsicht für die eigenen Fehler und das Versagen in ihrer eigenen Jugend angewiesen war, mußte doch erwartet werden, daß

sie mit ihren Kindern pfleglich umgehen und ihnen ermöglichen würde, Irrtümer durch den Lernprozeß praktischer Bewährung zu überwinden. Demgemäß war Heinemann kritisch gegenüber einem überzogenen Staatsschutz und einer exzessiven Radikalenbekämpfung. Selbstverständlich ging es nicht darum, Irrtümer zu akzeptieren oder zu bagatellisieren, sondern um die verständnisvolle Prüfung, was hinter dem kritischen Aufbegehren als berechtigt stehen könnte. Ich erinnere an Heinemanns Rede als Justizminister nach dem Attentat auf Rudi Dutschke, als er mahnte: „Wer anklagend auf andere zeigt, dessen Hand weist mit drei Fingern auf ihn selber zurück." Das war typisch für Heinemann. Er war ja durchaus bereit zu Gesprächen mit APO-Anhängern, selbst mit radikalen Vertretern.

Gab es tatsächlich eine Verständigung und konnte er verstehen, was die jungen Leute wollten? Wie hat sich das dann ausgewirkt auf sein politisches Engagement?
Verstehen konnte er die Kritik der APO an erstarrten Traditionen und an unterlassenen Reformen, aber die späteren Gewalttätigkeiten nicht mehr. Er war mit Helmut Gollwitzer eng befreundet. Beide machten häufig gemeinsamen Urlaub, und wir haben sie öfter besucht. Dann gab es immer unendliche Gespräche über die Entwicklung der APO. Aber mehr als Verständnis für Reformbegehren und Bereitschaft zum fairen Umgang mit der aufmüpfigen Jugend war bei Heinemann nicht zu erwarten. Die Eskalation der Gewalt hat er nicht mehr erlebt. Er hätte sie entschieden verworfen. Gewalttätigkeiten und insbesondere unmenschlicher, irrationaler und politisch schädlicher Terror wären seiner Überzeugung ebenso wie seiner Natur zuwider gewesen. Ihm lag friedliche Überzeugungsarbeit bis hin zu harten verbalen Auseinandersetzungen. Er war an einer Abrüstung im Äußeren wie im Inneren interessiert. Er setzte auf die friedenstiftende Funktion von Recht und Gerechtigkeit und förderte konsequenterweise die Konflikt- und Friedensforschung. Seiner Natur nach neigte er zu Augenmaß, zu eher behutsamen Veränderungen und im Zweifel sogar zu konventionellen Vorstellungen. Dazu ein Beispiel aus dem Bereich der Gleichberechtigung: Als Bundesjustizminister besuchte er den Bundesge-

richtshof, als gerade ein Wechsel des Präsidenten anstand. Im Gedränge eines Empfanges machte ich ihn auf Frau Krüger-Nieland als geeignete Kandidatin aufmerksam. Er flüsterte zurück: „Weiberregiment, das könnte euch so passen!“ Später hat er bereut, daß er anders entschieden hatte, aber daran zeigte sich, daß auch für ihn als Kind seiner Zeit unkonventionelles Handeln seine Grenzen hatte.

Heinemann war Mitglied der Bekennenden Kirche. Welches Verhältnis zum christlichen Glauben hat sich bei ihm manifestiert?
Heinemanns zentrale Glaubensaussage vom Weltregiment Gottes habe ich bereits zitiert. In seiner Schlußansprache auf dem Essener Kirchentag 1949 formulierte er das als Appell an die Christen, in der Welt nicht allzu ängstlich zu sein, sondern aus der Überzeugung zu handeln: „Eure Herren gehen, unser Herr aber kommt.“ Ich selbst habe diesen Ansatz in meiner Schlußansprache auf dem Berliner Kirchentag 1989 mit folgenden Sätzen aufgenommen: „Die zentrale und alle Grenzen sprengende Botschaft dieses Kirchentages ist das Bekenntnis, daß Gott als der Schöpfer, Erhalter und Erlöser die maßgebliche Realität im Himmel wie auf Erden, in Zeit und Ewigkeit ist, daß er sich in Jesus Christus der Welt zugewandt hat, daß wir zu seiner gehorsamen Nachfolge berufen sind und uns dabei – auch gegen allen Anschein – auf ihn verlassen dürfen.“ Ich bin überzeugt, daß Heinemann sein Verhältnis zum christlichen Glauben mit den gleichen Worten hätte beschreiben können. Dieses Bekenntnis hat ihn zum furchtlosen und beharrlichen Handeln für Gottes Geschöpfe befähigt, soweit das Menschen überhaupt möglich ist. Es hat ihn darin bestärkt, auch in der Minderheit und scheinbaren Vereinzelung bei der Sache zu bleiben. Es hat ihm geholfen, in der Zeit des Kalten Krieges auch Verdächtigungen und Anfeindungen durchzustehen und als einer der ersten Besuchsreisen zu den östlichen Kirchen zu riskieren. Wie sehr man dabei Verdächtigungen in Kauf nehmen mußte, habe ich selbst bei Besuchsreisen der Bruderschaften 1956 zur böhmischen und 1961 zur baltischen Kirche erleben müssen. Als nach der Rußlandreise eine Beförderung fällig war, hat dies der damalige CDU-Justizminister erst riskiert, nachdem er zuvor den Vorsitzenden des rheinischen Öffentlichkeitsausschusses gebeten hatte, diese Beförderung brieflich anzumahnen.

Der SPD-Bundestagsabgeordnete Gustav Heinemann im Gespräch mit Bundestagspräsident Eugen Gerstenmaier. Das erlaubte sich nur der Abgeordnete Heinemann. Eine direkte Kontaktaufnahme mit dem Bundestagspräsidium war eigentlich gegen die Geschäftsordnung.

Übrigens haben wir unser Verhalten nicht etwa als Heldentat empfunden, sondern wie Gustav Heinemann als eine selbstverständliche und ziemlich fröhlich praktizierte Christenpflicht.

Heinemanns Verhältnis zum christlichen Glauben manifestierte sich nach Kriegsende besonders deutlich in der Einsicht in die deutsche Schuld und im Widerspruch gegen eine Verteufelung anderer. Im Unterschied zu jenen Politikern, die sich heute der Gnade der späten Geburt rühmen, konnten wir uns damals von unserer Mitverantwortung für die schrecklichen deutschen Verbrechen nicht freisprechen. Wir hatten ein mit schweren Hypotheken belastetes Erbe übernommen, für das auch diejenigen hafteten, welche für die Schuld nicht unmittelbar verantwortlich gewesen waren. Ich gehörte damals zur Bonner Studentengemeinde, die 1946 in den Auseinandersetzungen um die Schuldfrage auseinanderbrach. Wir orientierten uns an der schon erwähnten Stuttgarter Erklärung, in der ausgerechnet Menschen wie Gustav Heinemann, die noch am wenigsten in das nationalsozialistische Unrechtssystem verstrickt gewesen waren, sich angeklagt hatten, „daß wir nicht mutiger bekannt, nicht treuer gebetet, nicht fröhlicher geglaubt und nicht brennender geliebt haben".

Was gehört zum bleibenden Vermächtnis der Ideen und des Handelns von Gustav Heinemann, die jetzt von einer jüngeren Generation noch einzulösen sind?

Die Nachkriegsgeneration hat zwar eine imponierende Aufbauleistung erbracht, aber wir haben der jüngeren Generation ein ganzes Bündel ungelöster Aufgaben hinterlassen. Es ist nicht gelungen, die Ressourcen der Erde haushälterisch zu nutzen; es ist nicht gelungen, die Umwelt vor Zerstörungen zu bewahren; es ist nicht gelungen, eine einigermaßen gerechte Weltwirtschaftsordnung zu errichten; es ist nicht gelungen, wissenschaftliche und technische Entwicklungen auf das Verantwortbare zu begrenzen, und wir haben es nicht geschafft, die Dankbarkeit für den erreichten Wohlstand in ein teilendes Miteinander und in praktizierende Solidarität für die Benachteiligten umzusetzen. Zum Vermächtnis von Gustav Heinemann gehört die Erwartung, daß wir uns diesen Aufgaben stellen und als „Dickbrettbohrer" an ihrer Bewältigung arbeiten. Für ihn als Verfassungpatrioten war es eine unerträgliche Vorstellung, wir könnten die Chance verspielen, die uns das Grundgesetz in Gestalt der rechts- und sozialstaatlichen Demokratie bietet. Deutlicher als viele andere hat er den Graben zwischen Verfassungsnorm und Verfassungswirklichkeit gesehen und uns unermüdlich zu der nie endenden Aufgabe ermutigt, diesen Graben einigermaßen zu überbrücken, also Rechtsstaatlichkeit nicht zur abstoßenden Parole verkommen zu lassen, der Schmähkritik am Sozialstaat mit der Tendenz zum Sozialdarwinismus zu widerstehen und mehr Demokratie zu wagen, wie Willy Brandt es gefordert hatte.

Heute wird viel über Werteverfall geklagt und zur Werteerneuerung aufgerufen. Das ist gewiß nicht falsch, kann aber zu vollmundigen und letztlich folgenlosen Sonntagsreden verleiten. Dieser Gefahr ist Gustav Heinemann nie verfallen. Er hielt es eher mit den kleinen Schwestern der Werte, nämlich mit den politischen Tugenden wie Zivilcourage, Verläßlichkeit, Toleranz, Lauterkeit oder Rechtschaffenheit, die in ihrer handfesten Konkretheit ein Ausweichen ins Unverbindliche oder ins demagogische Schattenboxen verhindern. In beispielhafter Weise verkörperte er insbesondere die Tugend der Glaubwürdigkeit, also die Übereinstimmung von Reden und Handeln. Erhard Eppler, einer der Weggefährten Gustav Heinemanns, hat diese Tugend einmal als das Schwerste in der Politik und ihr Verkümmern als eine der Ursachen für die wachsende Politik- und Parteiverdrossenheit bezeichnet. Gustav Heinemann wäre es nie passiert, daß ein Kind, wie im Märchen von des Kaisers neuen Kleidern, auf ihn gezeigt und konstatiert hätte: Der hat ja keine Kleider an. Daß es an der Spitze unseres Staates ein solches Vorbild gegeben hat, könnte für uns bleibende Ermutigung sein.

Die Fragen stellten Matthias Riemenschneider
und Hans Dieter Wolfinger.

IV. KAPITEL

Ein Christ in politischer Verantwortung

von Jürgen Schmude

Für viele junge Menschen, die in den ersten Jahrzehnten nach dem Zweiten Weltkrieg von der evangelischen Kirche und ihrer Jugendarbeit geprägt wurden, war Gustav Heinemann die faszinierende Symbolfigur für eine aufrechte und mutige Haltung des Christen in der Politik. Auch ich, im CVJM und meiner Kirchengemeinde am Niederrhein aufgewachsen, war mehr und mehr von ihm beeindruckt. Mich überzeugte seine ebenso nüchterne wie nachdrückliche Kritik an einer Politik der Abgrenzung und des Kalten Krieges gegenüber dem Osten anstelle der Nutzung aller denkbaren Chancen, um soviel wie möglich von der Einheit Deutschlands zu retten.

Und daß sich ein Christ der politischen Arbeit und den mit ihr verbundenen Gestaltungsmöglichkeiten selbst stellen sollte, das machte

Heinemann durch sein Beispiel klar. Als ich mich im Alter von 21 Jahren, damit erreichte man damals die Volljährigkeit, ihm und seinen Parteifreunden anschließen wollte, gelang das erst im zweiten Anlauf. Denn seine Gesamtdeutsche Volkspartei wurde gerade aufgelöst. Die meisten ihrer namhaften Mitglieder traten mit Gustav Heinemann der SPD bei. Nach einiger Bedenkzeit folgte ich ihnen.

Daß evangelische Christen wie Gustav Heinemann, Johannes Rau, Diether Posser, Erhard Eppler und andere in der Folgezeit herausragende Positionen in der SPD und im staatlichen Bereich übernahmen, ist für die Einschätzung der Partei in der evangelischen Christenheit nicht ohne Bedeutung gewesen. Verdächtigungen und Angriffe gegen diesen Personenkreis galten wieder und wieder dieser werbenden Wirkung. Erstreckt auf Gruppen und Persönlichkeiten im kirchlichen Bereich, gipfelten sie in der Verdächtigung, jedenfalls die Evangelische Kirche in Deutschland, aber auch Landeskirchen seien sozialdemokratisch unterwandert.

Gustav Heinemann und Martin Niemöller begrüßen sich, Frankfurt am Main 1965 (v.l.n.r. : Gustav Heinemann, Landesbischof Hanns Lilje, Präses und Ratsvorsitzender der Evangelischen Kirche in Deutschland (EKD) Kurt Scharf, Kirchenpräsident Martin Niemöller)

Diese Kampagnen, zeitweise heftig und erregt geführt, haben letztlich die evangelische Öffentlichkeit nicht beeindruckt. Heinemann selbst, aber auch andere haben unübersehbar ihre Unabhängigkeit bewiesen und sich hohes Ansehen erworben. Ihr Wirken hat Anlaß gegeben, die Einflußfrage in ganz anderer Richtung zu stellen. Und das besonders jetzt, da die Freunde Heinemanns aus ihren Partei- und Staatsämtern ausscheiden oder bereits ausgeschieden sind. Wer wird denn, wie sie es getan haben, christliche und evangelische Belange in der SPD zur Geltung bringen? In der Tat: Das haben sie wirksam getan und damit einen unverzichtbaren Beitrag zur Modernisierung der SPD geleistet.

Eine christliche Partei ist auch die SPD dadurch nicht geworden. Heinemann selbst, mit seinen Erfahrungen als Mitglied und Politiker der CDU, distanzierte sich später deutlich von der Vorstellung, eine christliche Partei könne es überhaupt geben. Um sachliche Interessen gehe es, bei Parteien wie Gewerkschaften, aber nicht um Fragen des Christentums. So sei das „C" in einem Parteinamen fragwürdig.

Die religiöse und weltanschauliche Neutralität des Staates erforderte nach Heinemanns Meinung, Restbestände einer staatskirchlichen Vergangenheit kritisch zu prüfen und aufzuheben. Mit seiner – biblisch begründeten (Matthäus 5,33–37) – Ablehnung des Eides zur Unterstreichung von Bürgerpflichten gegenüber dem Staat hat er sich leider nicht durchsetzen können. Auch die sozial-liberale Bundesregierung nach 1969 wollte sich in dieser Frage nicht bewegen. Am Ernst der Verpflichtung von Soldaten und Beamten, nach Heinemanns Meinung ausreichend durch ein formelles Versprechen garantiert, sollte es keinerlei Abstriche geben.

Mich haben Heinemanns öffentliche Vorstöße in der Eidesfrage und auch die mündlichen Erläuterungen, die er mir dazu gegeben hat, beeindruckt und überzeugt. Jedenfalls die religiöse Form habe ich bei meiner Vereidigung als Bundesminister 1978 weggelassen und hatte mit den Folgen des dadurch verursachten Aufsehens jahrelang zu tun. Politische Verdächtigungen, Zweifel an meiner Aufrichtigkeit als Christ und auch schlichte Schmähungen waren zu registrieren und zu beantworten, wo denn auf Gehör für die Antwort gerechnet werden konnte. Eine Winzigkeit im Vergleich zu all den Verunglimpfungen und massiven Attacken, die Gustav Heinemann bis in sein siebentes Lebensjahrzehnt hinein auszuhalten hatte.

So übel war es ihm in den ersten Nachkriegsjahren nicht gegangen. Als CDU-Politiker in den Ämtern des Essener Oberbürgermeisters, des nordrhein-westfälischen Justizministers und danach des Bundesinnenministers war er unumstritten und bei seiner Partei gerade wegen seines evangelischen Hintergrundes geschätzt. Daß er kurze Zeit nach seiner Wahl zum Präses der Synode der Evangelischen Kirche in Deutschland 1949 auch Bundesinnenminister wurde und beide Ämter gleichzeitig versah, galt damals weder im kirchlichen noch im politischen Lager als problematisch. Bundeskanzler Adenauer, so berichtete Heinemann der Synode im März 1955, habe bei seiner Berufung in die Bundesregierung zur ausdrücklichen Bedingung gemacht, daß er zugleich Präses der Synode bliebe. Aus dem kirchenleitenden Bereich, von Bischof Dibelius angefangen, habe niemand Einwendungen erhoben.

Als er 1955 darauf hinwies, hatte sich das Blatt freilich gewendet. Als Minister war Heinemann schon 1950 im Protest gegen Adenauers Politik zurückgetreten und hatte später auch die Mitgliedschaft in der CDU aufgegeben. Mit seiner neugegründeten Gesamtdeutschen Volkspartei blieb er zwar erfolglos. Genug Ärger über ihn sammelte sich bei seinen früheren Parteifreunden und in der Kirche aber doch an, um ihm 1955 die Wiederwahl als Präses zu versagen. Politische und kirchliche Spitzenfunktionen vertrügen sich nicht miteinander, hieß es damals.

Dabei konnte niemand Gustav Heinemann vorwerfen, er habe sein Präsesamt zu parteipolitischen Zwecken eingesetzt. Weder vor seinem Parteiwechsel noch danach gab es Grund für derartige Beanstandungen. Mir hat die Erfahrung, die er machen mußte, zu denken gegeben. Leitungsfunktionen in der SPD-Bundestagsfraktion habe ich bei meiner Wahl zum Präses der EKD-Synode aufgegeben, bin aber noch neun Jahre lang Bundestagsabgeordneter geblieben. Das auch deshalb, um zu beweisen daß sich ein sachgemäß und verantwortlich wahrgenommener Vorsitz der Synode und engagierte politische Arbeit nicht gegenseitig ausschließen.

Das entsprach nach meiner Überzeugung der Verhaltensrichtlinie, die die EKD 1985 mit ihrer Demokratie-Denkschrift „Der Staat des Grundgesetzes als Angebot und Aufgabe" evangelischen Christen nahezubringen versuchte. Seht euren „Beruf" darin, auch durch politische Mitarbeit für eure Nächsten tätig zu sein, und nutzt die Chance zur Mitarbeit und Mitverantwortung, die die Demokratie euch gibt, lautete die zentrale Botschaft der Denkschrift. Gustav Heinemann war

Gustav Heinemann 1967

bereits neun Jahre zuvor gestorben, hatte aber diese Gedanken durch seine Reden und sein Beispiel nachhaltig zur Geltung gebracht. Ohne an der Denkschrift noch mitwirken zu können, darf er als einer ihrer wichtigsten Veranlasser gelten. So ist denn der Titel bewußt dem Sprachgebrauch Heinemanns, besonders in seiner Rede zum 25. Jahrestag des Grundgesetzes am 24. Mai 1974, entnommen.

Bis zu seiner Ernennung zum Bundesjustizminister der Großen Koalition im Herbst 1966 war Gustav Heinemann für seine Überzeugung von dem, was zu geschehen hatte, nicht nur als Politiker und Kirchenmann (nach seiner Präseszeit im Rat der EKD), sondern auch als Rechtsanwalt in Essen tätig. Wichtige rechtspolitische Reformen, die er als Justizminister verwirklichen oder einleiten konnte, zeichnete er bereits als Anwalt gemeinsam mit Diether Posser in der Art seiner Prozeßführung und in Fachaufsätzen vor. Nicht gegen die Rechtsordnung der Bundesrepublik Deutschland, sondern unter Nutzung ihrer Chancen gelangen ihm schon damals Veränderungen in der Praxis der Gerichte in politischen Strafsachen bis hin zur Aufhebung einzelner Gesetzesvorschriften durch das Bundesverfassungsgericht.

Zu Späßen aufgelegt. Gustav Heinemann (l.) an Weihnachten 1969

Für kirchliche Belange besonders aufgeschlossen zu sein und politische Erfordernisse zu bedenken, war ein Markenzeichen der anwaltlichen Tätigkeit Heinemanns und seiner Sozien. Daß ich dazu stieß, als er 1966 wegen seines Ministeramtes den Beruf nicht mehr ausüben konnte, hätte er fast noch verhindert. Mein politisches Engagement, sichtbar in meiner im Vorstellungsgespräch bewußt zurückhaltend geschilderten kommunalpolitischen Arbeit, machte ihn mißtrauisch. „Das wird ja schon wieder ein Politiker", meinte er zu Diether Posser, „und wir brauchen doch mal einen, der nur die anwaltliche Arbeit macht." Seine Sorge habe ich dann nur zeitweise durch Konzentration auf den Anwaltsberuf widerlegt. Dann trat die politische Arbeit in den Vordergrund, und besondere Aufgaben wurden mir nicht zuletzt deshalb übertragen, weil Heinemann selbst das empfohlen hatte.

Schon vorher war ich ihm für persönliche Hilfe in der Not zu größtem Dank verpflichtet. Ausreisen aus der DDR in „dringenden Familienangelegenheiten" gab es in den 60er Jahren selten, oft nur nach unendlich erscheinenden Wartezeiten und zeitweise gar nicht. Heinemann achtete darauf, daß beim immer wieder fälligen Austausch von Agenten beider Seiten nicht nur Menschen freikamen, die wegen nachrichtendienstlicher Aktivitäten in der DDR zu hohen Strafen verurteilt worden waren. Sondern es wurde von der Bundesregierung immer auch die Zugabe einiger sonstiger Fälle von dringenden Ausreisen aus der DDR durchgesetzt. So durften auch ostdeutsche Verlobte von westdeutschen Partnern auf dieses Weise verschiedentlich zur Eheschließung ausreisen. Mit dem gutmütigen Spott, dabei nur „Beipack" eines wichtigeren Geschäfts gewesen zu sein, konnten sie, soweit sie es überhaupt erfuhren, leben. Meine Frau, nach über vierjähriger Wartezeit endlich 1968 aus der DDR entlassen, hat es natürlich erfahren und sich bei Heinemann selbst für seine Hilfe bedankt.

Aktiv etwas zu tun zur Überbrückung der tiefen Kluft zwischen beiden deutschen Staaten und zur Minderung der Schmerzen und Lasten für die Menschen im geteilten Deutschland, das war für Gustav Heinemann ernstes und wichtiges Anliegen von Beginn der deutschen Teilung an. Den Widerspruch zwischen verheißungsvoll klingenden Worten der damaligen Bundesregierung und anderer im Westen und der tatsächlichen Politik, die die schärfere Abtrennung der Deutschen im Osten nicht verhinderte, sondern sogar noch veranlaßte, hat er schmerzlich empfunden und zum Thema seiner Kritik an der Adenauer-Politik gemacht. Bestärkt wurde er darin durch Begegnungen und Gespräche mit den Menschen im Osten, die ihn ihre Enttäuschung über die leeren Worte in den westlichen Reden von baldiger Befreiung spüren ließen.

Gespräche und Verhandlungen mit dem Osten, Klarheit über die deutschen Grenzen im Osten und das Aushandeln von menschlichen Erleichterungen und Begegnungsmöglichkeiten lagen deshalb ganz auf der Linie des von Heinemann schon immer Gewollten. Die DDR als zweiten deutschen Staat anzuerkennen, wie es mit dem Grundvertrag von 1972 geschehen ist, war für ihn dabei kein Problem. Anfang 1970 bereits setzte er mir auseinander, daß beide Staaten aber nicht Ausland füreinander seien und auch nicht werden dürften. Der erfahrene Anwalt erläuterte das mit Hinweis auf die Fülle der Rechte, die Deutsche aus der DDR in der Bundesrepublik jederzeit wie Bundesbürger wahrnehmen konnten. Daß er in diesem Zusammenhang bei einer anderen Gelegenheit öffentlich auch das Armenrecht erwähnte, nutzten die Machthaber in der DDR zur polemischen Replik. Er wolle wohl die DDR auch in den Beziehungen mit der Bundesrepublik nach dem Armenrecht behandeln, was man sich drüben verbäte.

Ein weiteres Beispiel dafür, daß Heinemann mit seiner nüchternen Klarheit anderen wehtun konnte, vor allem jenen, die es verdienten und durch ihre Reaktion die Berechtigung seiner Feststellungen bestätigten. Auch in der persönlichen Begegnung liebte er es, mit trockenen, treffenden Bemerkungen den schonenden Schleier der Undeutlichkeit und Unverbindlichkeit zu durchdringen und so dem Gesprächspartner unangenehme Wahrheiten nahezubringen. Aber Wahrheiten eben, die sich bald als wohltuend erwiesen und hinter denen ein hilfsbereiter, in seiner Zuwendung herzlicher Mensch stand.

KAPITEL

Gustav Heinemann als Altbundespräsident

von Martin Lotz

Gustav Heinemann konzentrierte sich in den Jahren nach seiner Präsidentschaft für die Bundesrepublik Deutschland auf politische und humanitäre Fragen, die in der Nach-Brandt-Ära vernachlässigt wurden. Dazu gehörten die Folgen der Berufsverbote, die ja noch von Willy Brandt im Jahre 1972 als Beschluß der Ministerpräsidenten abgesegnet worden waren. Dazu gehörten gewerkschaftliche Abwehrgefechte gegenüber einem überhöhten Auftreten „der Wirtschaft". Außerdem galt es Minderheiten zu schützen: Nazientrechtete, in die RAF abgetriftete Moralisten, Naturschützer und Menschen, die schon damals durch das soziale Netz fielen.

Altbundespräsident Gustav Heinemann bei einer Veranstaltung des Rings Christlich-Demokratischer Studenten (RCDS) 1975. Heinemann spricht zum Thema Kirche und Staat.

Gern nahm er Einladungen von Studenten an, weil er sie zum Weitertragen der „68er Bewegung" ermutigen wollte. Lebhaft begrüßte er Beiträge zur deutschen Demokratiegeschichte und unterstützte in Vorträgen, Vorworten, Interviews und persönlichen Gesprächen die Beschäftigung mit den Freiheitsbewegungen unserer Geschichte seit dem ausgehenden Mittelalter.

Das Grundgesetz der Bundesrepublik Deutschland (GG) war für Heinemann ein unaufgebbarer großer Schritt über die Weimarer Verfassung hinaus, weil hier die Grundrechte als unantastbar festgeschrieben sind und nicht durch parlamentarische Mehrheitsbeschlüsse aufgehoben werden können. Er betonte daher auch immer wieder, daß die allgemeine Wehrpflicht ein *Ausnahmerecht* des Grundrechts auf freie Berufswahl (Artikel 12 GG) sei, während das Recht auf Kriegsdienstverweigerung (Artikel 4 GG) selbst als eigenes Grundrecht in der Verfassung stehe.

Gustav Heinemann arbeitete in seinen letzten Lebensjahren mit Vorliebe an Texten. Morgens um 9 Uhr brachte er erste Entwürfe für Briefe, Reden, Aufsätze oder Vorworte mit ins Büro, überließ sie mir zur weiteren Bearbeitung, nahm sie mittags wieder mit nach Hause, um mich am Nachmittag während seiner zweiten täglichen Bürozeit nach teils einvernehmlicher oder teils kontroverser Diskussion mit der endgültigen Fassung zu beauftragen. Was ihm ganz persönlich am Herzen lag, diktierte er unserer Sekretärin direkt in die Maschine; andere Texte, bei denen der Inhalt unstrittig auf der Hand lag, vertraute er mir an.

Wenn wir über Formulierungen und Gliederungen sowie über die gewünschte politische Tendenz sprachen, waren zwei Dinge bemerkenswert. Erstens: „Predigen Sie nicht so sehr; das hören und lesen die Leute nicht gern. Vermeiden Sie, wo es nur geht, Eigenschaftsworte. Sie tragen nämlich nicht zur Klarheit bei. Sie vernebeln den Text und machen die Sprache wolkig." Wenn zweitens ein Gedankengang nicht schlüssig erschien, wurde er schnell gestrichen. Herumbessern hätte nichts gebracht. Leser und Hörer sollten unmißverständlich erfahren, was gemeint war.

Briefe wurden in unserem Essener Büro umgehend beantwortet. Das Anliegen des jeweils Schreibenden wurde kurz auf den Punkt formuliert und dann mit einem Bescheid versehen, mit dem der Adressat auf jeden Fall etwas anfangen konnte. Vielfach handelte es sich um Petitionsfälle. Da mußte genau vorgeschlagen werden, welche weiteren Schritte zu gehen waren, um das Petitionsziel zu erreichen. Nicht selten ging in solchen Fällen gleichzeitig ein Brief an eine behördliche Instanz, um den verstopften Gang der Dinge wieder frei zu machen und ins Laufen zu bringen – immer mit der deutlichen Aufforderung, Bericht über das Veranlaßte zu erstatten. Durch diese Methode konnte nicht selten wirksam geholfen und bürokratisches Unrecht in die Schranken gewiesen werden.

Gustav Heinemann wurde nach Beendigung seiner Präsidentschaft sehr oft gebeten, Vorträge zu halten, Vorworte und Buchbesprechungen zu schreiben, an Diskussionen teilzunehmen, Grußworte zu sprechen oder Schirmherrschaften zu übernehmen. Seine Vorliebe zur Zusage wurde zunächst aus zeitlichen und später aus gesundheitlichen Gründen begrenzt. Bei der Fülle der Anfragen könnte man denken, er habe nur zu- oder abgesagt. Nein, Heinemann hat auch selbst die Initiative ergriffen. Herausragendes Beispiel dafür ist sein Brief an Ulrike Meinhof, den er mit dem damaligen Justizminister Hans Jochen Vogel persönlich absprach. Zu dritt rangen wir am Telefon um jede Formulierung, damit zwischen Frau Meinhof und dem Staat der BRD wirklich eine Brücke gebaut werde. Durch diesen Brief sollte Ulrike Meinhof vom Hungerstreik abgebracht und der RAF insgesamt ein Ausweg aus der Justiz- und Gefängnissackgasse gewiesen werden. Die wütenden und ausfälligen Briefe, die ihm nach diesem vergeblichen Versuch einer Ver-

Altbundespräsident Gustav Heinemann bei der feierlichen Übergabe einer Büste von Gustav Heinemann. Der Anblick seines Konterfeis stimmte ihn fröhlich.

söhnung zugingen, nahm er zunächst mit Gleichmut auf, zunehmend aber mit großer Traurigkeit über das Haßpotential, das Anfang der 70er Jahre das Klima in der Bundesrepublik Deutschland bestimmte.

Geduldig war der Altbundespräsident mit denen, die ihn in Briefen oder Publikationen mit Lob überhäufen wollten. Da mußte zurechtgerückt, versachlicht, eine Nummer kleiner daraus gemacht werden. Eine typische Aufgabe für einen Referenten.

Als Mitarbeiterinnen und Mitarbeiter hatten wir es gut bei Gustav Heinemann. Die Arbeitszeit wurde voll genutzt. In der Freizeit ließ er uns in Ruhe. Nicht selten verzichtete er auf den täglichen Spaziergang, einfach weil der persönliche Wachbeamte auch freie Zeit haben mußte.

So scheu und wortkarg ich Heinemann erlebte, so leutselig und zugewandt konnte er sein: nicht nur beim Skatspiel, bei dem er Getränke und Verzehr persönlich besorgte, anbot und die üblichen Spielsprüche parat hatte; ebenso beim aufmerksamen und lachenden Umgang mit den Enkelkindern oder beim Wiedersehen alter politischer und kirchlicher Freunde. Ein Beispiel für seine natürliche menschliche Lebendigkeit gab er beim 450jährigen Reformationsjubiläum der Stadt Nürnberg am 16. März 1975. Den ganzen Tag über widmete er sich Vertreterinnen und Vertretern der Kirche und der Kommune. Er nahm an einem großen Umtrunk im Schloßsaal teil, zu dem der Oberbürgermeister Andreas Urschlechter geladen hatte, speiste mit dem bayrischen Ministerpräsidenten Alfons Goppel im kleinen erlauchten Kreis und hielt dann im überfüllten Ratssaal eine große und lange Rede zur Geschichte der Stadt Nürnberg. Er stand den sich anschließenden Empfang mit bekannten und unbekannten Gesichtern äußerst interessiert durch und kam zu guter Letzt auf die Idee, den Tag mit einer Andacht in einer der großen Kirchen der Stadt zu beschließen. Zur Vorbereitung auf die kurze Predigt griff er auf die Pfarrerskünste seines Referenten zurück. Noch spät in der Nacht saß er im Hotel mit Menschen zusammen, die er lange nicht gesehen hatte, und unterhielt sich mit ihnen angeregt und immer wieder nachfragend über politische und kirchliche Themen.

Vier große Reden entstanden in der Nach-Bonner-Zeit:

„Lernprozeß Staat – Kirche – Gesellschaft". Vortrag in der Evangelischen Akademie Tutzing am 22. Januar 1975;

„Stadtfreiheit und Reformation in Nürnberg". Vortrag anläßlich der 450-Jahr-Feier der Einführung der Reformation in Nürnberg am 16. März 1975;

„Was not tut, wäre ein neuer Lessing der Freiheitsbewegungen". Ansprache bei der Verleihung des Lessingpreises 1974 der Freien und Hansestadt Hamburg am 2. Oktober 1975;

„Friedrich Albert Lange". Festvortrag am 21. November 1975 in Duisburg.

Diese Reden sind bis heute lesenswert, weil in ihnen das demokratische Feuer aufleuchtet, das Gustav Heinemann seit seinen Jugendjahren begeisterte und das bei seinen Hörerinnen und Hörern, auch späteren Leserinnen und Lesern, ein vergleichbares Engagement zu entfachen vermag.

KAPITEL

Stimmen zum Tode von Gustav Heinemann[1]

Was mit der protestantischen „Freiheit eines Christenmenschen" gemeint sein kann, läßt sich am Leben Gustav Heinemanns auf eine faszinierende Weise ablesen. Aus ihr gewann er den Freimut, immer wieder gegen alle Opportunitäten dem Ruf des Gewissens zu gehorchen, das sich streng an das Wort der Schrift gebunden wußte. Ihr entsprach die Demut, die ihn ein Bürger unter Bürgern sein ließ, und aus ihr leitete er auch das Recht ab, sich selbst in Frage zu stellen und auf neue Herausforderungen mit neuen Antworten zu reagieren. Diese Freiheit bewährte sich zuletzt nicht nur darin, daß er auf eine Weiterführung seines Amts verzichtete, sondern daß er auch offenen Auges seinem Tod entgegenging.

Eberhard Stammler in: „Evangelische Kommentare"

Die Grundsatzbindung Heinemanns bestimmte sein politisches Wirken. Er verkörperte eine urdemokratische Gesinnung in beispielloser Weise. In allen Sachentscheidungen folgte er der Stimme seines Gewissens, in Fragen des politischen Stils war er der Empfindlichste, wenn die demokratischen Spielregeln verletzt wurden. Gustav Heinemann war ein Politiker der Konsequenz: Er dachte alle Dinge bis zum Ende durch und handelte auch entsprechend.

Der dritte Präsident der Bundesrepublik Deutschland hat wie seine Vorgänger Theodor Heuss und Heinrich Lübke dem höchsten Staatsamt sein eigenes, unverwechselbares Gesicht gegeben. Heinemann war als Bundespräsident ein ständiger Mahner, dessen persönliche Integrität und Lauterkeit ihm die Autorität verlieh, auch Wirkungen erzielen zu können. Er verzichtete immer auf den bequemen Weg billiger Zustimmung, sondern nannte auch die schmerzlichen Dinge beim Namen. Er bog sich die Wahrheit nie zum passenden Gebrauch zurecht, sondern sprach sie aus.

Hans Dietrich Genscher

Mich hat bei Gustav Heinemann am stärksten beeindruckt diese Mischung aus nüchternem Verstand und moralischem Engagement. Er war ja überhaupt kein Utopist, kein Illusionär. Er stand mit beiden Beinen auf der Erde, und was ihm am meisten lag und was ihm auch oft am meisten Spaß gemacht und Freude bereitet hat, ist, etwas durchzufechten, das, was er für richtig hielt für diesen Staat, für die Gesellschaft, damit das Leben gerechter wird. Und das hat er als Jurist getan, und das hat er auch als Politiker getan. Ihm lag überhaupt nichts an einer Karriere und an Glanz und Pracht im Präsidialamt. Das hat er nicht gewollt. Auf Popularität ist er nicht aus gewesen, sondern ihm kam es nur darauf an, das durchzusetzen, was nach seiner Überzeugung und nach seinem Gewissen notwendig war. Er hat oft gesagt – er war ja ein sehr gläubiger Christ –, was uns im Leben aufgetragen ist, das können wir nie schaffen. Aber wir müssen bis zum letzten Atemzuge versuchen, das zu tun, was notwendig ist. Das hat uns unser Gott aufgetragen, und dafür sind wir Christen, und dafür müssen wir leben.

Und dann, glaube ich, hat jeden, der ihn gekannt hat und der mit ihm zusammen war, sehr beeindruckt seine Bescheidenheit, um nicht zu sagen seine Anspruchslosigkeit, verbunden mit sehr, sehr viel Hilfsbereitschaft. Wenn man in dieses Präsidentenamt kam, hatte man das Gefühl, man kommt zu guten Freunden und nicht zu einem Menschen, der über diesem Staat oder über dieser Gesellschaft schwebt. Er hat immer wieder alle seine Freunde und die, die mit ihm zusammenarbeiteten, zum Widerspruch herausgefordert. Man konnte mit ihm offener sprechen, und man konnte ihm eher widersprechen, als man oft seinem Chef widersprechen kann. Wenn man von ihm ging, hatte man das Gefühl, daß das Rückgrat, das einem durch das, was wir in Deutschland erlebt haben, ein bißchen verkrümmt ist, daß dieses Rückgrat ein bißchen grader geworden ist und daß man mehr tun muß, als man bisher getan hat. Er war ein wunderbarer, ein verehrungswürdiger Mensch.

Gustav Heinemann ist nie den bequemen und den leichten Weg gegangen. Er hat es sich und uns nie leicht gemacht. Er ist nie mitgelaufen. Er ist nie hinterhergelaufen, sondern er hat immer nur das getan, was er für richtig hielt. Parteien waren für ihn nicht irgendwelche Glaubensgemeinschaften. Das war nicht seine Heimat. Seine Heimat war das Christentum. Parteien waren für ihn Vehikel, Zweckverbände, um das durchzusetzen, was er für richtig hielt. Sofort, nachdem er als Justizminister in die Große Koalition eingetreten ist (1966), hat er sich an seinen Schreibtisch gesetzt und gefragt: Was ist jetzt am dringendsten? Seine Justizreformen können sich sehen lassen. Er hat die Gleichstellung des nichtehelichen Kindes durchgesetzt, er hat die Strafrechtsreform und vieles andere in Gang gebracht.

Carola Stern, Westdeutscher Rundfunk

Freunde und Weggefährten aus verschiedenen Lebensstationen (v.l.n.r.: 1. Reihe: Willy Brandt und Bischof Kurt Scharf; 2. Reihe: Egon Bahr, Carola Stern, Diether Posser, Johannes Rau, ganz rechts Reinhard Appel; 3. Reihe: Barbara von Sell, Erhard Eppler)

Man weiß wenig von ihm, wenn man nichts von seiner Frömmigkeit weiß. Seine politischen Überzeugungen und sein politisches Handeln hatten ihre Wurzeln in seinem christlichen Glauben. Er kam von der Bergpredigt her und war schon einen weiten politischen Weg gegangen, ehe er zur Sozialdemokratie stieß. Aber auf diesem Wege gab es für ihn keinen Widerspruch, sondern nur logische Konsequenz. Die Bibel war für ihn das revolutionärste Buch, das es gibt.

Heinemann gibt uns, nämlich seinen politischen Freunden in der Verantwortung, den Auftrag, Wünsche, Kritik und Vorstellungen der Jugend geduldig anzuhören und zu bedenken. Uns selbstkritisch zu fragen: Verstehen wir Älteren richtig, was junge Menschen umtreibt

Gustav Heinemann und der Journalist Leo Bauer

und bewegt? Tun wir genug, um zu verhindern, daß durch Mißtrauen, durch bürokratisches Eifertum, durch Schnüffelei, durch Leistungsdruck das jugendliche Selbstbewußtsein verwüstet, daß vitale Freude am Jungsein zerstört wird? Seine Fragen müssen wir ernst nehmen.

Helmut Schmidt beim Staatsakt in Bonn

Wie alle, die ihn kannten, ehrte auch ich ihn als eine bewundernswerte Gestalt und als die ideale Verkörperung der besten Eigenschaften des deutschen Volkes. Betrachtete es jahrelang als eine Ehre, mit ihm freundschaftlich verbunden gewesen zu sein.

Nahum Goldmann, Jerusalem

Gustav Heinemann war einer der leider allzu wenigen Politiker der Bundesrepublik, die immer bereit waren, verständnisvoll die kritischen Fragen gerade der Jugendlichen zu diskutieren. Er verstand unsere Skepsis gegenüber diesem politischen System mit seinen vielen Ungerechtigkeiten und Unzulänglichkeiten. Seine Reden und Aufsätze ermunterten uns immer wieder in unserer Arbeit.

Hanspeter Knirsch, 1976 Bundesvorsitzender der Deutschen Jungdemokraten

Die Furcht *für* die Menschen hat ihm mehr zugesetzt und wer so warmherzig und mitfühlend in die Politik geht und vom Evangelium bestärkt wird, für alle und nicht nur für die Interessen der eigenen privilegierten Schicht politisch zu arbeiten, den kann der Zustand der Welt wahrhaftig das Fürchten lehren. „Die Schicksalsfrage, ob wir auf dem richtigen Weg sind“ ... hat ihn in den letzten Jahren unablässig beschäftigt. Er sah die drohenden Gefahren für das Überleben der Menschheit, die Notwendigkeit tiefer Systemveränderungen. Ihn erfüllten, wie er in seiner Abschiedsrede beim Rücktritt vom Amte am 1. Juli 1974 sagte, „Unruhe und Ungeduld über die noch immer bei uns herrschende Kurzsichtigkeit“. Er sah deutlich, wie das, was getan werden muß, nicht getan werden kann, weil allzuviele unter denen, die an den verschiedenen Hebeln der Macht sitzen, es nicht tun wollen oder nicht getan haben wollen. Und neben den Sorgen um die Menschheitszukunft nagte in den letzten Jahren in ihm der Kummer darüber, daß anstelle der Erziehung zum Bürgermut, der er hatte dienen wollen, Erziehung zur Bürgerfeigheit sich ausbreitet und gefördert wird. So sprach er immer öfter vom Unregierbarwerden der Welt und schloß manches Gespräch mit dem Satz: „Bring du mal diese Welt in Ordnung!“

Helmut Gollwitzer, Ansprache bei der Beerdigung

---

[1]Diese Beiträge sind entnommen aus: Koch, Diether, und Lotz, Martin (Hg.), Stimmen zum Tode von Gustav W. Heinemann, in: „Junge Kirche“, 37. Jg. 1976, Beiheft zu Nr. 10/ 1976

Zeittafel Gustav Heinemann

23.7.1899	Geboren in Schwelm /Westfalen
1909–1917	Realgymnasium Essen
1917–1918	Soldat
1918–1923	Studium der Rechtswissenschaften, Volkswirtschaft und Geschichte in Münster, Marburg, München, Göttingen und Berlin. Aktiv in Studentengruppen der Deutschen Demokratischen Partei (DDP)
1920	Von Kapp-Anhängern (Kapp-Putsch) kurzfristig inhaftiert
1921	Promotion in Marburg zum Dr. rer. pol.
1926	Eheschließung mit Hilda Ordemann, vier Kinder
seit 1926	Rechtsanwalt in Essen
1928	Begegnung mit dem Essener Pfarrer Friedrich Wilhelm Graeber
1928–1936	Als Rechtsanwalt zugleich Justitiar und Prokurist der Rheinischen Stahlwerke in Essen
1929	Promotion in Münster zum Dr. jur.
1930	Beitritt zum Christlich-Sozialen Volksdienst (CSVD)
1933–1939	Dozent (Lehrauftrag) für Bergrecht und Wirtschaftsrecht an der Universität Köln
1933–1945	Mitglied der Bekennenden Kirche. Beteiligung insbesondere an der Barmer Synode Mai 1934 („Barmer Erklärung"). Beteiligung an der Herstellung und Verbreitung von Flugschriften der Bekennenden Kirche
1933–1948	Presbyter in Essen
1936–1949	Vorstandsmitglied der Rheinischen Stahlwerke in Essen
1937–1950	Vorsitzender des CVJM in Essen
1938/1939	Niederlegung der Ämter in der Bekennenden Kirche
1945	Mitbegründer der Christlich-Demokratischen Union (CDU) in Essen und im Rheinland

1945	Mitunterzeichner der „Stuttgarter Erklärung" des Rates der Evangelischen Kirche Deutschlands
1945–1962	Mitglied der Leitung der Evangelischen Kirche im Rheinland
1945–1967	Mitglied des Rates der Evangelischen Kirche in Deutschland (EKD), der auf der Kirchenführerkonferenz in Treysa konstituiert wurde
1946–1949	Oberbürgermeister in Essen
1947–1948	Justizminister in Nordrhein-Westfalen
1947–1950	Abgeordneter des Landtages von Nordrhein-Westfalen
1948	Präsident der verfassunggebenden Kirchenversammlung Eisenach (Gründung der EKD)
1948	Teilnehmer an der Gründungsversammlung des Ökumenischen Rates der Kirchen (ÖRK) in Amsterdam
1948–1961	Mitglied der Kommission für internationale Angelegenheiten des Ökumenischen Rates der Kirchen (CCJA)
1949	Beteiligt an der Konstituierung des Deutschen Evangelischen Kirchentags
1949–1950	Innenminister der ersten Bundesregierung unter Konrad Adenauer
1949–1955	Präses der Synode der EKD
1950	Rücktritt als Innenminister wegen der von Adenauer eingeleiteten Wiederaufrüstung
1951	Gründung der überparteilichen Notgemeinschaft für den Frieden Europas
1951	Kirchliche Vortragsreise durch die DDR
1952	Austritt aus der CDU
1952	Mitbegründer der Gesamtdeutschen Volkspartei (GVP)
1954	Besuchsreise in die Sowjetunion auf Einladung des Patriarchen der Russisch-Orthodoxen Kirche
1954	Teilnehmer an der Weltkirchenversammlung in Evanston

1957	Auflösung der Gesamtdeutschen Volkspartei – Eintritt in die SPD
1957–1969	Mitglied des Bundestages
1958–1969	Mitglied des Parteivorstandes der SPD
1961	Teilnehmer an der Weltkirchenversammlung in Neu-Dehli
1966–1969	Bundesminister der Justiz in der Regierung Kiesinger/Brandt
1967	Dr. theol. h. c. der Universität Bonn
1969–1974	Bundespräsident
7.7.1976	Verstorben in Essen

Personenverzeichnis

Adenauer, Konrad: 20, 41, 109, 134–138, 142, 146–149, 151, 171, 186, 197, 198, 202–204, 229, 233
Agartz, Victor: 64, 191
Appel, Reinhard: 27, 243
Arnold, Karl: 122
Asmussen, Hans: 117
Aust, Josef: 131
Bahn-Flessburg, Ruth: 176
Bahr, Egon: 243
Baring, Arnulf: 128, 132,
Barth, Karl: 74, 132, 144, 151, 168, 185, 197, 199, 208, 210, 214, 215
Barzel, Rainer:164, 212
Bauer, Leo: 244
Beckmann, Joachim: 10, 81, 103,
Bell, George: 125
Berlin, August: 27
Bethge, Eberhardt: 107
Böhler, Wilhelm: 154
Böhm, Hans: 103
Bonhoeffer, Dietrich: 143
Bormann, Martin: 167
Bossert, Otto: 90, 91
Böttcher, Johannes: 86, 103
Bracher, Karl Dietrich: 92
Brandt, Willy: 146, 163–165, 205, 224, 234, 243
Bultmann, Rudolf: 69, 74, 173
Busch, Wilhelm: 8, 78–80, 90, 103, 111, 184, 185
Carstens, Karl: 27, 166
Churchill, Winston: 138
Dehler, Thomas: 135,
Delius, Christa, geb. Heinemann: 100, 186
Dibelius, Otto: 110, 117, 127, 229
Dietze, Constantin von: 143
Disselhoff, Wolfgang: 101, 102
Dulles, John Foster: 204
Ehlers, Hermann: 110, 139
Eppler, Erhard: 20, 138, 151, 196, 206, 225, 227, 243
Erler, Fritz: 145, 146,
Erzberger, Matthias: 61
Flanders, Ralph E.: 190
Gerstenmaier, Eugen: 139, 223
Giesen, Heinrich: 110
Gollwitzer, Helmut: 14, 73, 140, 141, 144, 159, 215, 216, 221, 245
Goppel, Alfons: 238
Graeber, Friedrich Wilhelm: 8, 17, 70, 71, 75–77, 79, 81–87, 91, 112, 113, 175, 184–186, 194, 246
Grüber, Heinrich: 138,
Gummert, Fritz: 91
Haeckel, Ernst: 69, 174
Haller, Albrecht von: 172
Hassel, Kai Uwe von: 27
Heinemann, Friedrich Carl: 54
Heinemann, Hilda geb. Ordemann: 6, 69, 84, 93, 95, 100, 101, 165, 170–179, 194,
Heinemann, Johanna: 57, 115
Heinemann, Peter: 100, 187
Heinemann, Otto: 52–55, 57, 255
Held, Heinrich: 8, 10, 11, 81, 98, 101–103, 108, 117
Heß, Hans-Erich: 144
Heuss, Theodor: 26, 132, 178, 241
Hitler, Adolf: 35–39, 48, 66, 72, 77, 78, 92, 95, 104–107, 182, 183, 199, 209
Humburg, Paul: 106
Iwand, Hans-Joachim: 103
Janus, Albert: 99,

Johnson, Lyndon B.: 190
Kästner, Erich: 140
Kaiser, Jakob: 41, 137
Kaiser, Mathilde:131
Kapp, Wolfgang: 65
Kerrl, Hanns: 95, 96, 102
Kiesinger, Kurt Georg: 153, 158, 164, 171
Koch, Karl: 106,
Krause, Reinhold: 77
Kreck, Walter: 144
Kreisky, Bruno: 178
Lange, Ernst: 140
Lange, Friedrich Albert: 239
Lemmer, Ernst: 63, 66, 86, 109, 137
Lenz, Otto: 137, 149
Lilje, Hanns: 117, 152, 227
Lübke, Heinrich: 171, 213, 241
Lücking, Karl: 103
Marx, Karl: 16, 40, 42, 151, 210
McCarthy, Joseph Raymond: 190, 203
Meinhof, Ulrike: 237
Meiser, Hans: 93, 117
Möller, Alex: 146
Mondrzik, Max-Heinz: 90
Müller, Friedrich: 103
Müller, Ludwig: 79, 80, 81, 88, 98, 182, 183
Nau, Alfred: 205
Neschen, Matthias: 131
Niemeyer, Victor: 67, 71, 90
Niemöller, Martin: 17, 117, 124, 130, 135, 217, 227
Niesel, Wilhelm: 117, 144
Noske, Gustav: 62
Oberheid, Heinrich: 183
Ollenhauer, Erich: 140
Perels, Friedrich Justus: 103
Posser, Diether: 20, 135, 138, 147, 182, 185, 188, 207, 209, 227, 231, 232, 243
Rabenau, Eitel Friedrich von: 103
Rau, Johannes: 20, 138, 151, 186, 188, 199, 207, 209, 227
Ranke-Heinemann, Uta: 70, 100
Rendtorff, Heinrich: 103
Renner, Heinz: 136
Röhm, Ernst: 91
Röpke, Wilhelm: 64, 88, 113,
Scharf, Kurt: 227, 243
Scheidemann, Philipp: 66
Scheu, Adolf: 20, 147, 207, 203
Schirach, Baldur von: 79
Schleicher, Kurt von: 92
Schmidt, Helmut: 146, 166, 244
Schmude, Jürgen: 187, 226
Schneider, Paul: 143,
Scholl, Robert: 20, 138
Schumacher, Kurt: 203
Schurz, Carl: 187
Schwander, Rudolf: 65
Scott-King, Coretta: 161
Sell, Barbara von: 243
Staewen, Gertrud, geb. Ordemann: 69
Stalin, Josef: 39, 137, 198, 204
Stern, Carola: 212, 242, 243
Stoltenhoff, Ernst: 79, 80, 90
Stresemann, Gustav: 199
Strobel, Käte: 146
Strunk, Heinrich: 131
Sturm, Marcel: 125
Thadden-Trieglaff, Reinold von: 110
Toussaint, Hans: 131, 136
Ufer, Albrecht: 113
Urschlechter, Andreas: 238
Visser´t Hooft, Willem Adolf: 125
Walter, Friedrich: 62, 187
Walter, Gustav: 14, 16, 54–57, 73
Weber, Alfred: 140
Weber, Helene:131
Weber, Josef: 206
Weber, Otto: 144
Wehner, Herbert: 205
Weigle, Wilhelm: 9, 111
Weizsäcker, Richard von: 143, 166
Werner, Friedrich: 104
Wessel, Helene: 20, 136, 138, 198, 146, 199, 205, 207
Wichelhaus, Barbara, geb. Heinemann: 100
Wolf, Ernst: 144
Wolf, Friedrich: 136
Wurm, Theophil: 93, 127
Zuckmayer, Carl: 178

Fotonachweis

Friedrich-Ebert-Stiftung, Seiten: 56, 60, 64, 68, 75, 84, 87, 91, 95, 100, 105, 110, 127, 129, 131, 134, 135, 136, 139, 141, 144, 152, 157, 162, 165, 174, 179, 191, 197, 227, 231, 235
JH Darchinger, Seiten: Titelbild, 18, 19, 23, 27, 155, 161, 167, 171, 193, 202, 205, 206, 211, 213, 216, 219, 223, 230, 237, 243, 244
Diether Posser, Seiten: 147, 185, 188
dpa, Seiten: 41, 120;
Klaus Hennich, Seite: 178;
Erhard Eppler, Seiten: 200, 201

Angaben zu Autoren und Herausgebern

Dr. Ulrich Bayer Geboren 1962, Studium der Theologie und der Geschichtswissenschaft, 1991–1993 Assistent an der Kirchlichen Hochschule Berlin Zehlendorf, 1993–1995 wissenschaftlicher Angestellter beim Kirchenamt der EKD, Pfarrer in Stetten am kalten Markt.

Dr. Erhard Eppler Geboren 1926 in Ulm, 1952 Mitbegründer der Gesamtdeutschen Volkspartei, 1961–1976 für die SPD Mitglied des Bundestages, 1968–1974 Bundesminister für wirtschaftliche Zusammenarbeit, 1976–1982 Mitglied des Landtages von Baden-Württemberg, 1976–1980 Fraktionsvorsitzender, 1970–1992 Landesvorsitzender, 1973–1992 Vorsitzender der Grundwertekommission der SPD, 1981–1983 und 1989–1991 Präsident des Deutschen Evangelischen Kirchentages.

Manfred Kock Geboren 1936, Pfarrer, seit 1980 Stadtsuperintendent in Köln, seit 1997 Präses der Evangelischen Kirche im Rheinland und Vorsitzender des Rates der Evangelischen Kirche in Deutschland.

Martin Lotz Geboren 1936, Studium der Theologie und Soziologie in Marburg, Münster und Heidelberg, 1960–1965 Berufsschullehrer, 1965–1973 Pfarrer in Berlin-Schöneberg, 1974–1976 Persönlicher Referent von Gustav Heinemann, 1977–1996 Pfarrer in Berlin Zehlendorf.

Dr. Diether Posser

Geboren 1922 in Essen. Nach Jura- und Volkswirtschaftsstudium in Münster und Köln 1952–1966 Rechtsanwalt in Essen in einer Sozietät mit Gustav Heinemann, 1952 mit Heinemann Gründungsmitglied der Gesamtdeutschen Volkspartei. Seit 1957 Mitglied der SPD. 1966–1990 Mitglied des nordrhein-westfälischen Landtags. 1968–1988 Mitglied der Landesregierung von Nordrhein-Westfalen.

Matthias Riemenschneider

Geboren 1959, Studium der evangelischen Theologie in Hamburg, Heidelberg und Basel, Pfarrer in Schwäbisch Hall.

Ursula Salentin

Geboren 1924, Studium der Germanistik und Philosophie in Freiburg, Mainz und Münster, Gymnasiallehrerin und Publizistin.

Dr. Jürgen Schmude

geboren 1936 in Insterburg (Ostpreußen), Rechtsanwalt, 1969–1994 Mitglied des Bundestages, 1974–1976 Parlamentarischer Staatssekretär beim Bundesminister des Innern. 1978–1981 Bundesminister für Bildung und Wissenschaft, 1981-1982 Bundesminister der Justiz, 1985 Präses der Synode der Evangelischen Kirche in Deutschland, 1991 und 1997 wiedergewählt.

Dr. Matthias Schreiber

Geboren 1963, Pastor der westfälischen Kirche, persönlicher Mitarbeiter von Johannes Rau.

Dr. Dr. theol. h.c. Helmut Simon

Geboren 1922, Familie in der Bekennenden Kirche, Studium in Bonn und Basel. Ab 1953 Richter am Landgericht und Oberlandesgericht Düsseldorf sowie am Bundesgerichtshof in Karlsruhe, 1970–1987 im Grundrechtesenat des Bundesverfassungsgerichts. Mitarbeit in kirchlichen Gremien bis hin zum ökumenischen Programm zur Bekämpfung des Rassismus. Präsident der Berliner Kirchentage 1977 und 1989.

Dr. Jörg Thierfelder

Geboren 1938, Studium der evangelischen Theologie in Tübingen und Berlin, Pfarrer der württembergischen Landeskirche, seit 1981 Professor für Evangelische Theologie/Religionspädagogik an der Pädagogischen Hochschule Heidelberg, 1991 Honorarprofessor an der Universität Heidelberg.

Hermann Vinke

Geboren 1940, Studium der Geschichte und Soziologie in Hamburg. Redakteur bei verschiedenen Tageszeitungen und beim Norddeutschen Rundfunk in Hamburg. 1981–1986 Fernostkorrespondent der ARD in Japan, 1986–1990 USA-Korrespondent des NDR und WDR, 1991 Leiter des ARD-Studios Berlin/Ostdeutschland, seit 1992 Hörfunkdirektor von Radio Bremen.

Dr. Wolfgang Vögele

Geboren 1962, Studium der evangelischen Theologie in Heidelberg und Wuppertal, Pastor und Studienleiter an der Evangelischen Akademie Loccum.

Ausgewählte Bibliographie

Archiv der sozialen Demokratie (Friedrich-Ebert-Stiftung) (hg.), Gustav W. Heinemann. Bibliographie, bearbeitet von Martin Lotz, Bonn-Bad Godesberg 1976

Sammlungen von Reden und Schriften Gustav W. Heinemanns

Deutsche Friedenspolitik. Reden und Aufsätze, Vorwort von Diether Posser, Darmstadt 1952

Im Schnittpunkt der Zeit. Reden und Aufsätze, Vorwort Helmut Gollwitzer, Darmstadt 1957

Plädoyer für den Rechtsstaat. Rechtspolitische Reden und Aufsätze, Vorwort Rolf Zundel, Karlsruhe 1969

Präsidiale Reden, Einleitung von Theodor Eschenburg, Frankfurt 1975; Versöhnung ist wichtiger als ein Sieg. Vier Weihnachtsansprachen 1970–1973 und Helmut Gollwitzers Ansprache bei der Beerdigung von Gustav Heinemann 1976, Neukirchen 1976

Reden und Schriften Bd. I: Allen Bürgern verpflichtet. Reden des Bundespräsidenten 1969 –1974, Frankfurt 1975

Reden und Schriften Bd. II: Glaubensfreiheit – Bürgerfreiheit. Reden und Aufsätze zu Kirche – Staat – Gesellschaft 1945–1975, hg. von Diether Koch, Frankfurt 1976

Reden und Schriften Bd. III: Es gibt schwierige Vaterländer ... Aufsätze und Reden 1919–1969, hg. von Helmut Lindemann, Frankfurt 1977

Reden und Schriften Bd. IV: Unser Grundgesetz ist ein großes Angebot. Rechtspolitische Schriften, hg. von Jürgen Schmude, München 1989

Wir müssen Demokraten sein. Tagebuch der Studienjahre 1919–1922, hg. von Brigitte und Helmut Gollwitzer, München 1980

Der Frieden ist ein Ernstfall. Hg. und eingeleitet von Martin Lotz, München 1981

Literatur über Gustav W. Heinemann

Heinrich Böll/ Helmut Gollwitzer/ Carlo Schmid (Hg.), Anstoß und Ermutigung. Gustav W. Heinemann Bundespräsident 1969–1974, Frankfurt 1974; Joachim Braun, Der unbequeme Präsident. Vorwort von Siegfried Lenz, Karlsruhe 1972

Axel von Campenhausen, Staat, Kirche und Gesellschaft bei Gustav W. Heinemann, in: Geschichte in Wissenschaft und Unterricht, 32. Jahrgang 1981, S. 1–23

Anselm Doering-Manteuffel, Konrad Adenauer – Jakob Kaiser – Gustav Heinemann. Deutschlandpolitische Positionen in der CDU, in: Jürgen Weber (Hg.), Die Republik der fünfziger Jahre. Adenauers Deutschlandpolitik auf dem Prüfstand, München 1989, S. 18–46

Jörg Ettemeyer, Gustav W. Heinemanns Weg im evangelischen Kirchenkampf 1933–1945, theol. Dissertation, Heidelberg 1993

Helmut Gollwitzer/ Diether Posser/ Horst Ehmke/ Erhard Eppler/ Ernst Wilm, Gustav W. Heinemann – Bundespräsident, Bonn-Bad Godesberg 1971
Erich Hauer, Bürgerpräsident Gustav Heinemann. Ein Porträt, Freudenstadt 1969 (Persönlichkeiten der Gegenwart, 14)
Günter Heidtmann, Gustav Heinemann, Rechtsanwalt und Notar, in: Zum Dienst berufen. Lebensbilder leitender Männer der evangelischen Kirche in Deutschland, hg. von Jürgen Bachmann, Osnabrück 1963, S. 57–60
Andreas Hillgruber, Heinemanns evangelisch-christlich begründete Opposition gegen Adenauers Politik 1950 –1952, in: Diether Albrecht/Hans-Günter Hockerts/Paul Mikat/ Rudolf Morsey (Hg.), Politik und Konfession. Festschrift für Konrad Repgen zum 60. Geburtstag, Berlin 1983, S. 503–517
Bertold Klappert, Christengemeinde und Bürgergemeinde. K. Barth – G. Heinemann – H. Simon, in: Bertold Klappert, Versöhnung und Befreiung. Versuche, Karl Barth kontextuell zu verstehen, Neukirchen 1994 (NBST 14), S. 285–305
Diether Koch, Heinemann und die Deutschlandfrage, Vorwort von Eugen Kogon, München 1972
Diether Koch/ Martin Lotz (Hg.), Stimmen zum Tode von Gustav W. Heinemann, in: Junge Kirche, 37. Jg. 1976, Beiheft zu Heft 10/1976
Diether Koch, Gustav W. Heinemann, in: Martin Greschat (Hg.), Gestalten der Kirchengeschichte, Bd. 10.2, Stuttgart/ Berlin/ Köln/ Mainz 1986, S. 225–243
Diether Koch, Engagement für ein (vereintes) Deutschland außerhalb der Machtblöcke. Gustav Heinemann und die Möglichkeit einer alternativen Friedenspolitik, in: Titus Häussermann/ Horst Krautter (Hg.), Arbeit und Bürgerrechte, Stuttgart 1986, S. 101–113
Diether Koch, Heinemanns Kritik an Adenauers Deutschlandpolitik, in: Josef Foschepoth (Hg.), Adenauer und die Deutsche Frage, Göttingen 1988
Diether Koch, Das Erbe der Bekennenden Kirche und die Friedensinitiativen Gustav Heinemanns, in: Kirchliche Zeitgeschichte, 4. Jg., 1991, S. 188–202
Werner Koch, Heinemann im Dritten Reich. Ein Christ lebt für morgen, Geleitwort von Eberhard Bethge, Wuppertal 1972
Helmut Lindemann, Gustav Heinemann. Ein Leben für die Demokratie, München 1978
Wilhelm Niemöller, Bekenner der Kirche, Gütersloh 1970
Diether Posser, Gustav Heinemann, in: Klaus Scholder/ Dieter Kleinmann (Hg.), Protestantische Profile. Lebensbilder aus fünf Jahrhunderten, Königstein/Taunus 1983, S. 382–396
Johannes Rau, Gustav Heinemann, in: Wolfgang Huber (Hg.), Protestanten in der Demokratie. Positionen und Profile im Nachkriegsdeutschland, München 1990, S. 55–68
Günther Scholz, Die Bundespräsidenten. Biographie eines Amtes, Heidelberg 1992
Herman Schreiber/ Frank Sommer, Gustav Heinemann – Bundespräsident, Vorwort von Günter Gaus, Frankfurt 1969
Matthias Schreiber, Gustav Heinemann. Argumente für ein Leben in Verantwortung, Bochum 1991

Uwe Schütz, Gustav Heinemann und das Problem des Friedens im Nachkriegsdeutschland, Geleitwort von Johannes Rau, Münster 1993
Dietrich Steinwede, Gustav W. Heinemann – der Friede ist der Ernstfall, in: Dietrich Steinwede/ Renate Schupp (Hg.), Unbeirrbar – Lebensbilder von Frauen und Männern des 20. Jahrhunderts, Lahr 1991, S. 52–56
Karl-Ludwig Sommer, Gustav Heinemann und die SPD in den sechziger Jahren. Die Entwicklung politischer Zielsetzungen in der SPD in den Jahren 1960 bis 1969, dargestellt am Beispiel der politischen Vorstellungen Gustav Heinemanns, München 1980
Karl-Ludwig Sommer, Die politische Tätigkeit Gustav Heinemanns und der Wandel parteipolitischer Grundpositionen in der Bundesrepublik bis zum Ende der sechziger Jahre, in: Ernst Otto Bräunche/ Hermann Hiery (Hg), Geschichte als Verantwortung. FS für Hans Fenske, Karlsruhe 1996, S. 143–164
Carola Stern, Woher sie kamen, woher wir kommen. Ein deutsches Beispiel, in: L 76. Politische und literarische Beiträge, Nr. 2 Demokratie und Sozialismus, Frankfurt 1976, S. 151–173
Carola Stern, Zwei Christen in der Politik. Gustav Heinemann – Helmut Gollwitzer, München 1979
Hermann Vinke, Gustav Heinemann, Hamburg 1979 und Bornheim 1986
Manfred Wichelhaus, Politischer Protestantismus nach dem Krieg im Urteil Gustav Heinemanns, in: Die Bundesrepublik und die Deutsche Geschichte, hg. von der Gustav-Heinemann-Initiative, Stuttgart 1987, S. 100–120.
Ingelore M. Winter, Gustav Heinemann, in: Dies., Unsere Bundespräsidenten. Von Theodor Heuss bis Richard von Weizsäcker. Sechs Porträts, Düsseldorf 1987, S. 91–129.
Rainer Zitelmann, Adenauers Gegner. Streiter für die Einheit. Jakob Kaiser, Kurt Schumacher, Gustav Heinemann, Thomas Dehler, Paul Sethe, Erlangen/Bonn/ Wien 1991, S. 87–114

Ausgewählte Literatur zum Umkreis von Gustav W. Heinemann

Konrad Adenauer, Erinnerungen 1945–1953, Stuttgart 1965
Konrad Adenauer, Erinnerungen 1953–1955, Stuttgart 1966
Reiner Anselm, Verchristlichung der Gesellschaft? Zur Rolle des Protestantismus in den Verfassungsdiskussionen beider deutscher Staaten 1948/49, in: J.-Chr. Kaiser, A. Doering-Manteuffel (Hg.), Christentum und politische Verantwortung. Kirchen im Nachkriegsdeutschland, Stuttgart 1990, S. 63–87
Josef Foschepoth (Hg.), Kalter Krieg und die deutsche Frage. Deutschland im Widerstreit der Mächte 1945–1952, Göttingen/Zürich 1985
Josef Foschepoth (Hg.), Adenauer und die deutsche Frage, Göttingen/Zürich 1988
Otto Heinemann, Kronenorden Vierter Klasse. Das Leben des Prokuristen Heinemann (1864–1944), Düsseldorf/Wien 1969
Josef Müller, Die Gesamtdeutsche Volkspartei. Entstehung und Politik unter dem Primat nationaler Wiedervereinigung 1950–1957, Düsseldorf 1990

Diether Posser, Anwalt im Kalten Krieg. Ein Stück deutscher Geschichte in politischen Prozessen 1951–1968, München 1991
Ursula Salentin, Fünf Wege in die Villa Hammerschmidt – Elly Heuss-Knapp – Wilhemine Lübke – Hilda Heinemann – Mildred Scheel – Veronica Carstens, Freiburg 1984
Wolfgang Vögele, Zivilreligion in der Bundesrepublik Deutschland, Gütersloh 1994
Ingelore M. Winter, Ihre bürgerliche Hoheit. Die First Ladys der Bundesrepublik, Hamburg/Düsseldorf 1971

Ausgewählte Literatur zur Kirchengeschichte während des Wirkens Gustav Heinemanns

Joachim Beckmann (Hg.), Kirchliches Jahrbuch für die Evangelische Kirche in Deutschland 1933–1944, Gütersloh 1946 (^{2}1976)
Gerhard Besier/Gerhard Sauter, Wie Christen ihre Schuld bekennen. Die Stuttgarter Erklärung 1945, Göttingen 1985
Joachim E. Christoph (Hg.), Kundgebungen. Worte und Erklärungen der Evangelischen Kirche in Deutschland, Bd. 2: 1959–1969, Hannover 1994
Hans Gerhard Fischer, Evangelische Kirche und Demokratie nach 1945. Ein Beitrag zum Problem der politischen Theologie, Lübeck/Hamburg 1970
Martin Greschat, Christentumsgeschichte II. Von der Reformation bis zur Gegenwart, Urban – Tb 424, Stuttgart 1997
Günter Heidtmann (Hg.), Hat die Kirche geschwiegen? Das öffentliche Wort der evangelischen Kirche aus den Jahren 1945–964, Berlin 1964
Bertold Klappert/Ulrich Weidner (Hg.), Schritte zum Frieden. Theologische Texte zu Frieden und Abrüstung, Wuppertal/ Gladbeck 1983
Bertold Klappert, Bekennende Kirche in ökumenischer Verantwortung. Die gesellschaftliche und ökumenische Bedeutung des Darmstädter Wortes, München 1988
Martin Lotz, Evangelische Kirche 1945–1952. Die Deutschlandfrage. Tendenzen und Positionen, Stuttgart 1992
Friedrich Merzyn (Hg.), Kundgebungen. Worte und Erklärungen der Evangelischen Kirche in Deutschland 1945–1959, Hannover o.J.
Günther van Norden, Kirchenkampf im Rheinland. Die Entstehung der Bekennenden Kirche und die Theologische Erklärung von Barmen 1934, (SVRKG 76) Köln 1984
Wolf Werner Rausch/Christian Walther (Hg.), Evangelische Kirche in Deutschland und die Wiederaufrüstungsdiskussion in der Bundesrepublik 1950–1955, Gütersloh 1978
Rolf Rendtorff/Hans Hermann Henrix (Hg.), Die Kirchen und das Judentum. Dokumente von 1945–1985, Paderborn/München 1988
Klaus Scholder, Die Kirchen und das Dritte Reich, Bd. 1: Vorgeschichte und Zeit der Illusionen 1918–1934, Frankfurt 1977
Klaus Scholder, Die Kirchen und das Dritte Reich, Bd. 2: Das Jahr der Ernüchterung 1934, Barmen und Rom, Berlin 1985
Jörg Thierfelder/Eberhardt Röhm, Evangelische Kirche zwischen Kreuz und Hakenkreuz, Stuttgart, ^{4}1990
Johanna Vogel, Kirche und Wiederbewaffnung (AKZ - B, Bd. 4), Göttingen 1978